中国民生民政系列丛书

ZHONGGUO MINSHENG MINZHENG
XILIE CONGSHU

中国城乡困难家庭社会政策支持研究

（2016）

王杰秀◎主编

人民出版社

编 委 会

目　录

第一章 导 论

一、研究背景

改革开放以来，中国创造了举世瞩目的经济奇迹。进入 21 世纪后，中国的经济增长进入了"新常态"。经济增长带来的一个直接效果就是人民生活水平普遍提高，贫困人口绝对数量明显减少。如图 1—1 所示，从 2001 年到 2010 年，在国家扶贫标准基本稳定的情况下，农村贫困人口的总数从 9029 万人减少到 2688 万人。2011 年，农村扶贫标准线从 1274 元提升到 2300 元，在新的扶贫标准线以下的农村贫困人口的总数也随之增加到 12238 万人。此后农村贫困人口总数持续下降，到 2015 年，已经降至 5575 万人。

但是，中国经济增长也带来了贫富差距的拉大问题。据国家统计局报告，从 1981 年到 2003 年，全国的基尼系数从 0.288 提高到 0.479。2003 年以后，基尼系数则一直处于 0.46 至 0.49 之间。城乡差距尤为明显，2015 年，农村居民人均可支配收入仅占城镇居民人均可支配收入的 36.6%。不平等程度的扩大意味着处于收入分配金字塔底端的贫困人口越来越难以分享经济增长的好处，经济增长的减贫效应下降。虽然总体来看，贫困人口总数不断减少，但相对贫困正在加剧，特别是农村人口的脱贫任务仍然艰巨。

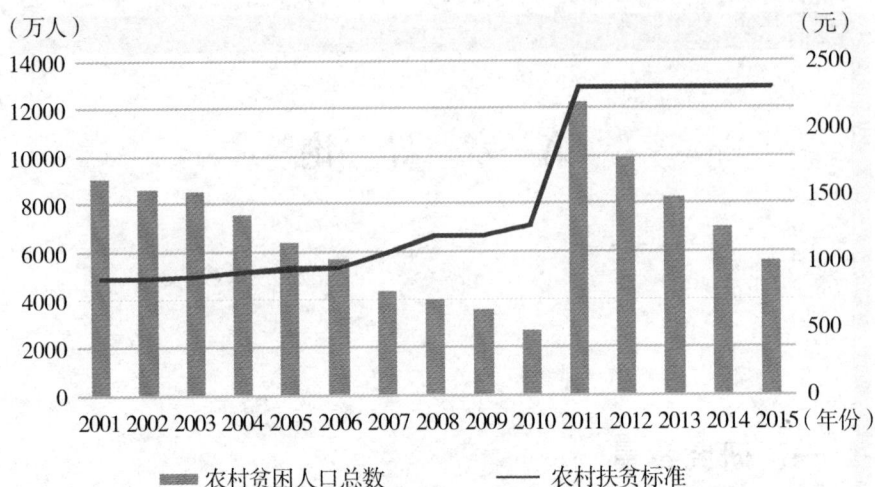

图1—1　2001—2015年农村贫困人口总数变化

数据来源：国家统计局。

对于贫困人口及其家庭的社会救助，是我国一项重要的社会政策。我国政府在1999年颁布了《城市居民最低生活保障条例》，在全国实行对城镇居民的最低生活保障制度，农村"低保"政策则在2007年才实现全覆盖。反映在数据上，如图1—2所示，2007年以前，城镇居民接受"低保"救助的人数保持在每年2200万人左右，约占城市人口总数的4%。由于农村"低保"政策尚未普及，农村接受"低保"救助的人数明显少于城市"低保"人数，所占比例也极低。2007年后，农村接受"低保"救助人数大幅上升，从2006年的1593万人上升到2007年的3566万人，增长了224个百分点。人数在2013年达到最高点——5388万人，占农村人口总数的8.56%，近两年趋势有所下降，2015年接受救助的人数为4904万人，占8.13%。相比之下，城市接受"低保"救助的人数自2003年达到最高点——2247万人后一直缓慢下降，到 2015 年仅有 1701 万城镇居民接受了"低保"救助,占城镇人口总数的 2.21%。

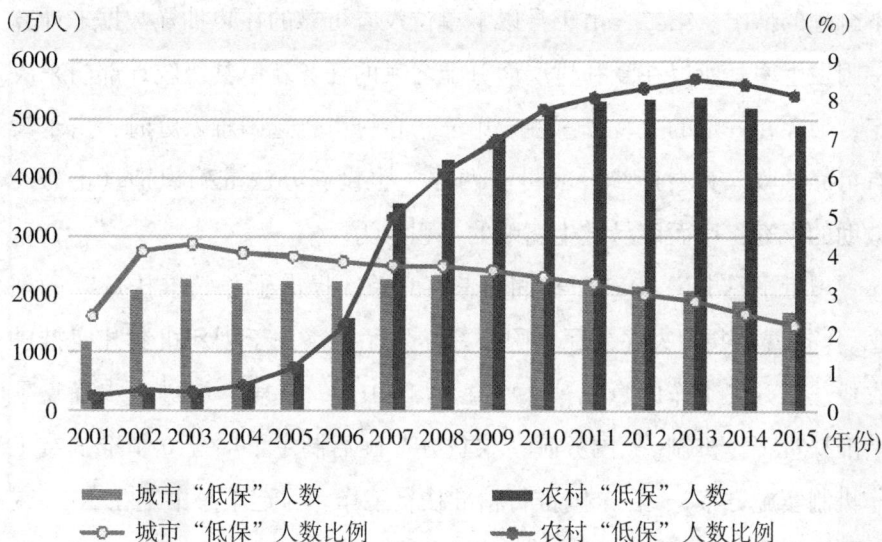

图 1—2　城乡"低保"人数及比例

注:城市"低保"人数比例=(城市"低保"人数/城市人口总数)×100%;农村"低保"人数比例=(农村"低保"人数/农村人口总数)×100%。

数据来源:国家统计局。

国家对于困难家庭救助的决心和成就举世瞩目,然而在具体政策实施过程中却操作粗放。现行的贫困人口是统计部门通过农村住户抽样调查的数据推算出来的,如 2013 年国家制定的农村扶贫标准是 2736 元,国家统计局利用农村住户抽样调查数据估计,2013 年年底全国共有 8249 万人口的收入低于 2736 元,从而推算出当年全国的贫困人口数。然后根据各省和县的贫困发生率分配困难家庭救助的名额,允许各地有 10% 的上浮幅度。最后县级统计部门根据县内的贫困分布状况再次将名额进一步分解到乡和村。[①]这种方法不能准确地定位困难家庭。第一,

————————

① 汪三贵、郭子豪:《论中国的精准扶贫》,《贵州社会科学》2015 年第 5 期。

3

在抽样调查中对于家庭的收入及财产信息的登记会出现遗漏或失真，据此估算的贫困率就会有较大出入，而在省或县分配救助的名额时会造成不合理的情况。第二，由于县以下单位没有可靠的住户抽样数据来计算贫困发生率，所以在乡和村层面分配名额的任务就由县级统计部门来决定，会存在一定的主观随意性。第三，在村里遴选困难家庭时，由于没有可靠的收入和财产统计，村"两委"也没有办法准确识别真正需要救助的家庭，反而容易滋生腐败的寻租行为。

习近平总书记 2013 年在湘西考察时首次提出了"精准扶贫"的理念。① 接着中共中央办公厅、国务院办公厅在《关于创新机制扎实推进农村扶贫开发工作的意见》（中办发〔2013〕25 号）中进一步确立了精准扶贫工作机制。② 国务院"扶贫办"随后制定了《建立精准扶贫工作机制实施方案》，在全国推行精准扶贫工作。习近平总书记在 2015 减贫与发展高层论坛的主旨演讲中就精准扶贫方略提出"六个精准"，即"扶持对象精准、项目安排精准、资金使用精准、措施到户精准、因村派人精准、脱贫成效精准，确保各项政策好处落到扶贫对象身上"。③

学者也将精准扶贫的定义概括为："扶贫政策和措施要针对真正的困难家庭和人口，通过对贫困人口有针对性的帮扶，从根本上消除导致贫困的各种因素和障碍，达到可持续脱贫的目标。"④ 于是，"精准扶贫"成为我国新阶段反贫扶贫工作的重点。

---

① 《习近平赴湘西调研扶贫攻坚》，新华网，2013 年 11 月 3 日（http://news.xinhuanet.com/politics/2013-11/03/c_117984236.htm）。

② 《关于创新机制扎实推进农村扶贫开发工作的意见》，新华网，2014 年 1 月 25 日（http://news.xinhuanet.com/politics/2014-01/25/c_119127842_3.htm）。

③ 习近平：《携手消除贫困 促进共同发展——在 2015 减贫与发展高层论坛的主旨演讲》，新华网，2015 年 10 月 17 日（http://news.xinhuanet.com/mrdx/2015-10/17/c_134722059.htm）。

④ 汪三贵、郭子豪：《论中国的精准扶贫》，《贵州社会科学》2015 年第 5 期。

　　同时，对于困难家庭的救助也应全方位、系统化。这方面经过多年的探索，最后通过 2014 年 2 月颁布的《社会救助暂行办法》（以下简称《暂行办法》）得以确定。在此之前，我国的社会救助体系相对模糊混乱，省、市、县之间的差异也较大。《暂行办法》开宗明义："社会救助制度坚持托底线、救急难、可持续"，明确了社会政策的托底功能，并且"以行政法规的形式构建了以最低生活保障、特困人员供养、医疗救助、教育救助、就业救助、住房救助、受灾人员救助以及临时救助为主体，以社会力量参与为补充的清晰而完整的社会救助体系，实现了我国社会救助制度的规范化、体系化与科学化"[①]。国务院继而发布《关于全面建立临时救助制度的通知》，针对社会救助体系存在的"短板"，作出了建立临时救助制度的工作部署。[②]

　　2015 年 12 月，中共中央、国务院下发《关于打赢脱贫攻坚战的决定》，提出具体的反贫困目标，即"到 2020 年，稳定实现农村贫困人口不愁吃、不愁穿，义务教育、基本医疗和住房安全有保障。实现贫困地区农民人均可支配收入增长幅度高于全国平均水平，基本公共服务主要领域指标接近全国平均水平。确保我国现行标准下农村贫困人口实现脱贫，贫困县全部摘帽，解决区域性整体贫困。"[③]《决定》强调了农村"低保"在精准扶贫方略中的兜底保障角色，加大农村临时救助制度的落实力度。

　　在这样的经济、社会和政策环境下，民政部政策研究中心设计实施的大型研究项目"中国城乡困难家庭社会政策支持系统建设"具有十

---

　　① 谢勇才、王茂福：《〈社会救助暂行办法〉实施的局限性及其完善》，《中州学刊》2016 年第 3 期。

　　② 《关于全面建立临时救助制度的通知》，中央政府门户网站，2014 年 10 月 24 日（http://www.gov.cn/zhengce/content/2014-10/24/content_9165.htm）。

　　③ 《关于打赢脱贫攻坚战的决定》，新华网，2015 年 12 月 7 日（http://news.xin-huanet.com/politics/2015-12/07/c_1117383987.htm）。

分重要的意义。第一，该项目关注城乡困难家庭的基本生活和保障状况，其有助于提升精准扶贫方略中对于困难家庭户的精准定位。第二，该项目了解城乡困难家庭对于社会政策的需求，可以为完善救助体系、实现精准扶贫提供重要信息。第三，该项目调查了各项救助制度的落实情况及受救助困难家庭的反馈，可以及时把握政策实施过程中遇到的困难和问题。第四，该项目还对当前政策忽略的问题，如低收入流动人口的救助权益、困难家庭的社会心态和社会参与等，进行了前瞻性的调研，可以为政策的进一步完善提供咨询。第五，该项目自 2015 年起改为全国代表性概率抽样方法，并采用追踪调查的方式，其研究结果不仅更为科学严谨，而且有助于了解困难家庭经济状况和政策需求的动态变化。

二、项目设计

"中国城乡困难家庭社会政策支持系统建设"项目（以下简称"困难家庭"项目）于 2008 年正式立项，以后每年进行一次全国问卷调查。2015 年，在研究主旨和调查内容不变的情况下，该项目的样本选取和执行方式有所改进，并且确定了追踪访问的策略，从而使得该项调查的研究方法更为科学，调查工具更为先进。

本部分将从问卷内容、样本选取和调查模式 3 个方面介绍本项目的具体设计。

（一）问卷内容

"困难家庭"项目自 2008 年立项以来在调查内容上具有较好的连续性。问卷根据受访对象不同分为 3 个版本：城市困难家庭问卷、农村困难家庭问卷和城市流动人口困难家庭问卷。3 个版本的问卷主体内容相似，只是出于适用性的考虑在题干的表述和选项的列举上有所调整。另外针对流动人口困难家庭的特殊性，补充了一些特别关注的问题。

总体来说，各版本问卷均分为五大模块（见表1—1）。

表1—1　2016年度调查问卷概览

模块	主题	内容
A	家庭基本情况	1. 家庭成员列表及基本情况 2. 最主要收入人的职业情况 3. 家庭遇到的困难 4. ［流动人口］流动的原因、工作状况及遇到问题
B	家庭经济状况	1. 2015年家庭支出情况 2. 2015年家庭收入情况 3. 积蓄和欠债情况 4. 住房情况 5. 耐用消费品持有情况
C	享受社会救助状况	1. 关于"低保"的申请和享受情况及评价 2. 2015年享受的各项救助或优惠项目情况及评价 3. 医疗救助情况 4. 教育救助情况 5. 就业救助情况
D	其他社会支持政策、社会服务	1. 2015年享受社会保障情况 2. 享受各项社会服务情况及评价 3. 社会服务设施情况 4. 对社区服务和环境满意度
E	社会心态与参与	1. 心理健康与基本价值观 2. 政治参与情况 3. 社区活动参与情况 4. 社会交往情况 5. ［流动人口］身份认定及定居打算

A 模块是关于家庭的基本情况，如对家庭成员逐一登记，并询问每个家庭成员的性别、年龄、婚姻、教育、就业等背景情况，然后就家中的劳动力、残疾人、慢性病及大病患者的人数进行汇总。也询问家中最主要收入人的职业情况，并家中遇到哪类困难和遇到困难后的求助对象等。对于城市流动人口困难家庭还调查了流动的原因、渠道、工作和居住地变动的情况、工作状况及遇到的问题等。

B 模块旨在了解家庭的经济状况，对于支出的各分项（如生活消费支出、转移性支出、资产、经营性支出等）及收入的各分项（如劳动收入、经营性净收入、财产性收入、转移性收入等）进行了详细登记，同时询问家中的积蓄、欠债、住房、耐用消费品等情况。

C 模块了解家庭的享受社会救助状况，询问了 2015 年全家享受各项救助或优惠项目的情况，还具体提问了"低保"、医疗、教育、就业四种救助的详细情况及评价。

D 模块是关于其他社会支持政策和社会服务，包括各种社会保障（如退休金、医疗保险、失业保险、工伤保险等）、各类社会服务（如社区养老服务、幼儿托护、劳动就业服务等）和社区服务设施的状况，及对社区服务与环境的满意度。

E 模块是关于社会心态及参与方面的问题，包括心理健康、基本价值观、政治参与、社区活动参与及社会交往情况等。对于流动人口困难家庭，还询问了其对于自己身份的认定（本地人或外地人，城里人或农村人）及在城市定居的打算。

2016 年的调查问卷在 2015 年问卷的基础上主要作了以下调整。

（1）将有关特定年的问题由 2014 年改为 2015 年。

（2）个别问题的题干做了调整。如 E13—7 问题，2015 年问卷中的题干为"如果出远门，能不能委托其他居民帮你收挂号信、拿牛奶和报纸等"，2016 年问卷中的题干改为"如果出远门，能不能委托其他居民帮你照看家务等？"

（3）个别问题的选项做了调整。如 C11—1 问题，"您家是什么情况下得到重特大疾病医疗救助的?"2016 年问卷中题干的描述没有变化，但选项 2 原为"花费过高"，修改后为"虽不在目录内但花费过高"，使选项设计更为严谨。

（4）新增了少量问题，如关于慈善救助的问题，退休金或城镇职工养老保险情况以及城镇职工医疗保险情况等。

（二）样本选取

"困难家庭"项目的调查对象分为三大类：第一类是城市困难家庭，包括在城市社区领取最低收入保障金的家庭（称为"低保"户）和在城市社区因家庭经济困难申请过"低保"但未获批准的家庭，工作中称为"低保"边缘户。第二类是农村困难家庭，包括在农村社区的"低保"户或"低保"边缘户。第三类是城市流动人口困难家庭，接受调查的这类家庭要同时满足 4 个条件：（1）被访对象需来自居住地以外的县市（不含同一市跨辖区情形）；（2）被访对象以家庭为单位（被调查人和直系亲属共同生活在一起）居住在城市社区；（3）被访对象家庭来居住地半年以上；（4）被访家庭经济状况在居住地处于中下等水平。

本项目 2016 年度调查是对 2015 年基线调查访到的样本家庭户的追踪调查。本节内容包括对 2015 年基线调查抽样设计的介绍，2015 年样本整理过程以及 2016 年的追踪策略。

1. 2015 年基线调查抽样设计

2015 年基线调查的抽样设计由中国社会科学院社会学所负责，采用了分层、两阶段不等概率整群抽样设计，具体情况如下。

第一阶段：抽取样本区县

首先将全国的区县按照地理—行政区域的分布，即东北、华北、华东、中南、西北、西南 6 大地理—行政区域，划分为六大层，所辖省、自治区、直辖市如表 1—2 所示。在每一个分层中，按照：A. 经济发展类指标（人均 GDP，非农人口比重，第二、第三产业产值比重）；B. 人口结构指标（常住人口数、少儿比（0—14 岁人口）、劳动人口比重、60 岁以上人口比例）；C. 教育水平指标（文盲率、高中及以上文化程度比重、平均受教育年）分类，对上述指标采用隐含分层（Implicit Stratified）方式综合排序。而后按照 PPS（与单位大小成比例的概率抽样）方式，在每一个分层中，抽取相应数目的区县。共抽取了 151 个样本区县。

表 1—2　六大区域划分

区域	省份、自治区、直辖市
东北	辽宁、吉林、黑龙江
华北	北京、天津、河北、山西、内蒙古
华东	上海、江苏、浙江、安徽、福建、江西、山东
中南	河南、湖北、湖南、广东、广西、海南
西南	重庆、四川、贵州、云南、西藏
西北	陕西、甘肃、青海、宁夏、新疆

第二阶段：抽取村居

在抽中的样本区县内，获得的村（居）委会户数、人数统计名册作为抽样框，以 PPS 的方法在抽取村居样本，首先抽取了 4800 个村居样本[①]，然后进行简单随机抽样，从中抽取了 2287 个村居样本。

第三阶段：抽取困难家庭户

在每个村居样本中进行整群抽样，对村居样本中的所有"低保"

---

① 该村居样本用于民政部另一同时进行的大型全国概率抽样调查项目。

户和"低保"边缘户进行调查。流动人口困难家庭由村（居）委员会负责人提供，同时要求一个村居样本中至少有 30% 的流动人口困难家庭中有 18 岁以下未成年子女。

2. 2015 年基线调查样本整理

2015 年基线调查的样本整理工作由北京大学中国社会调查中心承担。具体情况如下。

基线调查开始前，民政部项目组将需要调查的村居名单下发到样本区县，然后样本区县负责人根据收到的村居名单提交相关困难家庭的名单，包括困难家庭的联系人姓名、联系方式、住址和家庭所属类型（"低保"户、"低保"边缘户和流动人口户）等，最终将所有困难家庭联系信息汇总到"北大调查中心"进行整理。这一工作的时间从 2015 年 7 月 14 日收到第一批困难家庭名单开始，到 2015 年 9 月 9 日最后一批困难家庭名单提交为止，约两个月。

在调查样本信息的整理过程中，存在几类问题样本，具体处理情况如下。

（1）村居改名称。对于名称改变的村居，调查现在的村居名称下的困难家庭户。

（2）区划调整。在整理调查样本过程中，发现有些调查村居所属区划发生了变动，包括所属街道或乡镇变化、所属区县变化以及所属市的变化。对于这类所属区划变动，但村居本身没有变化的村居，调查原有村居的困难家庭户。

（3）村居属性变化。有些农村进行了村改居的调整，按照变化后的属性进行调查；还有些村居收到地方反馈的村居属性与抽样名单中标注的属性不一致，按照村居实际属性进行调查。

（4）村居拆分、合并、搬迁。拆分的村居，按照原有村居主体居民目前所在的村居进行调查；合并的村居，按合并后原有村居主体居民目前所在的村居进行调查；搬迁的村居，原有村居依然存在的，继续调查原有村居的困难家庭，不存在的，按原有村居主体居民目前所在村居进行调查，确定所要调查的困难家庭。

（5）村居不存在、新建村居、非村居、拒访村居。地方反映，抽样名单中的村居有些是不存在的，有些是尚在组建中的村居，还有一些为工厂、监狱等不属于村居，对于这些情况，进行样本替换，另外，访员到实地后被拒访或特殊情况无法访问的村居（如村子被查封等）也进行了替换，调查替换后村居的困难家庭。

（6）有113个村居没有提供调查户名单，需要访员在实地找村居联系人，取得困难家庭名单，进行访问。

经过以上处理，调查样本最终分布在全国160个样本区县的1648个村居中，其中居委会997个，村委会651个。2015年共发放城市困难家庭样本8192户，农村困难家庭样本4677户，城市流动人口困难家庭样本3185户。六大区样本的具体分布情况如表1—3所示。

表1—3　2015年度基线调查样本分布情况

地区	区县个数	居委会个数	村委会个数	城市困难家庭户数	农村困难家庭户数	城市流动人口困难家庭户数
东北	12	107	47	920	327	360
华北	19	78	61	547	444	212
华东	48	373	218	3248	1633	1139
西北	10	33	43	266	320	120
西南	23	105	77	835	539	401
中南	48	301	205	2376	1414	953
全国	160	997	651	8192	4677	3185

3. 2016年追踪策略

2016年调查样本来自2015年访到的样本家庭。课题组按照预估的

70%追踪率制定了各类样本家庭户的目标数目，分别为城市困难家庭4000户，农村困难家庭3000户，流动人口困难家庭2000户，总计9000户。追踪家庭户数目满足即停止调查。考虑到2015年访到的流动人口困难家庭户数不多，只有2603户，对这些家庭的追踪难度较大，2016年增补了576户新样本。

因此，2016年共发放城市困难家庭样本7258户，农村困难家庭样本4307户，城市流动人口困难家庭样本3179户。这些样本来自全国974个居委会和648个村委会。六大区样本的具体分布情况如表1—4所示。

表1—4　2016年度调查样本分布情况

地区	区县个数	居委会个数	村委会个数	城市困难家庭户数	农村困难家庭户数	城市流动人口困难家庭户数
东北	12	106	47	833	306	302
华北	19	77	60	475	382	203
华东	48	364	221	2923	1556	1211
西北	10	33	43	251	291	125
西南	23	105	75	717	459	367
中南	47	289	202	2059	1313	971
全国	159	974	648	7258	4307	3179

（三）调查模式

本项目2015年和2016年的调查采用计算机辅助面访模式（Computer-Assisted Personal Interviewing，CAPI）。该模式放弃了传统的纸质问卷访问模式，而是由访员携带预装电子问卷访问系统的笔记本电脑到实地家庭访问，由总部通过多部计算机服务器对样本、访员、数据进行集中化管理。

本项目的 CAPI 调查系统主要由访问管理系统（IM）、样本管理系统、质量核查系统、数据提取系统、劳务支付系统以及数据报告系统组成。CAPI 模式的技术构成如图 1—3 所示。

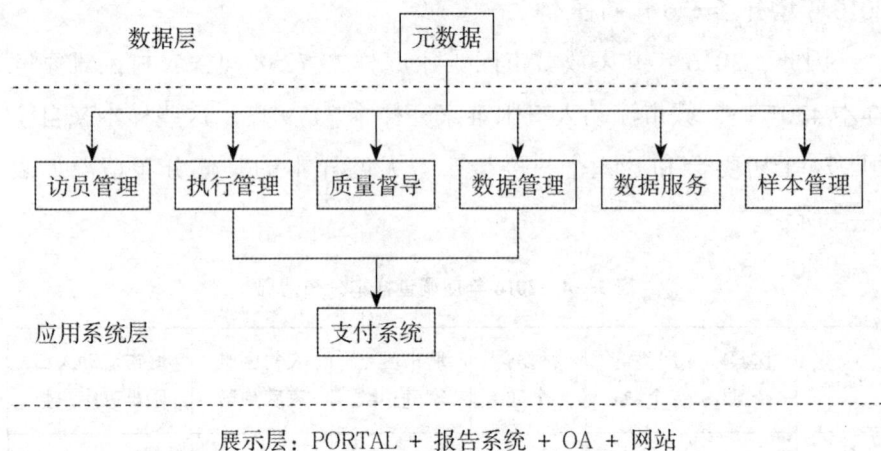

图 1—3　CAPI 调查系统结构示意图

1. 访问管理系统

本项目的访问管理系统用户主要是访员，实现了样本访问、完访、新样本生成、样本调配等功能，同时实现了联系记录录入、地址数据等并行数据的收集。本系统采用模块化设计，将系统的主要功能分解，降低了系统的耦合性，大大提高了系统的稳定性及可用性。

2. 样本管理系统

样本管理系统是样本管理及技术支持系统的统称，用户是督导和技术支持人员，可实现样本发放、样本调配、样本重置、样本作废等样本管理功能、支付功能以及技术支持问题的在线解答。

3. 质量核查系统

质量核查系统主要分为两个部分：一是核查部分，主要是核查员通过电话核查或者录音核查的方式对访员的工作进行筛查;二是审核部分,则是审核员对核查员的工作进行审核,纠正核查员工作中的错误。

在核查员核查完成且审核员对核查员的工作审核完成后,执行督导们可以通过核查系统的督导反馈模块看到某条样本的所有核查记录,并可以进行反馈,制成存疑样本等操作。

4. 数据提取系统

数据提取系统实现了访问数据的及时提取、整合、转换,每天自动逐个运行数据提取系统中的各个子程序,将当天收集到的访问数据及并行数据从生产服务器中提取出来,合并到一个数据文件中,并最终转换成 SAS 格式的数据集。

5. 劳务支付系统

劳务支付系统实现了对访员劳务的计算功能,访员可以通过支付系统实时查看自己应得的劳务报酬。

6. 数据报告系统

建立数据报告系统目的在于准确、及时、清晰、完备地将调查过程中的重要信息展示给相关部门查阅。本项目的数据报告系统分为三个模块:(1)完访情况统计,在包括问卷类型、地域范围、时间跨度、执行人员 4 个维度上展示样本完访情况。(2)采访结果统计,同样在问卷类型、地域范围、执行人员维度上展示未联系、完成访问、拒绝访问、条件不符等执行中的各类状况。(3)访问行为质量监测,报告是否录音、访问时长以及联系次数等衡量访员访问行为质量的重要指标。

三、报告导读

本研究报告全文共分为 10 章。第一章是全书的导论,重点阐述 2016 年"中国城乡困难家庭社会政策支持系统建设"项目的背景和意义以及简要综述各章的数据分析结果和相关政策建议。第二章是对城乡困难家庭总体状况的介绍，从困难家庭基本情况、人力资本与就业、基本经济状况、家庭负担、困难家庭与社会支持以及家庭心态6个维度对困难家庭的总体状况进行了全面展示。第三章到第十章是对城乡困难家庭社会政策支持系统的深入分析，具体包括基本生活保障政策、就业支持政策、医疗支持政策、教育支持政策、住房支持政策、社会服务政策，以及社会心态与社会参与政策。

第二章的研究发现：其一，困难家庭的人力资本状况堪忧，家庭成员健康状况整体较差，约占31.7%的人有残疾，患大病和慢性病的比例为73%，而且文化程度集中在初中及以下为78.2%，有劳动能力的人口只占到41%。困难家庭成员的职业多不稳定，有稳定就业的比例只有10%，且主要集中在一产和二、三产的低端区域。

其二，从家庭经济状况看，2015年全年困难家庭的总收入为22996元，远远落后于城乡普通家庭的总收入。同时，全国困难家庭2015年年均总支出为37378元，其中生活消费支出、转移性支出分别为31432元和4233元，分别占到年均收入的86%和12%。这两项几乎构成困难家庭收入的全部。数据还显示，困难家庭在医疗和食品支出的占比上要明显高于全国水平，而在居住、交通通信、衣着、生活用品上的占比要明显低于全国水平。说明困难家庭在健康方面上有压力，但在教育上没有拉后腿，与生活质量相关的消费受到较大限制。总的来看，困难家庭2015年收入支出占比的均值为94∶100，中位数为66∶100，说明困难家庭入不敷出的现象普遍。

其三，困难家庭中欠债现象普遍，有欠债困难家庭占了41%，这些家庭平均年债务为47450元，中位数为30000元，远高于困难家庭的年平均收入（22996元）。欠债的主要原因包括看病（占58%），后面依次为住房和孩子上学，分别占到14%和12%，合计占到欠债原因的84%。

其四，根据困难家庭成员总的年龄结构进行整体估算，困难家庭的少儿抚养比为20.1%，与全国水平相差不大，而老年抚养比为24.6%，明显高于全国水平。这说明困难家庭抚养压力较大，主要体现在老年人的赡养负担上。同时，困难家庭中残疾、患慢性病、患大病和生活不能自理家庭成员合计占到64%，疾病和照料负担重。由此，医疗负担和教育负担是困难家庭最主要的两大负担。2015年困难家庭医疗平均支出为11155元，医疗支出占困难家庭总支出比重达到25%，仅次于食品支出；教育平均支出为4496元，占到困难家庭总支出的11%。

其五，困难家庭住房来源以自建房为主（占42%），其次是市场租房（11%）、拆迁安置房（9%）、自购商品房（8%）和廉租公租房（6%）。调查时访员观察到，城市困难家庭和城市流动人口困难家庭住简易房和平房的比例仍然很高，分别为36%和28%，而农村困难家庭住棚屋或土房的比例仍高达19%，说明城乡困难家庭的居住情况仍然较差。

其六，目前困难家庭面临的主要困难中排名靠前的依次是家庭成员疾病负担重（56%）、家庭主要成员没有劳动能力（45%）、家庭主要劳动力没有工作（44%）、居住条件差（44%）、家庭成员需要长期照料（34%）、子女教育负担难以承受（30%）和赡养老人负担重（23%）。这些说明人力资本禀赋、就业、居住、抚养压力是困难家庭普遍面临的问题，也是家庭困难的重要原因。

其七，2015年有40%的困难家庭遇到临时性或突发性困难。其中，城市流动人口困难家庭更高，达到70%，说明困难家庭尤其是流动人口困难家庭是高风险高脆弱家庭，对临时救助有较大需求。具体来看，这些临时困难主要包括短期失业（18%）和家庭成员突发重大疾病（17%），说明困难家庭在抵御经济结构性风险时更为无力，这与其人力资本禀赋不高是一致的。其次，农村困难家庭还面临较高的自然灾害困难（11%），救灾减灾与减贫解难仍然是联系在一起的。

其八，困难家庭的直接政策诉求反映在减免医疗费（68%）、直接提供生活金或生活品（61%）、帮助修建住房（36%）、资助子女完成学业（32%）、帮助劳动力找工作（32%）、结对帮扶（27%）、提供技能培训或指点致富门路（25%）、提供低息贷款或生产资金（18%）等方面。帮助基本生活与帮助解决就医、住房、上学三大民生问题仍是困难家庭的内心呼声，这些诉求是生存型和发展型的结合。

其九，困难家庭2015年享受最多的救助或优惠项目依次是"低保"（62%）、医疗救助（23%）、水电燃料取暖费减免（17%）、物价补贴或节假日救助（14%）、教育救助（13%），集中在基本生活和医疗、教育方面。

其十，从与一年前的生活水平自我比较来看，有18%的受访者认为变差了，有38%的受访者认为变好了，说明有近1/5的困难家庭处境在恶化，脱贫兜底形势依然很严峻。

其十一，过去一年里有33%的困难家庭受访者有时或经常感到自己和家庭的未来没有希望，其中"低保"家庭受访者对未来感到没希望的比重最高，为37%，城市流动人口困难家庭感到没希望的比重最低，为16%。这一定程度地反映了不同类型的困难家庭脱贫脱困的信心和能力。

第三章的研究发现：城乡困难家庭在"低保"申请成功率、"低保"金水平、"低保"配套措施的享受、"低保"运行满意度，以及其他生活救助和保障方面存在明显的城乡差异。城乡困难家庭中有接近20%的家庭因不了解相关政策而被动放弃申请"低保"的权利，意味着"低保"政策的宣传工作还有较大的改进空间。从需求与供给数量角度看，80%或更多的困难家庭在出现救助需求时不能获得相应的帮助。享有养老保险的城市困难家庭比例明显高于农村，退休金待遇也存在很大差异。城乡困难家庭享受失业救助的比例非常有限，分别为0.34%和1.8%，在调查的所有困难家庭中，只有2.2%是通过政府提供公益岗位的途径实现就业的，其他均是通过市场和个人的力量实现就业。在政府提供的劳动就业创业服务项目中，约85%的城乡困难家庭从未享受过相关服务。

第三章还对因病致贫状况进行了分析，发现2015年有47.4%的城市困难家庭和61.1%的农村困难家庭因病致贫，治疗费用成为困难家庭的重大经济压力。相关分析证明，医疗支出和收支差之间存在明显的正相关（$r=0.494$），医疗支出高的家庭，收不抵支的情况越严重。农村困难家庭医疗支出和收支差之间同样存在明显的正相关，且两者相关系数更高（$r=0.556$）。然而，在2015年约有30%的因病致贫家庭没有享受任何医疗保险，家庭抵御疾病风险的能力明显不足。

第四章的研究发现：年龄偏大、教育水平偏低、健康状况欠佳是当前我国城乡困难家庭未就业劳动力的突出特征。对大部分有劳动力的城乡困难家庭来说，通过就业支持实现就业，是其普遍的愿望。然而，当前的就业支持政策一方面支持范围狭窄，而且对公共就业服务机构和就业救助对象均缺乏制度激励，造成各种就业支持的使用率偏低，绝大多数城乡困难家庭未能从就业支持中获得实质的支持。由此，城乡困难家庭一方面迫切希望政府帮助家庭主要劳动力就业，另一方面却很少利用政府的就业支持政策和服务减轻家庭困难。

针对这种情况，研究者提出支持灵活就业的政策建议，建议改革现有的社会救助体系和就业服务供给系统，使社会救助体系能够和就业支持系统整合起来，使就业服务适应促进灵活就业的要求。对于农村和城市，可采取不同的政策措施。在农村，如对返乡务农人员，提供农业生产技能培训，对务农的中老年劳动力发放小型农机具补贴，降低其体力劳动强度。对农村失业、无业青年，围绕社区服务体系建设的需要，将一些有潜力的青年培养为社区工作者等。在城市，公共就业服务向流动人口开放，提高公共就业服务的可及性和利用率等。

第五章首先对城乡困难群体健康政策的实施情况进行了文献回顾，

然后从宏观和微观两个层次分析了这一群体的健康政策及实施现状，最后提出改革建议。

从宏观层面上看，我国个人自付医疗费用负担偏重，基本医疗保险实际报销比例低，医疗救助制度保障力度有限，临时救助制度救助水平极低。微观调查数据也证明城乡困难家庭医疗支出和自付费用以及家庭医疗支出和自付费用占家庭收入和家庭支出的比重远超过普通人群。同时，家庭医疗保险参保率远低于普通人群。尽管城乡困难家庭获得医疗救助的比重远高于普通人群，但是实际报销比例仍偏低。其结果是，城市困难家庭和农村困难家庭认为家庭医疗费较重或很重的家庭占比超过50%。约95%的城乡困难家庭未能获得重特大疾病医疗救助，且我国重特大疾病医疗救助仍以病种限制为主。

就医疗救助资金筹资能力过于薄弱问题，研究者提出两种改革思路：一是维持现行制度不变，提高财政拨款力度，拓宽医疗救助筹资渠道；二是将医疗救助制度交由医疗保险主管部门管理，社会救助部门主要负责医疗救助人员认定，具体待遇和支付，由医疗保险主管部门负责。同时要优化公共健康保障制度设计。在医疗保险制度方面建议取消户籍限制，实行全体常住人口基本医疗保险待遇一致，提高疾病保障水平，建立豁免特殊人群医疗费用的机制。在医疗救助方面建议加强对疾病医疗救助力度，逐步由聚焦于"低保"和特困供养人员走向聚焦于因病支出贫困，取消重特大疾病病种限制，实行按费用救助。此外，还要注意控制医疗费用快速上涨，加强医疗保障制度衔接。

第六章围绕城乡困难群体的教育支持政策，展开了深入分析和探讨。这部分首先对教育救助的概念、历史和理论进行梳理，然后总结了我国教育救助政策的开展思路，接下来通过数据分析对困难家庭和流动人口的基本情况作了全局性描述，并且针对困难家庭获取教育救助的影响因素进行模型分析。最后在考察国外教育救助的实践基础上，提出了对我国教育救助问题的政策性建议。

调查数据分析发现，对城乡困难家庭的教育救助准确性高，更多子女在上学、承受更大的教育支出压力以及负债更多的家庭得到了教育救助，教育救助惠及的对象基本符合人们对于需要救助的家庭的特征的预期。然而，困难家庭对于教育救助的需求仍然较高，特别是在学前教育阶段，家庭支出很高，但获得的教育救助却是各教育阶段中最少的。同时，教育救助供给方呈现多元化，在各阶段教育花费来源中，直接来自地方政府的补贴比例较少，各种社会慈善、学校学费减免、勤工俭学等渠道都支持了困难家庭。此外，研究也发现，在获取教育救助的阶段中，困难家庭的社会交往也发挥了重要的作用。

第六章最后部分从教育救助的识别和匹配角度提出了政策建议，包括在需求侧构建识别指标，区分受助程度，覆盖学前教育，重视高中职校；在供给侧推动教育救助资源多元化，实现教育救助过程规范化，保障教育救助效果可持续。

第七章首先基于本项目的调查数据对城乡困难家庭的住房状况进行描述统计，分析结果证实无论城市困难家庭还是农村困难家庭，其人均居住面积均低于全国平均值。城乡困难家庭的危房比例都超过了20%，在住房基本条件如独立卫浴和自来水设施等方面还存在很大差距，农村较大比例的家庭还居住在土房中，缺乏自来水等基本设施。流动人口困难家庭在住房上面临较大困难，多数家庭居住于简易房内。

从城乡困难家庭的住房政策支持来看，无论城市还是农村，住房保障政策覆盖的比例和范围都比较小。城市困难家庭能够享受到的住房政策支持相对比较多元，包括廉租房、公租房、经济适用房或限价商品房等，但保障力度仍然有待加强。部分流动人口困难家庭能够享受到廉租房、公租房的相关住房保障，但绝大多数流动人口困难家庭通过市场化的途径来解决住房问题。农村困难家庭的住房以自建房为主，仅有较少比例家庭获得政府危房改造补贴。

研究者提出进一步完善住房政策支持的几点建议有：首先，进一步扩大基本住房保障的覆盖面，完善分类、多层次的住房政策体系，尤其应该加大对于流动人口困难家庭的住房政策支持。其次，住房政策还应当体现积极的发展性功能，促进发挥住房政策支持对于低收入家庭的积极社会福利效应。再次，应当加强住房政策与其他相关社会保障及服务政策之间的统筹衔接，强化城乡住房困难家庭的社会服务供给，建立住房保障与其他社会政策项目之间的信息共享系统。最后，我国应当重视建立并完善发展型的住房政策体系，包括明确政府在城乡困难家庭住房保障中的主导性作用、拓展住房保障的层次与范围、统筹衔接住房保障与就业、扶贫、医疗以及其他社会服务之间的关联，以及进一步完善经济适用房和住房公积金的运行机制等。

第八章研究发现：现阶段城乡困难家庭社会服务总体满意度较高且在包括社区卫生、社区治安以及社区基本医疗卫生服务等基础服务项目建设上取得了较大的成就。但是较为专业化满足特定人群需要的服务则发展较慢，例如社区养老服务、法律服务以及心理咨询服务。社会服务的服务主体社会工作发展仍处于起步阶段。从城乡之间对比来看，城乡服务结构相似，但是城市社会服务整体优于农村，差距明显。流动人口在城市由于社会融合等原因的影响，在核心服务社会保障、医疗保障方面覆盖较差。区域对比来看，总体而言社会服务建设东部优于中部、西部。

针对这些问题，研究者提出借鉴西方社会"政府购买社会服务"的模式，通过市场的方式拓宽社会服务供给主体，提供专业化的社会服务。国家在宏观上加大对社会服务发展较差地区投入的同时，动员与培训社区农村居民进行自我服务，缩小城乡社会服务差距，促进城乡社会服务均等化。此外，尽快解决社工岗位、薪酬待遇与职业地位的问题，加快社会服务工作发展。

第九章围绕城乡困难群体的社会支持政策衔接问题进行探讨。本章首先从调查数据中掌握城乡困难群众各个方面的基本需要，然后从三个方面展开分析：（1）各项社会政策在反贫困方面发挥的作用；（2）社会救助制度体系内部各个项目之间的衔接关系；（3）社会救助与其他社会政策之间的制度衔接问题。最后在这些分析的基础上提出具体的政策建议。

研究发现，城乡困难群体在得到救助以后基本生活有了保障，但生活水平仍然低下，各种不同的特殊群体面临各种不同的困难，而且他们在解决了基本的温饱以后会产生新的、更高的需要。应该如何回应他们不断提高的需要，是摆在我国社会救助和反贫困行动面前的一个重大议题。

"低保"制度与其他社会救助之间的关系在目标衔接、体制机制衔接和对象衔接几个方面存在问题，造成"功能替代""福利依赖""体制碎片化""福利叠加"和"福利漏洞"等现象。社会救助在于其他社会政策的衔接上也存在"退休脱贫""医疗救助困局""就业排斥"的现象，以及扶贫"低保"两套体系运行中出现矛盾等问题。

对于每个衔接问题，研究者都提出了改进的政策建议，如针对"低保"制度与医疗救助的衔接问题，建议取消医疗救助与"低保"的捆绑，进一步扩大医疗救助的覆盖范围；对于社会救助与医疗保险制度的衔接，建议形成医疗救助与医疗保险和医疗服务的三方合作；对于社会救助与就业促进的制度衔接，建议提升"低保"制度对就业者的包容性，扩大就业救助的对象范围，采取以提升就业质量为目标的更加积极的就业政策等。

第十章是关于城乡困难群体的社会心态与社会参与的分析。调查数据显示，大多数受访者存在自卑情绪、生活无望感或焦虑沮丧等消极社会心态，近三成的受访者感受到了程度不等的社区歧视。有近四成受访者表示自己的家庭与一年前相比生活水平有所改善，有八成的受访者赞同收入分配均等化。同时，城乡困难群体的邻里交往意愿较为强烈，并未出现明显的交际封闭和自我关系隔离的情况。他们参与基层选举的意愿较高，比例均在七八成左右，但实际参加选举行为的比例明显低于其参与意愿。近三年，参与过社区文娱活动、社区公益活动和社区创建活动的困难群众比例均在两成左右，明显低。

　　基于这些证据，研究者提出一系列政策性启示：（1）以促进困难家庭有劳动能力者积极就业作为扭转其消极社会心态的重要着力点；（2）基层部门应加强对于困难人群的情感关怀、人际联系和组织动员；（3）加强社区社会工作，吸引更多社会力量参与贫困人群服务；（4）要像对经济形势、生活状况的监测和预测那样，加强对城乡贫困民众社会心态、社会参与等主观维度指标的监测和研究；（5）在利益分配和社会政策上作出调整，保障公平正义；（6）积极构筑社会安全阀机制。

第二章　城乡困难家庭总体状况

扶贫开发贵在精准，重在精准，成败之举在于精准。要实现精准脱贫，需要清楚知晓困难群体家庭的基本情况、困难和政策诉求，本章将对当前我国困难家庭的总体情况进行介绍。①

一、困难群体规模及其趋势

对于经济困难群体，我国主要有两种官方统计口径，即社会救助口径和扶贫口径。

当前城乡"低保"家庭户数呈现降中趋稳的态势。根据国家统计局数据，2016 年年末全国共有 1479.9 万人享受城镇居民最低生活保障，4576.5 万人享受农村居民最低生活保障，496.9 万人享受农村特困人员②救助供养，合计 6553.3 万人，占到全国总人口的 4.7%。从近年的变化趋势来看（见表 2—1），城乡"低保"人口和农

---

①　如无特殊说明，本章所用数据均为"中国城乡困难家庭社会政策支持系统建设"项目 2016 年家庭入户调查数据。有关统计检验数据可向笔者索取。

②　农村特困人员是指无劳动能力、无生活来源、无法定赡养抚养扶养义务人或者其法定义务人无履行义务能力的农村老年人、残疾人以及未满 16 周岁的未成年人。

村特困人员都在下降，三类人口数量在 2011 年达到 8133.5 万人和占总人口 6%的峰值，然后持续下降。2016 年绝对规模已经降至 7000 万人以下，人口占比已低于 5%，均降至 2007 年城乡"低保"开始全面铺开时的水平。

表 2—1　2007—2016 年我国"低保"和特困人员规模、比重和增长率

（单位：万人，%）

年份	城市"低保"人数增长率	农村"低保"人数增长率	农村特困人员人数增长率	城乡"低保"和农村特困人员总数	城乡"低保"和农村特困人员占比
2007	1.4	123.9	—	6369.7	4.8
2008	2.8	20.7	3.3	7188.9	5.4
2009	0.5	10.6	0.9	7659.4	5.7
2010	-1.5	9.5	0.5	8080.8	6
2011	-1.5	1.8	-1	8133.5	6
2012	-5.9	0.7	-1	8033.6	5.9
2013	-3.7	0.8	-1.5	7989.3	5.9
2014	-9.1	-3.4	-1.5	7613.1	5.6
2015	-9.4	-5.8	-2.3	7121.4	5.2
2016	-13	-6.7	-3.8	6553.3	4.7

数据来源：国家统计局。

从城乡家庭"低保"户的数量规模来看（见图 2—1），2015 年有 957 万户城市"低保"家庭和 2846 万户农村"低保"家庭，合计 3803 万户，根据 2015 年国家 1%抽样调查的数据计算，占到全国总户数的比

例为 6%。其中，城市"低保"户在 2011 年达到 1146 万户的峰值，农村"低保"户在 2014 年达到 2944 万户的峰值，两者的合计数在 2013 年达到 4028 万户的峰值，当前城乡"低保"户数呈现降中趋稳的态势。

（万户）

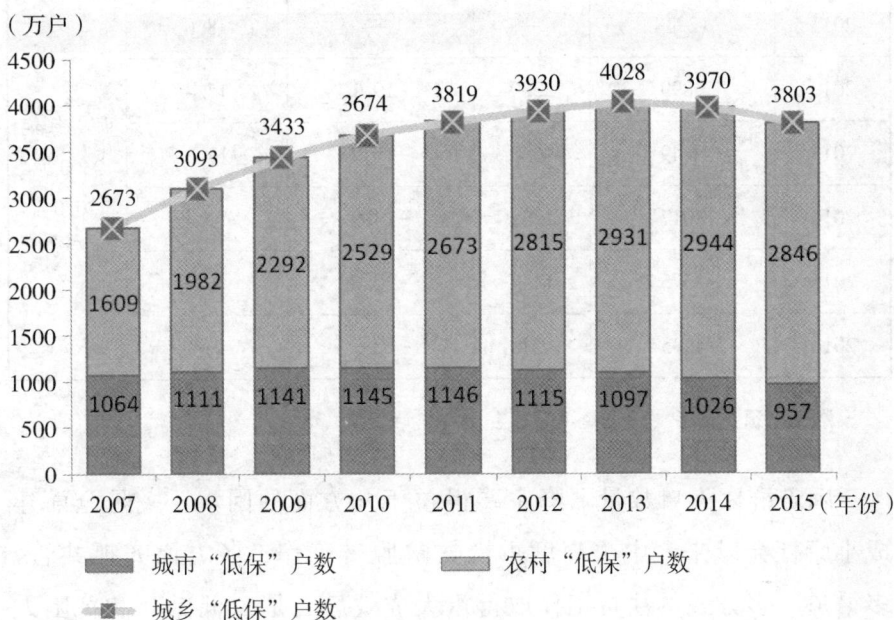

图 2—1　2007—2015 年我国城乡"低保"户数

数据来源：历年《社会服务发展统计公报》。

如果按照每人每年 2300 元（2010 年不变价）的农村扶贫标准计算（见表 2—2），2016 年农村贫困人口有 4335 万人，比上年减少 1240 万人[①]。从 2011 年到 2016 年，每年都有超过 1200 万农村贫困人口脱贫，年均脱贫率为 18.7%。农村贫困人口的发生率也从 2011 年的 18.6% 降至 2016 年的 7.4%。

[①]　减贫人口数量等于当年贫困人口数量减去上年贫困人口数量，也相当于当年脱贫人口数量减去当年返贫人口数量。

表 2—2　近年我国农村贫困人口数量规模、发生率和增长率

年份	农村贫困人口数 （万人）	脱贫人数 （万人）	农村贫困人口 增长率（%）	农村贫困人口 发生率（%）	贫困 标准
2011	12238	—	—	18.6	
2012	9899	2339	−19.1	15.4	每人每年 2300 元 （2010 年 不变价）
2013	8249	1650	−16.7	13.1	
2014	7017	1232	−14.9	11.3	
2015	5575	1442	−20.6	9.2	
2016	4335	1240	−22.2	7.4	

数据来源：历年《国民经济和社会发展统计公报》。

困难群体人口数量下降主要得益于几方面的因素：一是全面建成小康社会以来，中央高度重视扶贫脱贫工作，各方面齐抓共管，多渠道、多方式的扶贫工作取得重大成效。二是"低保"和贫困人口的动态管理机制全面推开，与之配套的建档立卡和信息核对的共享机制日渐完善，及时清理了部分不符合救助资格的家庭。以民政部网站公布的 2016 年 4 季度全国县以上城乡"低保"数据为例，城镇当月新增和退出"低保"的人数分别占城镇"低保"总数的1.7%和3.5%，农村当月新增和退出"低保"的人数分别占农村"低保"总数的11.1%和10.5%，均保持了"低保"人员的适度动态进出。

按照 2020 年全面脱贫的要求，全国上下将扶贫攻坚作为民生工作的重点，有关部门将加强对社会救助和扶贫脱贫的规范管理。可以预计未来几年我国绝对贫困人口数量还会大幅下降。但随着我国医疗、教

育、住房等专项救助政策的托底作用增强，享受相关专项救助的人口数量规模仍将会保持一定规模。

二、困难家庭基本情况

（一）困难家庭性质

表2—3所示为本次调查的困难家庭的分类情况。在城市、农村和城市流动人口的困难家庭中，"低保"户占比分别为57.8%、50.3%和13.1%，"低保"户合计占总的被调查者的46.1%。其中，城市和农村"低保"户的统计口径是被调查者自报当前是否享受"低保"，城市流动人口中的"低保"户来自在现户籍地和居住地是否享受"低保"救助。结果显示，城市流动人口享受"低保"救助的比例明显较低。这有两方面的原因：一是流动人口大多是活跃的劳动力，有劳动能力且在积极谋求发展，家庭收入更有保障；二是"低保"救助申请主要以户籍为单位，而流动人口困难家庭处于人户分离状态，手续办理不方便。

表2—3 本次调查困难家庭的类型及比重（%）

困难家庭类型	城市	农村	城市流动人口	合计
"低保"户	57.8	50.3	13.1	46.1
"低保"边缘户	42.2	49.7	86.9	53.9
合计	100	100	100	100
样本量	4234	2944	1874	9052

（二）困难家庭规模

表2—4　分城乡、分家庭性质的困难家庭规模（单位：人，户）

分类	"低保"户			"低保"边缘户			合计		
	均值	标准差	样本量	均值	标准差	样本量	均值	标准差	样本量
城市	2.9	1.4	2448	3.1	1.4	1786	3	1.4	4234
农村	3	1.6	1482	3.4	1.7	1462	3.2	1.6	2944
城市流动人口	3.3	1.5	245	3.6	1.4	1629	3.5	1.4	1874
合计	3	1.5	4175	3.3	1.5	4877	3.2	1.5	9052

表2—4中的数据显示，城市、农村和城市流动人口困难家庭的家庭人口规模分别为3人/户、3.2人/户和3.5人/户，说明城市流动人口困难家庭规模稍大，但均以3口人核心家庭为主。"低保"户的人口规模要略低于"低保"边缘户。2010年，全国第六次人口普查数据显示我国家庭户规模也为3.1人/户，表明我国城乡困难家庭的家庭结构核心化、小型化的趋势是与全国一致的。与2015年相比，2016年城乡家庭平均人口数基本保持一致，略有上升。

表2—5　2007—2015年我国城乡"低保"家庭享受"低保"救助人数（单位：人，户）

年份	2007	2008	2009	2010	2011	2012	2013	2014	2015
城市"低保"户规模	2.13	2.10	2.06	2.02	1.99	1.92	1.88	1.83	1.78
农村"低保"户规模	2.22	2.17	2.08	2.06	1.99	1.90	1.84	1.77	1.72

资料来源：历年《社会服务发展统计公报》。

而根据历年民政部公布的城乡"低保"救助金领取人数和户数，测算的"低保"户平均规模在逐年下降（见表2—5），其中2015年城乡"低保"户均不到2人，低于抽样调查的数据。这可能因为，"低保"救助实施过程中没有严格按家庭人均收入标准执行，而是对部分家庭中的部分人员单独给予救助，致使"低保"家庭平均人口数明显降低。

（三）困难家庭成员特征：性别、年龄和婚姻

表2—6 分城乡、分家庭类型的困难家庭成员性别结构（%）

	城乡			困难家庭类型		
	城市	农村	城市流动人口	"低保"户	"低保"边缘户	合计
男	50.3	52.4	50.7	51.6	50.7	51.1
女	49.7	47.6	49.3	48.4	49.3	48.9
合计	100	100	100	100	100	100

表2—6的数据显示，困难家庭成员性别比为104.5，与2015年全国1%抽样调查（以下简称"2015年小普查"）所得水平（105.2）大致相当。城市困难家庭及城市流动人口困难家庭成员中男女比例相当，而农村困难家庭中男性占比（52.4%）略高于女性（47.6%）。这表明城乡困难家庭成员组成中性别比例较为均衡。"低保"户与"低保"边缘户间家庭成员性别组成无明显差异。

图2—2可以看出，城市困难家庭成员平均年龄（43.5岁）低于农村困难家庭（44.4岁），但高于城市流动人口困难家庭（40.6岁），城市流动人口最为年轻。另外，"低保"户家庭成员平均年龄（43.95岁）则高于"低保"边缘户家庭（42.85岁），后者更为年轻。

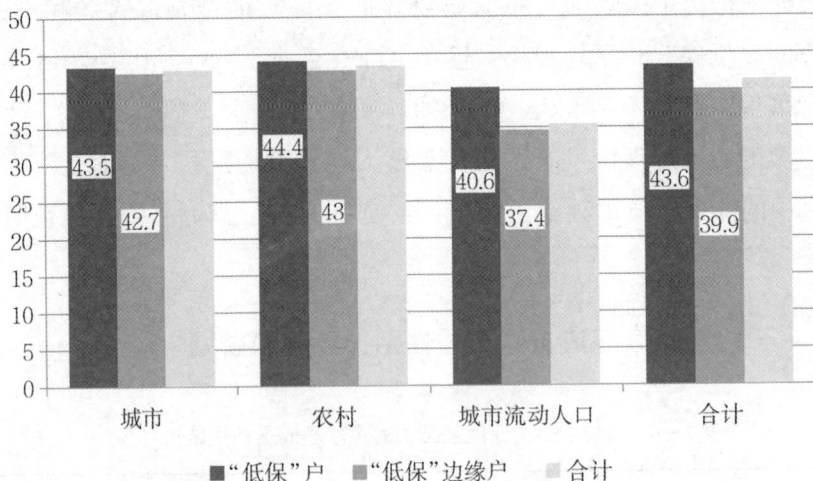

图2—2　不同类型困难家庭成员平均年龄（单位：岁）

　　如果按照年龄组来看（见表2—7），城市流动人口困难家庭中0—15周岁成员占比最大（20.2%），16—59周岁成员占比最高（67.5%），而农村困难家庭成员中60周岁及以上人口占比最高（31.3%）。"低保"边缘户家庭成员中60周岁及以上人口占比低于"低保"户（21.3%<27.7%），而0—15周岁人口（16.6%>13.2%）和16—59周岁人口（62.1%>59.1%）占比均高于"低保"户。实际上，老年人和未成年人是"低保"救助对象中的重要组成部分，以2016年第四季度为例，城乡"低保"救助对象中老年人分别占到17.2%和40.6%，未成年人占到农村"低保"救助对象中的11.1%，"低保"救助在一定程度上发挥了对老年人和未成年人的赡养和抚养作用。

表2—7　分城乡、分家庭类型的困难家庭成员年龄结构（%）

	城乡			困难家庭类型		
	城市	农村	城市流动人口	"低保"户	"低保"边缘户	合计
0—15周岁	12.7	14.8	20.2	13.2	16.6	15.1

（续表）

	城乡			困难家庭类型		
	城市	农村	城市流动人口	"低保"户	"低保"边缘户	合计
16—59周岁	62.4	53.9	67.5	59.1	62.1	60.8
60周岁及以上	24.9	31.3	12.3	27.7	21.3	24.1
合计	100	100	100	100	100	100

从调查数据（见表2—8）看婚姻状况，城乡困难家庭成员中未婚的比例为33.1%，远高于2015年小普查显示的20%的全国平均水平，而离婚、丧偶或其他的比例为13.5%，也远高于2015年小普查显示的7.2%的全国平均水平。这说明困难家庭成员已婚有偶比例明显低于正常家庭。"低保"边缘户成员中已婚比例为56.8%，高于"低保"户的50.2%。

表2—8　分城乡、分家庭类型的困难家庭成员婚姻状态（%）

	城乡		困难家庭类型		
婚姻状况	城市	农村	"低保"户	"低保"边缘户	合计
已婚	53	53.7	50.2	56.8	53.3
未婚	32.7	33.7	35.1	31	33.1
离婚、丧偶或其他	14.2	12.6	14.7	12.3	13.5
合计	100	100	100	100	100

（四）困难家庭成员特征：户籍、民族、宗教和政治状态

城市流动人口困难家庭，其成员中农业户籍人口占比为68.5%，非农业户籍人口占比为24.6%，统一居民身份人口占比为6.9%，说明流动困难人口仍然以农业户籍为主（见表2—9）。分家庭性质来

看，"低保"边缘户中农业户籍人口比例（70.4%）要高于"低保"户（54.4%）。

表2—9　城市流动人口困难家庭成员户籍情况（%）

	"低保"户	"低保"边缘户	合计
农业	54.4	70.4	68.5
非农业	32.4	23.5	24.6
统一居民户口，以前是农业户籍	9.5	4.6	5.2
统一居民户口，以前是非农业户籍	3.7	1.4	1.7
合计	100	100	100
样本量	789	5787	6576

根据调查结果（见表2—10），城乡困难家庭成员中，汉族人口占比为95.3%，与2015年全国1%人口抽样调查显示的91.45%水平基本相当。

表2—10　分城乡困难家庭成员民族情况（%）

	城市	农村	城市流动人口	合计
汉族	96.5	93.4	95.7	95.3
其他民族	3.5	6.6	4.3	4.7
合计	100	100	100	100

从宗教信仰来看（见表2—11），困难家庭成员中，绝大多数（91.9%）无任何宗教信仰，有3.7%的人信仰佛教，有2.6%的人信仰基督教，另有1.2%的人信仰伊斯兰教。

表 2—11　分城乡、分家庭类型的困难家庭成员宗教情况（%）

宗教情况	城乡			困难家庭类型		
	城市	农村	城市流动人口	"低保"户	"低保"边缘户	合计
信仰佛教	3.6	3.9	3.7	3.8	3.7	3.7
信仰伊斯兰教	1.1	1.4	1	1.3	1	1.2
信仰基督教	3.4	2.2	1.6	3.1	2.2	2.6
信仰其他宗教	0.5	0.7	0.4	0.6	0.5	0.6
没有宗教信仰	91.3	91.8	93.3	91.2	92.5	91.9
合计	100	100	100	100	100	100

城乡困难家庭成员的政治面貌主要为群众的，占到85.7%，其次为团员和中共党员，分别占到 8.7%和5.5%，表明少数城乡困难家庭成员仍有一定的政治地位（见表2—12）。其中，城市困难家庭成员政治面貌为群众的占比为83.7%，农村困难家庭成员政治面貌为群众的占比为 88.9%。

表 2—12　分城乡、分家庭类型的困难家庭成员政治状况（%）

政治状况	城乡			困难家庭类型		
	城市	农村	城市流动人口	"低保"户	"低保"边缘户	合计
中共党员	5.7	4.6	6.4	4.8	6.1	5.5
民主党派	0	0	0.1	0	0.1	0
团员	10.5	6.4	8.6	9.3	8.3	8.7
群众	83.7	88.9	84.8	85.9	85.5	85.7
合计	100	100	100	100	100	100

三、困难家庭人力资本与就业

（一）身体状况与文化程度

表2—13的数据显示，城乡困难家庭成员的健康状况整体较差。其中，有自评健康状况很好或较好的占35.4%，自评健康状况一般的占31.8%，自评健康状况为较差或很差的占32.7%，几近1/3。分城乡来看，农村困难家庭成员的健康状况最差，自评较差或很差的高达40.1%，城市流动人口困难家庭自评健康状况最好，自评较差或很差的比例只有11.8%。这说明了人口流动和城镇化的强选择性作用，即健康状况越好的人越可能流入城市乃至实现户籍城市化，而健康较差的困难人口留在了农村。分家庭性质来看，"低保"边缘户家庭成员的健康状况要明显好于"低保"户家庭成员，自评健康状况较差或很差的比例分别为25.7%和41.8%。

表2—13　分城乡、分家庭类型的困难家庭成员自评健康情况（%）

	城乡			困难家庭类型		
	城市	农村	城市流动人口	"低保"户	"低保"边缘户	合计
很好	17.5	14	34.8	14.8	24.6	20.3
较好	11.3	13.9	24.3	12.2	17.4	15.1
一般	33.2	32	29	31.2	32.3	31.8
较差	20.3	22.9	7.9	23.2	14.6	18.3
很差	17.7	17.2	3.9	18.6	11.1	14.4
合计	100	100	100	100	100	100

从残疾情况来看（见表2—14），困难家庭成员中有31.3%的人有残疾。其中，中度和重度残疾的占困难家庭成员的18.5%。整体来看，城市流动人口困难家庭成员残疾比例最低。"低保"边缘户成员有残疾的比重（24%）低于"低保"户家庭有残疾的比重（37.2%）。根据民政部公布的2016年4季度全国县以上城乡"低保"救助情况数据，城镇和农村"低保"人数中残疾人分别占10.3%和10.5%。

具体从患病情况来看（见表2—14），困难家庭成员患大病的比例为20.8%，患慢性病的比例高达52.2%，仅这两项合计占到73%。分城乡来看，城市流动人口困难家庭成员虽然患大病比例最低，但患慢性病和其他病的比例更高，身体健康也堪忧。可见，因病致困是减贫脱贫需要重点应对的瓶颈问题。

表2—14　分城乡、分家庭类型的困难家庭成员残疾和患病情况（%）

残疾情况	城市	农村	城市流动人口	"低保"户	"低保"边缘户	合计
残疾一级（重度）	6.6	6.6	4.7	8.3	4.2	6.5
残疾二级（中度）	13.3	11.2	7.4	14.7	8.7	12
残疾三级（轻度）	8.7	7.1	5.9	8.9	6.6	7.9
残疾四级及以下	4.7	5.5	3.9	5.3	4.6	5
无	66.6	69.4	78	62.8	76	68.7
合计	100	100	100	100	100	100
残疾情况	城市	农村	城市流动人口	"低保"户	"低保"边缘户	合计
大病	21.5	20	19.6	20.7	20.8	20.8
慢性病	52.9	50.8	54.1	52.1	52.3	52.2
其他	9.7	11.7	12.9	9.9	11.8	10.8
无	15.8	17.5	13.4	17.3	15.1	16.3
合计	100	100	100	100	100	100

据调查分析（见表2—15）表明，城乡困难家庭成员的文化程度较低，主要为初中及以下文化程度。具体而言，城市困难家庭成员文化程度为初中及以下的比例为74.3%，而农村困难家庭成员文化程度为初中及以下的比例为88.8%。流动人口困难家庭成员的文化程度最高，初中及以下的仅为70.7%，与2015年小普查显示的全国6岁及以上人口中70.2%的水平相当，城市流动人口困难家庭成员大专及以上的也占到11.9%，也接近全国13.3%的水平。这也表明人口流动与城市化对较高文化程度人员的选择作用。分家庭性质来看，"低保"边缘户家庭成员的文化程度要好于"低保"户，初中及以下的比重为76.3%（"低保"户对应比例为80.5%）。整体上，困难家庭成员中仍有将近1/4的为文盲，而2015年小普查数据表明文盲人口占全国15岁及以上人口的比重仅为5.7%。文化程度低成为造成减贫脱贫困难的另一短板，通过教育投资避免贫困代际传递仍任重而道远。

表2—15　分城乡、分家庭类型的困难家庭成员文化状况（%）

文化程度	城市	农村	城市流动人口	"低保"户	"低保"边缘户	合计	6岁及以上人口
没上过学	20.4	32.2	16.2	26.1	21.1	23.3	5.7
小学	24.2	33	24.2	27.8	26.5	27.1	26.2
初中	29.7	23.6	30.3	26.6	28.7	27.8	38.3
高中/中专	17	7.2	17.4	13	14.5	13.9	16.5
大专及以上	8.8	4.1	11.9	6.4	9.2	8	13.3
合计	100	100	100	100	100	100	100

（二）劳动力与就业

调查显示（见表2—16），困难家庭平均有3.2个成员，有劳动能力人口数为1.4人，只占到41%，健康劳动力很少。其中，此情况在城市困难家庭和农村困难家庭中尤为明显，有劳动能力人口数占比分别只有38%和32%，而流动人口困难家庭有劳动能力人口数最多（2.1），占63%。这其中"低保"边缘户的劳动能力人口数和占比均高于"低保"户。

表2—16 分城乡、分家庭类型的困难家庭劳动力情况

	城乡	家庭成员数（人）	劳动能力人数及占比（人/%）	无生活自理能力人数及占比（人/%）	样本量
"低保"户	城市	2.9	1.1（34.4）	0.4（15.5）	2448
	农村	3	1（28.6）	0.5（15.7）	1482
	城市流动人口	3.3	1.6（50.6）	0.3（10.5）	245
	合计	3	1.1（33.3）	0.4（15.3）	4175
"低保"边缘户	城市	3.1	1.4（43.7）	0.3（10.6）	1786
	农村	3.4	1.3（34.9）	0.4（12）	1462
	城市流动人口	3.6	2.2（64.2）	0.1（3.1）	1629
	合计	3.3	1.7（47.9）	0.3（8.5）	4877
合计	城市	3	1.3（38.4）	0.4（13.4）	4234
	农村	3.2	1.2（31.7）	0.4（13.9）	2944
	城市流动人口	3.5	2.1（62.5）	0.2（4）	1874
	合计	3.2	1.4（41.2）	0.3（11.6）	9052

注： 人口数均值来自直接计算，百分比来自每个家庭百分比的均值。

从就业状态来看（见表2—17），困难家庭中有22%的成员为在校生或学龄前儿童，有14%的为离退休或年老无业，失业、无业或无劳动能力的成员占16%，长期料理家务的成员占7%，说明家庭成员通过工作获取收入的能力有限。对于就业者，稳定就业的家庭成员比例

也只有10%，占比最高的为零工（16%），另有7%的家庭成员从事个体经营和4%的家庭成员务农，说明困难家庭成员不稳定就业的比例仍然很高。分城乡来看，城市流动人口困难家庭成员稳定就业和从事个体经营的比例最高，各占16%，远高于城市困难家庭和农村困难家庭成员；而城市困难家庭成员中失业无业（10%）或无劳动能力（11%）的比重最高，农村困难家庭成员务农的比重最高（21%），城市零就业家庭占调查户的近一半。这说明城市流动人口困难家庭成员就业状况要优于城乡困难家庭的就业状况。分家庭性质来看，"低保"边缘户家庭成员稳定就业（13%）和从事个体经营（10%）的比重明显高于"低保"户家庭，而失业无业或无劳动能力的比重远低于"低保"户家庭，说明"低保"边缘户家庭成员就业状况要优于"低保"户家庭。

表2—17　分城乡、分家庭类型的困难家庭成员就业就学情况（%）

就业就学情况	城市	农村	城市流动人口	"低保"户	"低保"边缘户	合计
学龄前儿童	3.2	4.8	8.2	3.06	6.26	4.95
在校学生	16.8	15.5	17.4	17.35	16.81	17.03
稳定就业	7	2.5	15.9	6	12.9	10.07
零工	15.7	15.8	16.2	14.79	16.59	15.86
个体	2.4	1.4	15.6	2.57	9.95	6.93
务农	3.7	20.5	3.8	3.94	3.65	3.77
长期料理家务	8	6.1	5.8	7.23	7.21	7.22
失业、无业（有劳动能力）	10.1	3.6	4.2	10.83	6.17	8.08
劳动年龄但丧失劳动能力	11.2	8.5	1.9	12.91	4.59	8

（续表）

就业就学情况	城市	农村	城市流动人口	"低保"户	"低保"边缘户	合计
离退休（年老无业）	17.3	17.7	7.4	16.33	12.14	13.86
其他	4.6	3.6	3.7	4.99	3.73	4.25
合计	100	100	100	100	100	100

从家庭最主要收入人最近从事的职业来看（见表2—18、图2—3），困难家庭最主要收入人除了26.7%的是无业外，主要从事不便分类的其他职业（24.7%），远高于全国平均水平（0.2%），说明可能家庭主要收入人工作不稳定。其次是农业生产人员（16.7%）、商业服务人员（13.9%）和生产运输设备操作人员及有关人员（7.7%），即第一、第二、第三产业的一线操作和服务人员，与2015年小普查的结果数据相吻合。分城乡来看，农村困难家庭主要收入人主要从事农业生产（34.6%），城市困难家庭和城市流动人口困难家庭主要收入人从事商业服务的比重较高（分别为13.8%和28%）。"低保"边缘户职业为商业服务人员的比重（17.5%）明显高于"低保"户（9.8%）。

表2—18 分城乡、分家庭类型的困难家庭主要收入人职业结构（%）

主要收入人职业	城市	农村	城市流动人口	"低保"户	"低保"边缘户	合计	2015年小普查
国家机关、党群组织、企事业单位负责人	2.8	0.9	4.1	1.5	3.2	2.4	1.8
专业技术人员	4.6	1.9	8.3	3.5	5.3	4.5	8.5
办事人员和有关人员	3.3	0.9	5.9	2	3.9	3.1	4.7
商业、服务人员	13.8	5.2	28	9.8	17.5	13.9	26.3
农、林、牧、渔、水利业生产人员	9.9	34.6	4.2	18.7	15	16.7	36.6

（续表）

主要收入人职业	城市	农村	城市流动人口	"低保"户	"低保"边缘户	合计	2015年小普查
生产、运输设备操作人员及有关人员	9.8	4.6	7.7	5.6	9.4	7.7	21.9
军人	0.3	0.2	0.3	0.3	0.2	0.3	—
不便分类的其他从业人员	24.4	19.7	33.3	23	26.2	24.7	0.2
无业	31.2	32.1	8.2	35.6	19.2	26.7	
合计	100	100	100	100	100	100	100
样本量	4223	2937	1868	4160	4868	9028	11002482

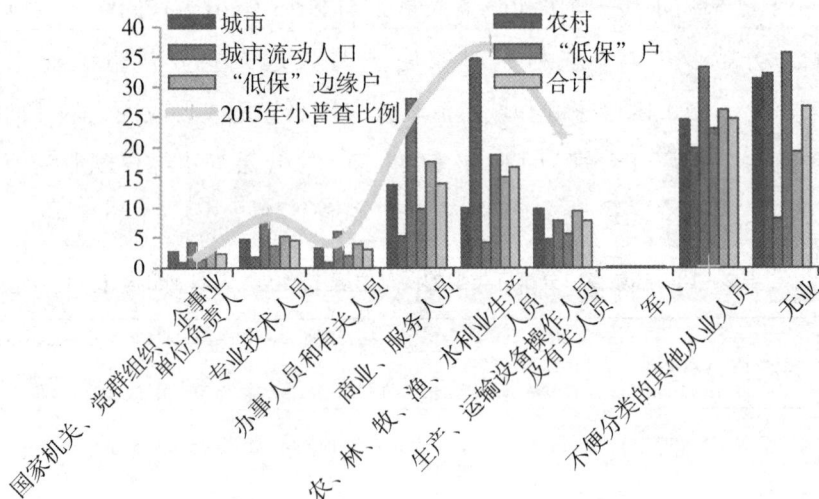

图2—3　不同类型困难家庭主要收入人职业情况（%）

家庭最主要收入人最近从事最多的行业（见表2—19）依次是农业（18.5%）、其他行业（12.9%）、建筑业（7%）、制造业（6.7%）、居民服务维修业（6.4%），而2015年全国层面上依次是农业（36.7%）、制造业（18.1%）、批发和零售业（12%）、建筑业（7.5%）。这也表明困难家庭主要收入人就业不稳定或主要集中于一产和二、三产的低端区域。分城乡来看，城市流动人口困难家庭主要收入人从事批发零售业（14.5%）和居民服务维修业（13.4%）的比例最高，城市困难家庭主要收入人从事其他行业的占比最高（15.5%）。

表2—19　分城乡、分家庭类型的困难家庭主要收入人行业结构（%）

主要收入人行业	城市	农村	城市流动人口	"低保"户	"低保"边缘户	合计	2015年小普查
农、林、牧、渔业	10.8	38.7	4.3	20.3	16.9	18.5	36.7
采矿业	0.3	0.3	1	0.2	0.6	0.4	1.1
制造业	8.3	4.7	6.5	6	7.3	6.7	18.1
电力、热力、燃气及自来水生产和供应业	1.5	0.7	2.8	1	2	1.5	0.8
建筑业	6.4	6.9	8.6	5.8	8	7	7.5
批发和零售业	5	2.2	14.5	3.8	7.9	6	12.0
交通运输、仓储和邮电业	4	1.1	5.1	2.5	3.9	3.3	3.7
住宿和餐饮业	4.1	2.1	9.4	3.2	5.6	4.5	3.8
信息传输、软件和信息技术服务业	0.6	0.3	1.6	0.6	0.8	0.7	0.9
金融业	0.4	0.3	1	0.3	0.6	0.5	1.2
房地产业	0.2	0.2	1.3	0.1	0.7	0.4	1.1
租赁和商务服务业	1.4	0.3	1.8	1	1.2	1.1	1.2
科学研究和技术服务业	0.2	0.1	0.3	0.1	0.2	0.2	0.6
水利、环境和公共设施管理业	0.7	0.5	1.2	0.7	0.7	0.7	0.4

（续表）

主要收入人行业	城市	农村	城市流动人口	"低保"户	"低保"边缘户	合计	2015年小普查
居民服务、修理和其他服务业	5.8	2.7	13.4	4.4	8.1	6.4	2.6
教育	1.4	0.3	1.5	1.1	1	1.1	2.8
卫生和社会工作	2.9	0.6	3.2	1.9	2.5	2.2	1.6
文化、体育和娱乐业	0.7	0.2	0.4	0.4	0.6	0.5	0.5
公共管理、社会保障和社会组织	1	0.4	1.8	0.6	1.3	1	3.4
国际组织	0	0	0.1	0	0	0	0.0
其他	15.5	9.2	13	13	12.8	12.9	—
未就业	28.8	28.3	7.4	32.6	17	24.2	—
合计	100	100	100	100	100	100	100
样本量	4223	2937	1868	4160	4868	9028	11002482

（三）外出务工情况

调查显示（见图2—4），有42%的农村受访者反映所在村庄有过半的青壮年外出打工。受访者反映青壮年外出打工给村里带来最主要的积极变化依次是：收入增加了（有65.1%的受访者）、学习到了技能（51.6%）、开阔了眼界（54.9%）、增加了本村与外界的联系（46.9%）；带来的消极影响则依次是：老人无人照顾（40.6%）、孩子教育成问题（34.5%）、土地闲置（28.2%）、文化娱乐活动搞不起来（22.4%）、夫妻矛盾增加（20.6%）。

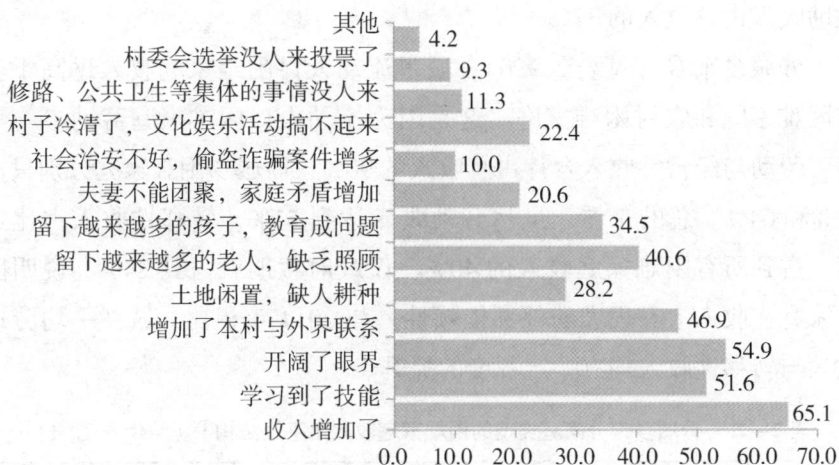

图2—4 青壮年外出打工给村里带来的变化（%）

四、困难家庭基本经济状况

（一）困难家庭收入水平及其结构

调查显示（见表2—20），2015年全国困难家庭的总收入为22996元，其中城市困难家庭为19262元，农村困难家庭为10238元，城市流动人口困难家庭为51530元。与国家统计局公布的全国水平相比，按常住地分，全年全国居民人均可支配收入为21966元，城镇居民人均可支配收入为31195元，农村居民人均可支配收入为11422元，全国农民工人均月收入为3072元。如果考虑到困难家庭平均3口人，城乡困难家庭的收入水平都远远低于对应的城乡一般家庭收入水平。

再从家庭性质来看（见表2—20），"低保"户的家庭收入要远低于"低保"边缘户。这种差异主要体现在劳动和经营性收入上，"低保"家庭更多地依赖转移性收入，转移性收入占家庭收入的57%，其中政府救助收入占总收入的37%。

分城乡来看（见表2—20），城市流动人口困难家庭收入远高于城市困难家庭和农村困难家庭。这是因为流动人口困难家庭劳动参与率高，劳动与经营性收入合计占总收入的90%，而城乡困难家庭分别只占50%和64%。总的来看，虽然劳动收入达到51%，转移性收入占比过高，占到所有困难家庭收入的40%，仅政府救助就占到24%，说明困难家庭在收入上有很大的外部依赖性。与2014年相比，城乡平均劳动收入与转移性收入均有一定程度的提升。

表2—20　分城乡、分家庭类型的困难家庭收入水平及结构① （单位：元,%）

	总收入	劳动收入及占比	资产经营性收入及占比	财产收入及占比	转移性收入及占比	其他收入及占比	政府救助收入及占比
"低保"户	16299	9172 (37)	869 (6)	146 (1)	6718 (57)	91 (1)	3949 (37)
"低保"边缘户	28735	22402 (63)	4264 (12)	360 (2)	3230 (24)	181 (2)	968 (12)
城市	19262	12468 (48)	477 (2)	159 (1)	6852 (49)	206 (2)	3439 (29)
农村	10238	6067 (37)	1451 (17)	184 (3)	3175 (46)	79 (1)	1981 (29)
城市流动人口	51530	39341 (77)	9642 (13)	613 (1)	3067 (9)	84 (1)	421 (3)
合计	22996	16214 (51)	2692 (9)	261 (2)	4831 (40)	140 (1)	2336 (24)

① 收入来源的结构占比体现的是所有家庭在不同收入结构方面的比例均值，具体计算方法为：首先，分收入来源类别，求出每个家庭相应类别收入占家庭总收入的比例；其次，分来源类别，计算所有家庭上述比例的均值。

（二）困难家庭支出水平及其结构

调查显示（见表2—21），城乡困难家庭2015年年均总支出为37378元，其中生活消费支出、转移支出分别为31432元和4233元，分别占到年均收入的86%和12%，这两项几乎构成城乡困难家庭收入的全部，资产经营性等支出几乎可以忽略不计。这体现了困难家庭与生存生活作斗争的基本现实。

表2—21　分城乡、分家庭类型的困难家庭支出水平及结构（单位：元,%）

	总支出	生活消费支出及占比	转移支出及占比	缴纳所得税支出及占比	资产经营性支出及占比	其他支出及占比
"低保"户	30254	26735(89)	2985(11)	13(0)	485(1)	52(0)
"低保"边缘户	43477	35453(84)	5302(13)	96(0)	2577(2)	132(0)
城市	35391	31030(88)	3566(11)	7(0)	716(1)	75(0)
农村	27063	24271(88)	2601(11)	—	137(1)	62(0)
城市流动人口	58072	43592(80)	8303(15)	181(0)	5843(4)	190(0)
合计	37378	31432(86)	4233(12)	59(0)	1614(2)	95(0)

与国家统计局公布的2015年全国平均水平相比，我国居民年人均消费支出15712元，其中城镇常住居民年人均消费支出21392元，农村常住居民年人均消费支出9223元。按照困难家庭3口之家的平均规模计算，城市困难家庭和农村困难家庭支出水平均要明显低于全国平均水平，其中城市更为明显，这由于城市家庭支出更依赖于市场，农村则有一定的自给自足性。

分城乡来看（见表2—21），城市流动人口困难家庭的总支出明显高于城市困难家庭和农村困难家庭，其中生活消费支出占比略低于城市困难家庭和农村困难家庭，但转移性支出占比要高于城市困难家庭和农村困难家庭，这可能主要由于城市流动人口困难家庭所需缴纳的社会保险费用更高。

如果再细分支出项目（见表2—22），会发现食品、医疗、教育支出是城乡困难家庭支出的主要部分，分别占到34%、25%和11%，合计占到70%。其他诸如水电燃料采暖、人情往来也是困难家庭支出的重要组成部分。

与国家统计局公布的2015年全国居民人均消费支出构成数据比较，全国食品烟酒支出占比为31%，城乡困难家庭为34%；全国医疗支出占比7.4%，城乡困难家庭为25%；全国教育文化娱乐支出占比11.0%，城乡困难家庭为11%；全国住房支出为22%，困难家庭住房支出合计为5%；全国交通通信支出为13%，困难家庭交通通信为4%；全国衣着支出占比7.4%，困难家庭为3%；全国生活用品支出为6%，困难家庭为2%。可见，困难家庭在医疗和食品支出占比上要明显高于全国水平，而在居住、交通通信、衣着、生活用品上要明显低于全国水平。说明困难家庭在健康状况上有压力，但在教育上没有拉后腿，与生活质量相关的消费受到较大限制。

具体看食品支出占比（见表2—22），即恩格尔系数，城市困难家庭、农村困难家庭和城市流动人口困难家庭的恩格尔系数分别为37%、33%和31%，均高于国家统计局公布的2016年全国30.1%的平均水平。其中，城市困难家庭和农村困难家庭明显高于全国水平，反映了这部分群体相对较低的生活水平，而且"低保"户的恩格尔系数高于"低保"边缘户。再看医疗支出，"低保"户家庭医疗支出占比高于"低保"边缘户，农村困难家庭高于城市困难家庭，城市困难家庭高于城市流动人口困难家庭。在教育支出所占比重上，城市困难家庭明显高于农村困难家庭和城市流动人口困难家庭，说明城市困难家庭更重视教育投资。

表 2—22 分城乡、分家庭类型的困难家庭具体支出项目占比（%）

支出类型	"低保"户				"低保"边缘户				合计			
	城市	农村	流动	合计	城市	农村	流动	合计	城市	农村	流动	合计
食品	38	35	33	36	35	32	31	33	37	33	31	34
衣着	3	3	3	3	3	3	6	4	3	3	5	3
教育	20	7	8	12	19	8	8	10	19	7	8	11
医疗	27	31	23	28	27	32	10	23	27	32	12	25
住房(租金、物业或修缮)	2	1	7	2	2	2	12	5	2	1	11	4
家庭成员婚丧嫁娶	1	1	1	1	2	1	1	1	1	1	1	1
水电燃料采暖	7	7	6	7	7	7	5	6	7	7	5	7
文化娱乐	0	0	0	0	0	0	1	0	0	0	1	0
交通	1	1	2	1	1	2	2	2	1	1	2	1
邮电通信	2	3	3	3	3	3	3	3	3	3	3	3
上网	0	0	0	0	1	0	1	1	1	0	1	0
设备和日用品	2	2	2	2	2	2	2	2	2	2	2	2
赡养抚养扶养	2	2	4	2	3	2	5	3	2	2	5	3
人情往来	6	7	6	6	7	8	7	7	6	7	7	7
保险	3	2	2	3	3	2	2	3	3	2	2	3
购建房及房贷	1	1	1	1	1	1	4	2	1	1	3	1
样本量	2448	1482	245	4175	1786	1462	1629	4877	4234	2944	1874	9052

（三）家庭收支、积蓄与欠债情况

调查显示（见表 2—23），总的来看，城乡困难家庭 2015 年度收入支出比的均值为 94∶100，中位数为 66∶100，说明城乡困难家庭入不

敷出的现象相当普遍。这其中农村困难家庭的情况更为严重，城市流动
人口困难家庭收入支出情况更好，收入支出比平均为 123∶100。

表 2—23　分城乡、分家庭类型的困难家庭收支平衡情况

家庭性质	城乡	收入支出比（支出为100）		积蓄(元)		欠债(元)		样本量
		均值	中位数	均值	中位数	均值	中位数	
"低保"户	城市	97	67	14216	10000	43547	30000	2448
	农村	88	52	10941	5000	37018	21000	1482
	城市流动人口	121	71	28500	10000	57093	40000	245
	合计	95	61	14322	10000	41897	30000	4175
"低保"边缘户	城市	86	69	19399	18000	49428	30000	1786
	农村	67	40	12022	7500	41551	30000	1462
	城市流动人口	124	101	37398	30000	76766	50000	1629
	合计	93	71	27818	20000	52655	30000	4877
合计	城市	93	67	16767	10000	45918	30000	4234
	农村	78	46	11521	5000	39448	26000	2944
	城市流动人口	123	98	36838	20000	73015	45000	1874
	合计	94	66	23386	15000	47450	30000	9052

从积蓄和欠债情况来看（见表 2—23），12% 的城乡困难家庭有积蓄，但 41% 的城乡困难家庭有欠债，欠债现象普遍。有积蓄困难家庭的平均积蓄为 23386 元，中位数为 15000 元，其中城市流动人口困难家庭平均积蓄为 36838 元，远高于城市困难家庭的 16767 元和农村困难家庭的 11521 元。有积蓄的"低保"户平均积蓄为 14322 元，有积蓄的"低保"边缘户平均积蓄为 27818 元，是前者的近两倍。有欠债

城乡困难家庭的平均年度债务为 47450 元，中位数为 30000 元，远高于困难家庭的年度平均收入（22996 元）。其中，有债务的城市流动人口困难家庭的欠债最高，平均为 73015 元，高于城市困难家庭的45918 元和农村困难家庭的 39448 元。有债务的"低保"边缘户欠债高于"低保"户。这可能因为城市流动人口困难家庭及"低保"边缘户在享受政府救助方面更为不易。

从欠债原因来看（见表 2—24），城乡困难家庭欠债的主要原因包括看病（占 58.04%），其他原因依次为住房和孩子上学欠债，分别占到 13.68% 和 12.06%，住房、医疗和教育依然为困难家庭头上的三大困难原因，合计占到欠债原因的 84%。城市困难家庭欠债的前三位原因依次是看病、上学和住房，分别占到 62.1%、13.3% 和 9.89%；而农村困难家庭欠债的前三位原因依次是看病、住房和上学，分别占到 62.92%、12.41% 和 10.54%。分家庭性质来看，"低保"边缘户因住房欠债的比重明显高于"低保"户（17.25%＞9.87%），而因看病欠债的比例要低于"低保"户（52.85%＜63.58%），这可能是因为住房救助较医疗救助与"低保"资格捆绑更严重。

表 2—24　分城乡、分家庭类型的困难家庭欠债原因（%）

借债主要原因	城市	农村	城市流动人口	"低保"户	"低保"边缘户	合计
看病	62.1	62.92	32.91	63.58	52.85	58.04
孩子上学	13.3	10.54	12.23	13.16	11.03	12.06
日常生活需要	6.12	5.31	6.65	5.24	6.48	5.88
经营需要	1.65	1.86	10.79	1.45	4.65	3.1
买房、租房或修建房	9.89	12.41	28.6	9.87	17.25	13.68
婚丧嫁娶	2.59	3.45	2.7	2.79	3.08	2.94
意外事故	0.94	0.83	2.16	0.84	1.31	1.08
重大自然灾害	0.12	0.14	0.18	0.06	0.21	0.13

（续表）

借债主要原因	城市	农村	城市流动人口	"低保"户	"低保"边缘户	合计
其他	3.3	2.55	3.78	3.01	3.14	3.08
合计	100	100	100	100	100	100

（四）家庭资产情况

从住房来源看（见表2—25），困难家庭住房来源以自建房为主（占42.2%），其次是市场租房（10.7%）、拆迁安置房（9.1%）、自购商品房（7.6%）和租住廉价或公租房（5.9%）。具体来看，城市流动人口困难家庭住房来源前三位分别是市场租房（36.7%）、自建房（16.8%）和自购商品房（12.3%），更多的是通过市场方式来解决；城市困难家庭住房来源前三位分别为自建房（30.1%）、拆迁安置房（14.7%）和自购商品房（10.2%），如果算上租住廉价或公租房（8.4%）、自购经济适用房或限价商品房（5.5%）、政府补贴建房（2.1%），政府在住房保障方面发挥了更多作用；农村困难家庭住房来源的前三位是自建房（75.7%）、继承房（5.4%）、政府补贴建房（5%），可见绝大多数农村困难家庭的住房由自己独立解决。"低保"边缘户较"低保"户市场租房的比例更高（15.5%>5.2%）。

表2—25 分城乡、分家庭类型的困难家庭住房来源（%）

住房来源类别	城市	农村	城市流动人口	"低保"户	"低保"边缘户	合计
自建房	30.1	75.7	16.8	42.8	41.7	42.2
市场租房	5.6	1.6	36.7	5.2	15.5	10.7
拆迁安置房	14.7	3.9	4.4	9.7	8.5	9.1
自购商品房	10.2	0.8	12.3	7.4	7.7	7.6

（续表）

住房来源类别	城市	农村	城市流动人口	"低保"户	"低保"边缘户	合计
租住廉价或公租房	8.4	0.3	9.1	6.2	5.6	5.9
继承房	7.4	5.4	1.3	7.2	4	5.5
其他房源	6.1	3.1	4.2	5.3	4.2	4.7
借房	4.8	3.6	3.4	5.1	3.3	4.1
自购经济适用房或限价商品房	5.5	0.4	3.2	3.3	3.4	3.3
工作单位提供免费住房	4	0.1	4.3	2.6	2.9	2.8
政府补贴建房	2.1	5	0.3	4.1	1.4	2.7
租住单位住房	1.2	0.1	4	1.1	1.7	1.4
合计	100	100	100	100	100	100
样本量	4233	2943	1870	4174	4872	9046

　　根据访员观察来看（见表2—26），城市困难家庭和城市流动人口困难家庭住简易房和平房的比例仍然很高，分别为35.9%和28.2%，而农村困难家庭住棚屋或土房的比例仍高达19.3%，说明城乡困难家庭的居住情况仍然较差。

表2—26　访员观察到的困难家庭房子类型（%）

访员观察房子	城市	城市流动人口	访员观察房子	农村
简易房	11	8.4	棚屋	1.9
平房	24.9	19.8	土房	17.4
楼房	54.3	62.2	瓦房	39.9
其他	9.8	9.6	楼房	27.2
			其他	13.7
合计	100	100	合计	100

从耐用消费品拥有情况来看（见表2—27），困难家庭中普及率较高的前几位依次是彩电（82.6%）、洗衣机（65.7%）、冰箱（62%）、智能手机（50.9%）、电动自行车（40.5%）、空调（34%）；而普及率较低的前几位依次是贵重物品（3%）、汽车（5.5%）、摩托车（13.8%）。这说明基本的家用电器即使在困难家庭中也得到较大的普及，而大宗资产已成为家庭间经济条件差距的主要内容。分城乡来看，农村困难家庭在洗衣机、冰箱、空调、电脑、智能手机等现代生活方式所需家电上与城市困难家庭仍有很大差距，而在摩托车等适合农村地区的财产拥有上高于城市，城市流动人口困难家庭在冰箱、空调、电动自行车、智能手机、汽车、贵重物品拥有上都明显优于城市困难家庭和农村困难家庭，说明劳动参与大大改善了其生活条件。从家庭性质来看，"低保"边缘户在各项耐用消费品指标上都明显好于"低保"户，拥有资产更多。

表2—27 分城乡、分家庭类型的困难家庭耐用消费品拥有情况（%）

耐用消费品	"低保"户	"低保"边缘户	城市	农村	城市流动人口	合计
彩色电视机	80	84.9	85.2	76.6	86.4	82.6
洗衣机	60.3	70.3	71.1	47.8	81.4	65.7
冰箱	54.7	68.3	64.2	47.7	79.8	62
空调	25.3	41.5	38.1	15	54.6	34
电脑	17.1	32	24.9	10.2	49.1	25.1
电动自行车	34.6	45.5	39	37.2	49	40.5
摩托车	10.3	16.8	7.4	20.6	17.8	13.8
智能手机	41	59.5	51.6	33.9	77.2	50.9
汽车	1.3	9.1	2.6	2.1	17.5	5.5
贵重物品（古董、珠宝等）	1.6	4.2	2.2	0.9	8.1	3

（续表）

耐用消费品	"低保"户	"低保"边缘户	城市	农村	城市流动人口	合计
以上都没有	9.6	5.2	6	12.3	2.2	7.3
样本量	4175	4871	4233	2944	1869	9046

在农村困难家庭土地状况方面，农村困难家庭拥有土地亩数的均值为 3.4 亩，实际种植亩数为 2.4 亩，与上年相比均有一定程度的提高。从分人群的角度来看，发现"低保"户家庭拥有的土地亩数和实际种植较"低保"边缘户家庭少。

五、困难家庭负担

抚养压力是家庭经济负担的人口基础，而疾病、住房、教育是困难家庭负担的主要方面（见图 2—5）。

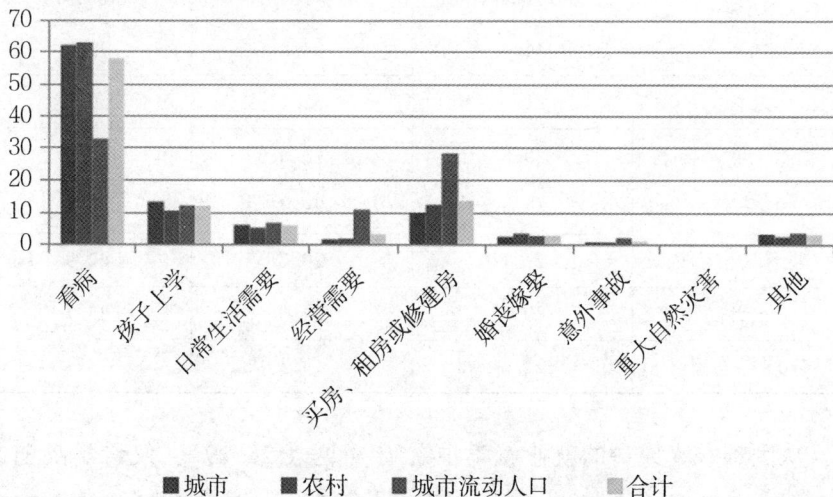

■城市 ■农村 ■城市流动人口 □合计

图 2—5 分城乡的困难家庭欠债主要原因（%）

（一）困难家庭抚养压力

国家统计局数据显示，2015年全国少儿抚养比、老年抚养比分别为22.6%和14.3%，总抚养比为37%，即每100名劳动年龄人口大致要负担37名非劳动年龄人口。调查显示（见表2—28），根据城乡困难家庭成员总的年龄结构进行整体估算，城乡困难家庭的少儿抚养比为20.1%，与全国水平相差不大，而老年抚养比为24.6%，远高于全国水平，总抚养比为44.7%，也明显高于全国水平。这说明城乡困难家庭抚养压力较大，主要体现在老年人的赡养负担上。分城乡来看，农村困难家庭的老年抚养比高达35.3%，远高于城市困难家庭和城市流动人口困难家庭，导致其总抚养比最高（56.9%），城市流动人口困难家庭的总抚养比最低（36.6%），与全国水平相当。分家庭性质来看，"低保"户的总抚养比高于"低保"边缘户，也主要是源于较高的老年抚养比。

表2—28　分城乡、分家庭类型的困难家庭抚养比（%）

	少儿抚养比	老年抚养比	总抚养比
城市	16.2	24.8	41.0
农村	21.6	35.3	56.9
城市流动人口	25.8	10.8	36.6
"低保"户	17.5	29.7	47.3
"低保"边缘户	22.1	20.7	42.9
合计	20.1	24.6	44.7
2015年全国	22.6	14.3	37

从困难家庭成员的就业就学情况看（见表2—29），仅看学龄前儿童、在校学生及失业无业几种纯需抚养的群体，还不包括老年人口部分。这部分群体占到城市困难家庭成员的41.3%，占到城市流动人口困

难家庭成员的 31.7%，占到农村困难家庭成员的 32.4%，从中可看出困难家庭的抚养负担较重。其中，"低保"户的家庭抚养负担较"低保"边缘户更重。

表 2—29　分城乡、分家庭类型的困难家庭的抚养压力（%）

	城市	城市流动人口	农村	"低保"户	"低保"边缘户
学龄前儿童	3.2	8.2	4.8	3.06	6.26
在校学生	16.8	17.4	15.5	17.35	16.81
失业、无业（有劳动能力）	10.1	4.2	3.6	10.83	6.17
劳动年龄但丧失劳动能力	11.2	1.9	8.5	12.91	4.59
合计	41.3	31.7	32.4	44.15	33.83

（二）家庭疾病负担

调查显示（见表 2—30），城乡困难家庭平均分别有 0.4 个、0.7 个、0.3 个、0.3 个成员是残疾人、慢性病患者、大病患者和生活不能自理的人，残疾、患慢性病、患大病和生活不能自理家庭成员合计占到 64%，疾病和照料负担重。其中，城市困难家庭和农村困难家庭尤为明显。

医疗负担是城乡困难家庭最主要的负担之一。调查显示，困难家庭欠债的最主要原因是看病（占 58%），无论是城市困难家庭还是农村困难家庭，无论"低保"户还是"低保"边缘户，都如此。2015 年城乡困难家庭医疗支出为 11155 元，其中医疗支出占困难家庭总支出的比重达到 25%，仅次于食品支出，城市困难家庭、城市流动人口困难家庭、农村困难家庭医疗支出分别为 12499 元、7563 元和 11535 元，医疗支出占家庭总支出平均比重分别为 27%、12% 和 32%。

表2—30　分城乡、分家庭类型的困难家庭的疾病负担

	城乡	家庭成员数(人)	残疾人数及占比(人/%)	慢性病患者数及占比(人/%)	大病患者数及占比(人/%)	无生活自理能力人数及占比(人/%)
"低保"户	城市	2.9	0.6(22.2)	0.8(33.9)	0.3(12.5)	0.4(15.5)
	农村	3	0.6(20.8)	0.8(35)	0.3(10.6)	0.5(15.7)
	城市流动人口	3.3	0.4(13)	0.8(28.1)	0.3(12.4)	0.3(10.5)
	合计	3	0.6(21.1)	0.8(33.9)	0.3(11.8)	0.4(15.3)
"低保"边缘户	城市	3.1	0.3(11.8)	0.8(29.3)	0.3(10.5)	0.3(10.6)
	农村	3.4	0.4(12.1)	0.8(31.1)	0.3(10.2)	0.4(12)
	城市流动人口	3.6	0.1(2.7)	0.3(9.6)	0.1(2.1)	0.1(3.1)
	合计	3.3	0.3(8.8)	0.6(23.3)	0.2(7.6)	0.3(8.5)
合计	城市	3	0.5(17.8)	0.8(31.9)	0.3(11.6)	0.4(13.4)
	农村	3.2	0.5(16.5)	0.8(33.1)	0.3(10.4)	0.4(13.9)
	城市流动人口	3.5	0.1(4.1)	0.4(12)	0.1(3.4)	0.2(4)
	合计	3.2	0.4(14.5)	0.7(28.2)	0.3(9.5)	0.3(11.6)

注：人数直接计算均值，百分比来自每个家庭百分比的均值。

从受访者对2015年医疗负担的主观评价来看（见表2—31），分别有36.5%和18.8%的受访者认为医疗负担非常重或较重，城市流动人口困难家庭受访者甚至有55.1%的认为医疗负担非常重，直观地反映了医疗负担问题。其中，"低保"边缘户受访者认为医疗负担很轻的比重为17.8%，明显高于"低保"户受访者的7.6%，这可能与"低保"边缘户越来越多地可以获得医疗救助有关。

表2—31　分城乡、分家庭类型的困难家庭自评医疗负担（%）

	非常重	较重	一般	较轻	很轻	合计
城市	30.3	23.2	35.6	5.8	5	100
农村	33.5	24.5	31	6.6	4.4	100
城市流动	55.1	0	0	0	44.9	100
"低保"户	33.4	23	30.6	5.5	7.6	100
"低保"边缘户	39.1	15.3	23.5	4.3	17.8	100
合计	36.5	18.8	26.8	4.9	13.1	100

（三）困难家庭教育负担

孩子上学是城乡困难家庭和"低保"家庭借债的第二大原因，说明困难家庭的教育负担也较重。具体来看，2015年城乡困难家庭教育支出为4496元，占困难家庭总支出的11%。其中，城市困难家庭教育平均支出为7310元，占家庭教育总支出的19%，"低保"户平均教育支出为4080元，占家庭教育总支出的12%。

分教育阶段来看（见表2—32），困难家庭2015年大学教育阶段花费最高，平均为12516元，困难家庭义务教育阶段花费最低，平均为2117元，学前教育阶段和高中教育阶段花费也是重要支出，分别为3892元和5736元。

分城乡来看（见表2—32），城市流动人口困难家庭在大学教育阶段、学前教育阶段和义务教育花费上都明显高于城市困难家庭和农村困难家庭。这可能与城市流动人口困难家庭处于的生命周期有关，即少儿抚养压力更大，子女在学的情况更多，也可能是城市流动人口困难家庭在城市享受了比城市家庭不平等的教育待遇，需要承担更多费用。

分家庭性质来看（见表2—32），"低保"边缘户2015年在各教育阶段花费上均高于"低保"户。

表2—32　分城乡、分家庭类型的困难家庭的教育支出

家庭性质	城乡	教育支出（元）	学前教育花费（元）	义务教育花费（元）	高中教育花费（元）	大学教育花费（元）	样本量
"低保"户	城市	6963	3478	1903	4725	11133	2448
	农村	2094	2165	1864	6331	12246	1482
	城市流动人口	4057	4961	2212	5820	9800	245
	合计	4080	3019	1907	5206	11351	4175
"低保"边缘户	城市	7760	4311	2231	5712	12583	1786
	农村	2882	2772	1862	6720	13733	1462
	城市流动人口	5068	5688	2617	6663	15941	1629
	合计	4791	4425	2269	6288	13647	4877
合计	城市	7310	3861	2054	5087	11727	4234
	农村	2486	2494	1863	6537	13071	2944
	城市流动人口	4935	5623	2575	6524	15295	1874
	合计	4496	3892	2117	5736	12516	9052

（四）困难家庭住房负担

调查显示，有债务的城乡困难家庭中有14%的是因为买房、租房或修建房导致欠债，住房也是困难家庭经济负担的重要部分。其中城市流动人口困难家庭和"低保"边缘户体现得最为突出，分别有29%和17%有债务困难家庭因此欠债。

从住房支出来看（见表2—33），2015年困难家庭平均住房支出为3000元，占年度总支出的5%。这其中主要是住房租金、物业、修缮等

支出。其中城市流动人口困难家庭住房支出最高，平均为10666元，占到年度家庭总支出的14%，农村困难家庭住房支出最低，为530元。

从家庭性质方面看，"低保"边缘户住房支出高于"低保"户，主要体现在购建房及偿还房贷支出上，这与"低保"边缘户更少得到政府提供的住房保障有关。

表2—33 分城乡、分家庭类型的困难家庭的住房支出（元）

家庭性质	城乡	住房租金、物业、修缮等支出	购建房及偿还房贷支出	合计	样本量
"低保"户	城市	587	475	1062	2448
	农村	371	117	488	1482
	城市流动	2692	468	3160	245
	合计	634	351	986	4175
"低保"边缘户	城市	692	872	1563	1786
	农村	471	100	572	1462
	城市流动	6718	5075	11793	1629
	合计	2651	2066	4717	4877
合计	城市	631	642	1273	4234
	农村	421	109	530	2944
	城市流动	6196	4470	10666	1874
	合计	1723	1277	3000	9052

六、困难家庭与社会支持

（一）家庭困难与政策需求

从目前困难家庭面临的主要困难来看（见表2—34），排名靠前的依次是家庭成员疾病负担重（56%）、家庭主要成员没有劳动能力（45%）、家庭主要劳动力没有工作（44%）、居住条件差（44%）、家庭成员需要长期照料（34%）、子女教育负担难以承受（30%）和赡养老人负担重（23%）。这些说明人力资本禀赋、就业、居住、抚养压力是困难家庭普遍面临的问题，也是困难的重要原因。

分城乡来看（见表2—34），城市流动人口困难家庭主要成员没有劳动能力或工作、家庭成员需长期照料的情况明显好于城市困难家庭和农村困难家庭，而没有困难的比例最高（23%），说明城市流动人口困难家庭的劳动就业情况更优。"低保"边缘户的劳动就业情况要明显优于"低保"户。

表2—34 分城乡、分家庭类型的困难家庭目前面临的主要困难（%）

目前面临的主要困难	城市	农村	城市流动人口	"低保"户	"低保"边缘户	合计
家庭成员疾病负担重	63	65	26	67	47	56
家庭主要成员没有劳动能力	51	55	16	59	33	45
家庭主要劳动力没有工作	49	49	26	51	39	44
居住条件差	41	45	50	44	44	44
家庭成员需要长期照料	38	40	16	42	28	34
子女教育负担难以承受	32	27	29	31	29	30
赡养老人负担重	23	23	24	22	24	23
没有困难	6	5	23	4	14	9
家庭成员发生意外事故	5	7	4	6	5	6
其他	5	5	5	5	5	5
家庭最主要收入者被长期拖欠工资	4	5	6	4	6	5
家庭财产遭受重大损失	3	5	4	4	4	4

总的来看（见表2—35），2015年有40%的城乡困难家庭遇到临时性或突发性困难。其中，城市流动人口困难家庭更高，达到70%，说明

困难家庭尤其是流动人口困难家庭是高风险高脆弱家庭，对临时救助有较大需求。具体来看，这些临时或突发困难主要包括短期失业（18%）和家庭成员突发重大疾病（17%），说明困难家庭在抵御经济结构性风险时更为无力，这与其人力资本禀赋不高是一致的。其次，农村困难家庭还面临较高的自然灾害困难（11%），救灾减灾与减贫解难仍然是联系在一起的。

表 2—35　分城乡、分家庭类型的困难家庭遇临时困难情况（%）

临时或突发困难	城市	农村	城市流动人口	"低保"户	"低保"边缘户	合计
没有	58	57	70	59	62	60
短期失业	20	14	19	16	19	18
家庭成员突发重大疾病	19	20	9	19	16	17
其他	7	6	4	7	6	6
自然灾害	3	11	4	6	6	6
交通事故等意外事故	3	4	3	3	4	3

还需帮助情况能够反映城乡困难家庭的直接政策诉求（见表2—36），减免医疗费（68%）、直接提供生活金或生活品（61%）、帮助修建住房（36%）、资助子女完成学业（32%）、帮助家里劳动力找份工作（32%）、结对帮扶（27%）、提供技能培训或指点致富门路（25%）、提供低息贷款或生产资金（18%）都有较大的需求。帮助基本生活与帮助解决就医、住房、上学三大问题仍是困难家庭的呼声，这些是生存型和发展型诉求的结合。分城乡来看，城市流动人口困难家庭在减免医疗费、直接提供生活金或生活品、帮助修建住房方面的诉求要低于城市困难家庭和农村困难家庭，而在资助子女完成学业、提供技能培训或指点致富门路方面需求更多，说明城市流动人口困难家庭更加倾向获得"渔"而非"鱼"。

表 2—36　分城乡、分家庭类型的困难家庭还所需帮助（%）

还需要的帮助	城市	农村	城市流动人口	"低保"户	"低保"边缘户	合计
减免医疗费	71	75	48	74	62	68
直接提供生活金或生活品	64	72	34	69	53	61
帮助修建住房	33	45	29	39	33	36
资助子女完成学业	32	31	34	32	32	32
帮助家里劳动力找份工作	32	35	27	32	32	32
结对帮扶	30	32	15	33	23	27
提供技能培训或指点致富门路	21	26	31	22	27	25
提供低息贷款或生产资金	14	21	21	16	20	18
其他	10	6	0	7	6	7

（二）求助网络

从困难家庭的求助网来看（见表 2—37），困难家庭遇到困难后首先求助的对象是亲戚，占到 53.3%，其次是村/居委会，占到 22.5%，再次是政府，占到 14.1%。如果将村/居委会看作政府的延伸机构，求助政府合计占到 36.6%。这说明家庭仍然是困难家庭求助的首要对象，其次才是政府，两项合计占到 90%。求助其他对象的比例很小。分城乡来看，城市流动人口困难家庭求助亲戚的比重更高（61.3%），表明流动人口在居住地和户籍地双重脱嵌的情况下，只能更多依赖家庭网络。

表 2—37　分城乡、分家庭类型的困难家庭遇困难时的第一求助对象（%）

第一求助对象	"低保"户	"低保"边缘户	城市	农村	城市流动人口	合计
亲戚	47	58.8	51	51.6	61.3	53.3

（续表）

第一求助对象	"低保"户	"低保"边缘户	城市	农村	城市流动人口	合计
村/居委会	27	18.6	26.3	21.9	14.7	22.5
政府	17.3	11.4	14.6	15.9	10.1	14.1
其他	3.1	4	2.6	4.2	4.9	3.6
朋友	2.2	3.4	2.3	2.1	5	2.8
邻居	2.7	2.4	2	3.9	1.6	2.5
雇主或工作单位	0.5	1.1	0.8	0.2	2	0.8
工青妇残等组织	0.1	0.1	0.1	0.1	0.1	0.1
媒体	0.1	0.1	0.1	0.1	0.2	0.1
慈善公益类社会组织	0.1	0.1	0.1	0.1	0.1	0.1

（三）救助或优惠项目享受情况

调查显示（见表2—38），困难家庭2015年享受最多的救助或优惠项目依次是"低保"金（62%）、医疗救助（23%）、水电燃料取暖费减免（17%）、物价补贴或节假日救助（14%）、教育救助（13%），集中在基本生活和医疗、教育方面。

分城乡来看，城市困难家庭在水电燃料取暖费减免、物价补贴或节假日救助、教育方面得到救助都高于农村困难家庭。分家庭性质来看，"低保"户家庭在医疗救助、水电燃料取暖费减免、物价补贴或节假日救助、教育救助、临时救助、住房救助、慈善救助等几乎所有项目享有上都高于"低保"边缘户的帮助，这说明了社会救助的"悬崖效应"。

表2—38　分城乡、分家庭类型的困难家庭2015年享受到的救助和优惠项目（%）

救助和优惠项目	城市	农村	"低保"户	"低保"边缘户	合计
"低保"金	65	58	90①	29	62
医疗救助	24	21	26	19	23
水电燃料取暖费减免	20	12	25	7	17
物价补贴或节假日补助	18	8	18	10	14
教育救助	15	11	16	10	13
临时救助	9	7	9	7	8
住房救助	8	4	8	4	6
慈善救助	6	4	7	4	5
其他救助或优惠	5	3	4	3	4
自然灾害救助	2	5	3	4	3
其他费用减免	2	1	3	1	2
失业援助	2	0	1	1	1
法律援助	1	0	1	0	1

　　"低保"是困难家庭享受最多的救助项目，但"低保"户累计享受了多长的"低保"金呢？调查显示（见图2—6），截至2016年，城市困难家庭享受"低保"金的平均时间是74个月，中位数是60个月，即平均享受了5—6年；农村困难家庭享受"低保"金的平均值和中位数是56个月和43个月，即平均享受了3—5年。这说明"低保"依赖的情况较为普遍。

---

　　①　当然，还有一种可能，即"低保"家庭的劳动力从事灵活就业，由于收入无法核对，从而避免因为有收入而失去"低保"。

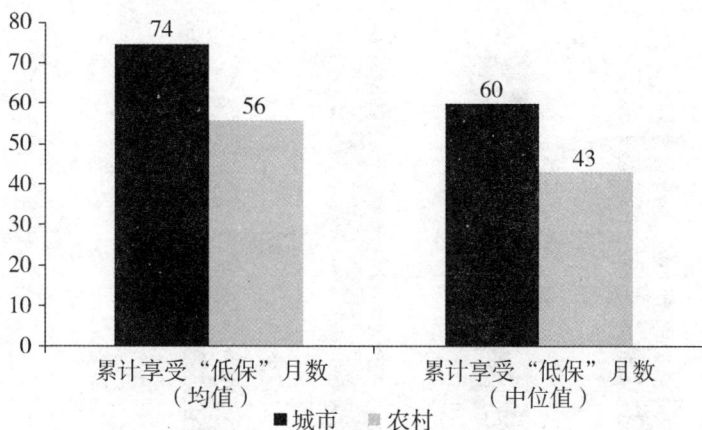

图2—6 城乡"低保"户累计享受"低保"时间（月）

七、困难家庭心态

（一）生活水平变化自我评价

从与一年前的生活水平自我比较来看（见图2—7），有18%的受访者认为变差了，有38%的受访者认为变好了，说明有近1/5的困难家庭处境在恶化，脱贫兜底形势依然很严峻。其中，城市流动人口困难家庭在改善的比重更高，感觉变差的比重最低。"低保"户与"低保"边缘户间无明显差异。

（二）居住满意度

从居住满意度来看（见表2—39），困难家庭的整体社区服务的满意度较高，达到了4分，其中城市流动人口困难家庭最不满意（3.85分）。具体看各分项，困难家庭对小区绿化、环境卫生、交通便利、治安、生活服务设施方面打分都不高，均未超过2.5分，其中治安方面满

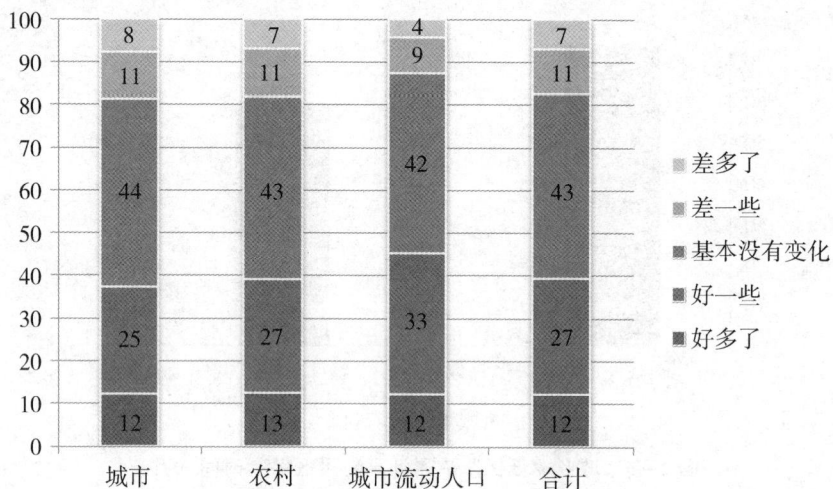

图2—7　与上年比自评生活改善情况（%）

意度最低，只有 2.1 分。这说明困难家庭居住辖区环境整体较差，治安尤其不好。

表2—39　分城乡、分家庭类型的困难家庭社区满意度情况（1—5分）

城乡	社区服务	绿化	环境卫生	交通便利	治安	生活服务设施
城市	4.07	2.38	2.26	2.15	2.12	2.3
农村	3.99	2.24	2.16	2.18	2.06	2.32
城市流动人口困难家庭	3.85	—	—	—	—	—
"低保"户	4.08	2.29	2.19	2.12	2.06	2.25
"低保"边缘户	3.93	2.37	2.26	2.21	2.15	2.38
合计	4	2.32	2.22	2.16	2.1	2.31

（三）家庭定居意向

调查显示（见图 2—8），过去一年里有 33% 的困难家庭受访者有时或经常感到自己和家庭的未来没有希望，其中"低保"户受访者对未来感到没希望的比重最高，为 37%，城市流动人口困难家庭感觉到没希望的比重最低，为 16%。这在一定程度上反映了不同类型困难家庭脱贫脱困的信心和能力。

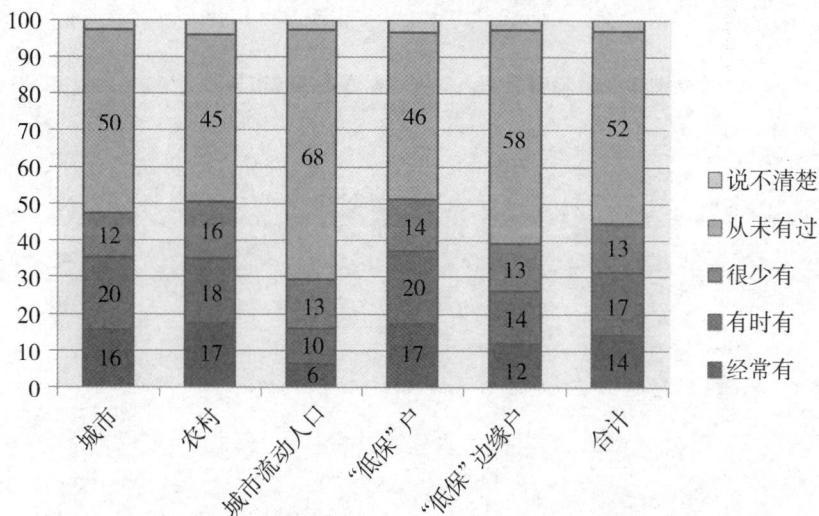

图 2—8 受访者感到自己和家庭的未来没有希望（%）

对于城市流动人口困难家庭定居城市意向看（见图 2—9），有 46% 的受访者表示有定居城市的意愿，并且觉得不久的将来就可以实现，另有 18% 的受访者表示有定居城市的意愿，但觉得希望渺茫，只有 16% 的受访者明确表示没有定居城市的意愿。这说明城市流动人口困难家庭大多数有定居城市意愿，有近半的这类家庭有信心在不久实现这一意愿，说明城市流动人口困难家庭仍有较强的发展能力和意愿。

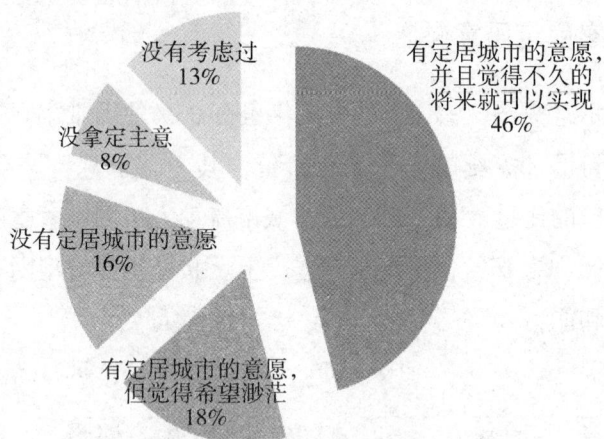

没有考虑过
13%

没拿定主意
8%

没有定居城市的意愿
16%

有定居城市的意愿，
但觉得希望渺茫
18%

有定居城市的意愿，
并且觉得不久的
将来就可以实现
46%

图2—9　城市流动人口困难家庭定居城市意愿（%）

第三章　城乡困难家庭生活状况与基本生活保障

一、城乡困难家庭生活状况分析

（一）城乡困难家庭基本情况

城乡困难家庭基本情况，主要包括城乡困难家庭性别比、受教育程度、健康状况、家庭结构、婚姻状况、职业结构等内容。

（1）性别方面，城乡困难家庭男性人数远大于女性人数。农村的男女性别比超过 7∶3，远大于城市的 6∶4。

（2）受教育程度方面，城乡困难家庭整体受教育程度不高，高中以上学历占比不到 20%。农村困难家庭受教育程度主要集中在小学，占比为 36.80%；没有接受过教育的人数超过农村困难家庭总人数的 1/3，拥有高中及以上学历的人数不超过总人数的 6%。城市困难家庭人口受教育程度要高于农村，拥有学历为小学和初中的人数最多，分别占城市困难家庭总人数的 29.7% 和 29.5%，拥有高中及以上学历的人数超过总人数的 15%。

（3）健康状况方面，城乡困难家庭的健康状况普遍不佳，大多数人自评健康都在一般及以下，占总人数比例达到 85%。

（4）家庭结构方面，城乡困难家庭的家庭结构为两口之家和三口之家，占总家庭数的一半以上。在单身家庭、两口之家、四口之家模式中，城乡困难家庭数目不存在明显的差距，其差距主要集中在三口之家和四口以上模式的家庭数。农村的三口之家数量较城市更少，四口以上家庭数量较城市更多。

（5）婚姻状况方面，城乡困难家庭的婚姻状况占比最高的是已婚家庭，占困难家庭总数量的 64.9%。农村未婚、离异的困难家庭的数量较城市多。

（6）职业结构方面，城乡困难家庭的职业状况排名前三位的依次是无劳动能力人员、灵活就业人员及编制内人员。农村困难家庭编制内人员比城市编制内人员占比更多，在数量对比上接近 1∶1。城市困难家庭灵活就业人员及务农人数多于农村。其中，城市困难家庭灵活就业人员的数量约是农村困难家庭灵活就业人员人数的 12 倍。

详细情况见表 3—1。

表 3—1　城乡困难家庭基本情况

		农村		城市		合计	
		人数	占比（%）	人数	占比（%）	人数	占比（%）
性别	男	2171	73.54	2512	59.2	4683	65.1
	女	781	26.46	1730	40.8	2511	34.9
教育	文盲	1022	34.63	816	19.2	1838	25.6
	小学	1086	36.80	1047	24.7	2133	29.7
	初中	672	22.77	1448	34.2	2120	29.5
	高中或大专	148	5.02	731	17.2	879	12.2
	专科及以上	23	0.78	198	4.7	221	3.1

（续表）

		农村		城市		合计	
		人数	占比（%）	人数	占比（%）	人数	占比（%）
健康状况	很好	288	6.8	143	4.84	431	6
	较好	298	7	216	7.32	514	7.1
	一般	1443	34	952	32.25	2395	33.3
	较差	1251	29.5	973	32.96	2224	30.9
	很差	961	22.7	668	22.63	1629	22.6
婚姻状况	已婚	1937	65.86	2725	64.2	4662	64.9
	未婚	284	9.66	342	8.1	626	8.7
	丧偶	129	4.39	448	10.6	577	8.0
	离异	591	20.10	727	17.1	1318	18.3
职业结构	学生	20	0.74	34	0.8	54	0.8
	编制内人员	1029	38.07	42	1.0	1071	15.9
	合同制员工	276	10.21	197	4.9	473	7.0
	灵活就业人员	99	3.66	1175	29.1	1274	18.9
	农民	9	0.33	269	6.7	278	4.1
	无劳动能力人员	1270	46.98	2324	57.5	3594	53.3

（二）城乡困难家庭经济情况

1. 城乡困难家庭收入比较

城乡困难家庭收入状况存在明显差异。有劳动力的农村困难家庭数占农村困难家庭总数的60.7%，其家庭总收入、家庭人均收入及当前每月"低保"金水平均远远低于城市，刚刚达到城市困难家庭的一半（见表3—2）。

表3—2　城乡困难家庭收入比较

比较指标	城市困难家庭	农村困难家庭	农村占城市的比重
有劳动力的家庭占比	67.7%	60.7%	0.897
家庭总收入	26062.87	15190.94	0.583
家庭人均收入	9065.90	4812.99	0.531
当前每月"低保"金水平	713.05	389.3	0.546

2. 城乡困难家庭收入结构比较

城乡困难家庭收入结构中各类收入状况为：劳动收入>转移性收入>经营性净收入>财产性收入>其他收入。在劳动收入、转移性收入及其他收入占比上，城市困难家庭的收入占比均高于农村困难家庭；而在经营性净收入及财产性收入占比上，农村困难家庭的收入占比均高于城市困难家庭。城乡困难家庭的劳动收入占城乡困难家庭总收入比例差距为6.7%，城乡困难家庭的收入差距较大，主要因为劳动收入是城市困难家庭收入的主要来源，而这项收入在农村出现和增长都要慢一点。城乡困难家庭的转移性收入占家庭总收入比例差距为7.8%，城乡困难家庭的收入差距较大，主要因为城乡分割的转移性收入政策的城乡实施差异。城乡困难家庭经营性净收入占困难家庭总收入比例差距为-13.4%，城乡困难家庭的收入差距较大，主要因为经营性净收入在农村困难家庭中的地位比在城市困难家庭中的地位高。城乡困难家庭财产性收入的城乡差距为-1.3%，城乡困难家庭的收入差距较小，主要在于我国的城乡资本市场均不成熟（见表3—3）。

表3—3　2015 年城乡困难家庭各类收入占比（%）

	城市	农村	城乡收入差距
劳动收入占比	47.4	40.7	6.7
经营性净收入占比	2.9	16.3	−13.4
财产性收入占比	1.5	2.8	−1.3
转移性收入占比	46.9	39.1	7.8
其他收入占比	1.3	1.1	0.2

3. 城乡困难家庭支出结构比较

城乡困难家庭支出结构中各类支出状况为：生活消费支出>转移性支出>经营性支出>其他支出>缴纳所得税支出。在生活消费支出、转移性支出、缴纳所得税支出、其他支出在总支出的占比上，城市困难家庭支出占比高于农村困难家庭。而在经营性支出在总支出的占比上，农村困难家庭高于城市困难家庭。其中，生活消费支出和经营性支出占总支出的比例，城乡差距较大，分别为 1.8% 和 −2.2%；而转移性支出、缴纳所得税支出和其他支出产生的城乡支出差距较小（见表3—4）。

表3—4　2015 年城乡困难家庭各类支出占比（%）

	城市	农村	城乡支出差距
生活消费支出占比	86.8	85	1.8
转移性支出占比	11.7	11.4	0.3
缴纳所得税支出占比	0.1	0	0.1
经营性支出占比	1.1	3.3	−2.2
其他支出占比	0.4	0.3	0.1

由于城乡困难家庭生活消费支出占总支出的比例最大，因此，这里着重分析城乡生活消费支出差异。城乡困难家庭生活消费支出都集中在

食品、医疗、教育、水电燃料采暖及衣着等项目。在食品支出、教育支出占比上，城市困难家庭支出比例高于农村困难家庭。而在医疗支出、水电燃料采暖支出及衣着支出占比上，农村困难家庭支出比例高于城市困难家庭。城乡困难家庭的食品支出差距，主要在于城市的物价高于农村，同时，城市的食品种类繁多，消费可供选择的机会更多，同时，农村也存在自给自足生产自营方式。城乡困难家庭教育支出差距，主要原因在于城乡对教育投入不同。城乡困难家庭医疗支出，主要原因在于农村地区医疗资源的可及性不及城市地区，同时农村家庭的疾病预防意识较弱。

4. 城乡困难家庭欠债情况及借债原因

总体来说，城市困难家庭欠债的金额略高于农村困难家庭，但是农村困难家庭欠债增长率高于城市困难家庭。其中，城市困难家庭的欠债增长率达到38.2%，而农村困难家庭欠债增长率达到39.2%。

通过对城乡困难家庭欠债原因分析，可以得出：城乡困难家庭欠债主要原因基本一致，集中在看病，子女上学，买房、租房或修建房屋及日常生活需要等方面。其中城市困难家庭借债中，看病借债占比为26.3%，子女上学借债占比为5.4%，买房、租房或修建房屋借债占比为4.3%，日常生活需要借债占比为2.5%。农村困难家庭借债中，看病借债占比为31.7%，买房、租房或修建房屋借债占比为6.4%，子女上学借债占比为5.2%，日常生活需要借债占比为2.6%。

5. 结论

从城乡困难家庭基本结构来看，城市困难家庭男女性别比差异小于农村地区；城市困难家庭的人口数少于农村地区；城市困难家庭的受教育水平明显高于农村；城市未婚、离异的困难家庭数量多于农村地区；城市困难家庭的灵活就业人员多于农村地区，但编制内与合同制员工较少。

从城乡困难家庭成员健康状况来看，城乡困难家庭成员健康状况整体上不是很好，自评健康状况都在一般及以下，认为自身健康状况很差或者较差的家庭数超过50%。大部分家庭至少有一名患病成员，慢性病覆盖率达60%，农村困难家庭中有一名慢性病患者的比例更高，城市困难家庭有两名及以上的慢性病患者比例更高；大病覆盖率达25%左右，超过30%的城乡困难家庭中都有至少一名无自理能力的成员，但农村困难家庭患大病的比例更低。此外，接近40%的困难家庭都至少有一名残疾人，城市困难家庭中有一名残疾人的比例高，农村困难家庭中有两名及以上的残疾人的比例更高。

从城乡困难家庭收入来看，农村困难家庭的总收入、人均收入及"低保"金收入都远远低于城市地区，刚刚达到城市地区水平的一半以上。

从城乡困难家庭收入结构来看，城乡困难家庭收入结构中各类收入占比都是劳动收入>转移性收入>经营性净收入>财产性收入>其他收入。在劳动收入、转移性收入及其他收入占比上，均为城市困难家庭的收入占比高于农村。而在经营性净收入及财产性收入占比上，均为农村困难家庭的收入占比高于城市。

从城乡困难家庭支出结构来看，城乡困难家庭支出结构中各类支出占比都是：生活消费支出>转移性支出>经营性支出>其他支出>缴纳所得税支出。在生活消费支出、转移性支出、缴纳所得税支出、其他支出占比方面上，均为城市困难家庭占比高于农村困难家庭。而在经营性支出占比，为农村困难家庭占比高于城市困难家庭。城乡困难家庭生活消费支出都集中在食品、医疗、教育、水电燃料采暖及衣着等项目上。在食品支出、教育支出占比上，城市困难家庭所占比例高于农村困难家庭。而在医疗支出、水电燃料采暖支出及衣着支出占比上，农村困难家庭所占比例高于城市困难家庭。

从城乡困难家庭借债情况来看，农村困难家庭欠债增长率高于城市困难家庭。通过对城乡困难家庭欠债原因分析，可以得出：城乡困难家庭欠债主要原因基本一致，基本在看病，子女上学，买房、租房或修建房屋及日常生活需要等几个方面，但是存在城乡差异。

二、城乡困难家庭基本生活保障分析

（一）最低生活保障制度

1. 城乡困难家庭"低保"申请状况

在城市困难家庭中，84.6%的家庭申请过"低保"，15.4%的家庭未申请过"低保"。在农村困难家庭中，84%的家庭曾申请过"低保"，其余的家庭均未申请过"低保"。在农村困难家庭中，申请"低保"成功的概率是79.3%；在城市困难家庭中，申请"低保"成功的概率是85.3%（见表3—5）。即无论"低保"金数额、申请"低保"的比例、享受"低保"的比例和申请"低保"成功的概率，城市困难家庭均高于农村困难家庭，这与城市经济社会发展水平高于农村，城市多维贫困指数低于农村多维贫困指数的事实产生了矛盾。产生这一矛盾的原因可能是我国财政支持和资源配置惯性倾斜于城市，也可能是由于政策制定者和实施者考虑到城市平均支出水平大于农村平均支出水平。

表3—5 城乡困难家庭没有申请"低保"的原因（%）

原因	农村百分比	城市百分比
不了解相关政策	21.4	18.1
不符合条件	44.9	59.5
手续太麻烦	5.1	3.8

（续表）

原因	农村百分比	城市百分比
顾及面子，自力更生，不想吃"低保"	12.4	9.7
不想提供家庭经济情况	0.9	.9
其他	15.4	8.0
合计	100.0	100.0

在未申请"低保"的原因中，城乡困难家庭的差异并不明显，因不了解相关政策而未申请"低保"的困难家庭比例达到20%左右，说明"低保"政策的推广宣传工作还存在较大的提升空间，特别是在农村地区。政府相关工作人员应进一步推动宣传工作，尤其是深入交通不便、信息渠道不畅、学习能力较弱的家庭，借助信息化的工具，确保将"低保"相关政策宣传到每家每户。

同时，有10%左右的困难家庭因顾及面子而不愿意申请"低保"。针对这种现象，首先应该尊重部分人群的这种选择，鼓励他们依靠自己的劳动实现脱贫。其次，政府可以考虑增加社会救助的方式，除了发放"低保"金外，还可以从完善类似"造血"功能的服务入手，如提供免费且有效的职业培训、教育服务等。这一类服务并不会伤害受助者的尊严，并且能够从根本上提高其劳动能力和自立能力。最后，政府应宣传"享受'低保'是一种权利"的意识，当个人确实无法维持其基本生活时，享受"低保"是国家为了履行其职责，为每个应得的公民提供的一种福利保障。

2. 城乡困难家庭"低保"运行效果

在城市困难家庭中，72.2%的家庭享受过"低保"；在农村困难家庭中，66.6%的家庭享受过"低保"。城市困难家庭中"低保"家庭平均每月领取420元，农村困难家庭中"低保"家庭平均每月领取207

元。可以看出，农村"低保"金额标准仅为城市的1/2。

多数家庭未曾退出"低保"，少部分的家庭曾退出"低保"一次，说明享受"低保"的状态还是比较稳定的，但因为调查中并未设置退出"低保"的原因，所以这种情况的原因可能是脱贫的效果并不足够明显，或者是"低保"的动态调整机制和退出机制不够完善。在城市困难家庭中，平均累计享受"低保"的时间为48.9个月。

在城市困难家庭和农村困难家庭中，将近80%的受访者认为在社会救助中，"低保"项目发挥的作用最大。而对于"低保"配套优惠政策和专项救助发挥的作用并不看好。这可能与优惠政策和专项救助目前发展并不完善有关。城乡困难家庭的生活支出主要用在医疗、子女教育、住房、水电费支出方面，但"低保"金平均每月为420元，因此，平均每个人享受到的"低保"优惠政策和专项救助的金额较低。由于我国目前的"低保"配套优惠政策和专项救助发展并不完善，可能引致一种隐蔽需求的结果，即困难家庭并未从"低保"配套优惠政策和专项救助中得到改善，因此便认为并不需要这种救助项目，只需要效果相对较好的现金救助。但事实上，由于我国并没有用脚投票的习惯，再加上户籍制度的局限性，有时利用现金无法购买到优质的服务，农村地区可能需要付出更高的成本才能享受到同等的教育、医疗等服务。

3. "低保"运行满意度分析

在城乡困难家庭受访者对"低保"运行项目的评价方面，根据问卷形成了"满意度"这一指标。不难发现，除了对"低保"金额方面，城市困难家庭的满意度几乎与农村困难家庭持平，而其他项目均为城市困难家庭的满意度高于农村困难家庭的满意度，这在一定程度上反映出无论从公平性、人性化、服务态度角度，城市"低保"制度的运行效果优于农村"低保"制度。具体满意度情况参见表3—6。

此外，在"低保"运行相关项目中，无论城市还是农村，困难家庭最不满意的还是"低保"金额较低，不能满足最基本生活水平，其次就是应保未保的现象较为严重。总之，在保障水平和覆盖面方面，"低保"制度还有较大提升空间。在"低保"制度的公平性和服务态度方面，城乡困难家庭均持较肯定态度。

表3—6　城乡困难家庭"低保"运行满意度

"低保"运行相关项目	农村困难家庭满意度	城市困难家庭满意度
"低保"金太少	2.53	2.52
很多该保的没保	2.91	3.02
很多该退的没退	3.11	3.17
家庭收入核查太烦琐	3.04	3.06
"低保"资格认定靠关系、走后门	3.82	3.95
吃"低保"有损个人尊严和隐私	3.57	3.60
很多"低保"户隐瞒工作或收入	3.58	3.63
很多"低保"户有依赖心理，不努力找工作	3.73	3.76
很多"低保"工作人员不认真，不负责	3.81	4.02

针对家庭收入核查程序，城乡困难家庭认为该程序较为烦琐，同时还认为有部分"低保"户隐瞒了收入，两者似乎产生了矛盾。但也应该看到，各国和地区的收入核查程序都或多或少存在烦琐的问题，这是为了能够准确识别困难群体。但核查程序的执行效果似乎不够理想，仍然存在着浑水摸鱼、搭便车的行为。针对这种情况，一方面要提高收入核查工作的效率，另一方面要探索出更切实可行且行之有效的核查方法。

在城市困难家庭中，80%的家庭认为"低保"是公平的，仅有4%的受访家庭认为"低保"是不公平的，总体上对"低保"持肯定态度。35%的家庭认为许多该保的人没有保，将近1/4的人认为该退的人没有退，10%的被访者认为"低保"资格认定靠关系，走后门，这个比例与从前相比已有所下降，可见，"低保"的客观公平状况已得到较大改善。

（二）其他生活救助

总的来看，城市困难家庭获得生活救助项目的可能性比农村困难家庭大。如表3—7所示，农村困难家庭获得自然灾害救助的可能性大于城市困难家庭。除此之外，城市困难家庭获得其他生活救助的概率均高于农村困难家庭。这在水电燃料取暖费减免和物价补贴或节假日救助项目上表现得尤为明显，城乡困难家庭获得两项生活救助分别相差8.2%和10.6%。城乡"低保"户获得各项生活救助的概率差距更为明显，城市"低保"家庭获得水电燃料取暖费减免的概率比农村"低保"家庭高10.6%，获得物价补贴或节假日救助的概率则相差13.5%。

表3—7　2015年享受各生活救助项目的困难家庭占比（%）

救助项目	城市			农村		
	困难家庭	"低保"户	"低保"边缘户	困难家庭	"低保"户	"低保"边缘户
自然灾害救助	1.6	1.2	2.1	5.2	5.2	5.2
临时救助	9.1	9.8	8.1	6.5	6.9	6.0
水电燃料取暖费减免	20.0	28.6	8.3	11.8	18.0	5.4
物价补贴或节假日救助	18.5	22.7	12.6	7.9	9.2	6.6

（续表）

救助项目	城市			农村		
	困难家庭	"低保"户	"低保"边缘户	困难家庭	"低保"户	"低保"边缘户
其他救助或优惠	4.6	5.4	3.6	2.5	2.5	2.6
其他费用减免	2.2	2.9	1.2	1.4	2.0	0.8
慈善救助	6.3	8.2	3.6	4.3	5.2	3.3

1. 自然灾害救助

2015 年，在受访家庭中，3%的城市困难家庭和 11.3%的农村困难家庭遭遇自然灾害带来的临时性困难，农村困难家庭遭遇自然灾害的发生率比城市困难家庭高 8.3%。显然，由于农村自然环境和房屋建筑的易破坏性，自然灾害给农村困难家庭带来了更多的临时性困难。

自然灾害救助覆盖范围小、水平低，农村困难家庭获得救助的可能性比城市困难家庭大。在 4242 个城市困难家庭中，129 个困难家庭在 2015 年遇到自然灾害导致的临时性困难，但只有 13 个困难家庭获得自然灾害救助，90%因自然灾害而陷入困难的家庭没有获得这项救助。相比较而言，农村困难家庭获得救助的比例较高，334 个遇到自然灾害的困难家庭中有 62 个获得该项目的救助，81.4%陷入困难的家庭没有获得这项救助。自然灾害救助发挥的实际作用也很有限。城市困难家庭人均获得的自然灾害救助金额为 177 元，仅占全年总收入的 2%。农村困难家庭人均获得 179.8 元，占全年收入的比重为 3.7%，该项救助对农村困难家庭的补贴作用略高于城市。

2. 临时救助

2015 年，在遭遇的各种临时性、突发性困难中，城乡困难家庭成员突发重大疾病和短期失业的发生率最高。如表 3—8 所示，806 个城市困难家庭和 596 个农村困难家庭中有成员突发重大疾病，均达到受访家庭总数的 20% 左右。从城乡困难家庭对比来看，农村困难家庭遭遇自然灾害的发生率较高，而在城市困难家庭中，面临短期失业的比例达到 20%。146 个城市困难家庭和 119 个农村困难家庭中有成员发生意外事故，还有 287 个城市困难家庭和 174 个农村困难家庭面临其他临时性困难。

表 3—8　城乡困难家庭遭遇临时性困难及获得临时救助情况

	城市			农村		
	遭遇困难家庭数（个）	获得救助家庭数（个）	占比（％）	遭遇困难家庭数（个）	获得救助家庭数（个）	占比（％）
自然灾害	129	15	11.6	334	35	10.5
发生意外事故	146	22	15.1	119	14	11.8
突发重大疾病	806	104	12.9	596	57	9.6
短期失业	850	93	10.9	422	37	8.8
其他临时性困难	287	45	15.7	174	19	10.9

但是，现有的临时救助不能满足城乡困难家庭的需求。城市困难家庭获得救助的可能性大于农村，但该项救助对农村困难家庭的作用更大。2015 年，面临突发情况的困难家庭获得临时救助的比例都不高。详见表 3—8 所示，因家庭成员发生意外事故而获得临时救助的城市困难家庭也仅占总数的 15.1%。相较而言，农村困难家庭获得临时救助的可能性比城市困难家庭更低，面临各种困难的家庭获得救助的比例均不

超过 12%。对于享受临时救助的家庭来说，城市困难家庭获得的人均救助金额为 525.8 元，占全年总收入的 5.8%；农村困难家庭获得的人均救助金额为 502.5 元，占全年总收入的 10.4%。可见，该项目对农村困难家庭的救助作用更大。

3. 水电燃料取暖费减免

在城乡困难家庭中，能源贫困的现象较为普遍。依据家庭水电燃料取暖支出占年收入的比重超过 10% 的标准，32.8% 的城市困难家庭和 43.1% 的农村困难家庭存在能源贫困。城市困难家庭水电燃料采暖支出占年收入的 7.7%；农村困难家庭水电燃料采暖支出占年收入的 10.8%。可见，水电燃料采暖费用对于困难家庭来说是一项较大的支出。

总的来看，36.7% 的城乡困难家庭存在能源贫困，但只有 16.6% 的城乡困难家庭享受到水电燃料取暖费减免。可见，该项目的覆盖面仍有待提高。其中城市困难家庭获得减免的可能性更大。从救助水平来看，城市困难家庭获得的人均减免金额占家庭全年水电燃料取暖支出的 29.5%；农村困难家庭获得的人均减免金额为 88.6 元，占家庭全年水电燃料取暖支出的 17%。可见，该项目对城市困难家庭的救助作用更明显。

4. 其他费用减免、救助或优惠

2015 年，14.1% 的城乡困难家庭获得物价补贴或节假日救助。对比城乡情况，获得补贴或救助的城市困难家庭占总数的 18.5%，而农村困难家庭占总数的 7.9%。城市困难家庭享受该项补贴或救助的可能性明显高于农村困难家庭。从物价补贴或节假日救助水平来看，城市困难家庭获得的补贴或救助金平均为 630.5 元，农村困难家庭获得的平均金额为 490.6 元，城乡补助水平存在一定差异。

获得慈善救助的城乡困难家庭占受访家庭总数的 5.5%，平均救助金额为 4519.7 元，占当年支出的 6.2%。与其他生活救助项目不同的是，慈善救助水平的差距非常大。2015 年慈善救助最高金额达 83 万元，最低金额仅为 10 元，标准差达到 43108.6，因此，其救助效果也存在较大差异。

除此之外，其他费用减免、救助或优惠的覆盖范围小，但救助水平相对较高，在各生活救助项目中起到一定的补充作用。2015 年，仅有 3.8% 的城乡困难家庭获得其他救助或优惠，1.9% 的城乡困难家庭获得其他费用减免。城市困难家庭获得的救助或优惠金额平均为 999.4 元，占当年总收入的 7.7%；农村困难家庭获得的平均金额为 972 元，占当年总收入的 23.7%。可见，其他费用减免、救助或优惠对农村困难家庭的救助作用更大。

（三）其他生活保障

1. 退休金项目

总的来看，2015 年，43.7% 的城乡困难家庭享有退休金或养老保险。多数困难家庭中有 1 人享有或参加退休金或养老保险，20% 左右的城市困难家庭和农村困难家庭中有 2 至 3 人享有或参加该项目。

对比退休金水平可以发现，城乡困难家庭获得的退休金待遇存在较大差异。2015 年，城市困难家庭获得的退休金平均为 16606.4 元，农村困难家庭获得的平均金额为 2288.1 元，城市困难家庭的退休金待遇是农村的 7.3 倍。城市困难家庭获得城镇职工养老保险金平均为 19523.5 元，城市居民养老保险金平均为 2790.8 元，农村居民养老保险待遇平均为 1483 元，可见，各退休金项目待遇差别很大。城乡困难家庭对退休金或养老保险的满意度较高，其中对农村居民养老保险最满意。

2. 失业救助与失业保险

在农村困难家庭的 2952 个样本中，享受过失业救助的只有 10 人，占总样本量的 0.34%，平均享受到 1512 元的失业援助金；在城市困难家庭的 4242 个样本中，享受过失业救助的有 79 人，占总样本量的 1.9%，平均享受到大约 4400 元的失业援助金。总体来说，享受失业救助的人数比例都非常低。农村困难家庭享受到失业援助的比例仅为城市困难家庭的 1/5，体现了失业救助方面较为明显的城乡差异。

在被调查的所有困难家庭中，只有 2.2% 是通过政府提供公益岗位实现就业的，其他都是通过市场和个人实现就业。在政府提供的劳动就业创业服务项目中，87% 的农村困难家庭从未享受过相关服务，城市困难家庭中有 83% 也从未享受过。享受就业创业服务项目的人数比例保持在 2% 左右，而无论就业介绍、税收优惠还是技术支持、相关培训都是行之有效的促进就业的良好途径，若想真正达到长期脱贫、不再返贫的效果，必须要帮助困难家庭实现就业，使其具备和提升劳动能力。

（四）结论

生活救助方面，城乡困难家庭在"低保"申请成功率、"低保"金水平、"低保"配套措施的享受、"低保"运行满意度方面都存在一定差异，表现最明显的在于，农村"低保"金水平仅为城市"低保"金水平的 1/2。困难家庭享受"低保"的平均时间为两年。城乡困难家庭中有接近 20% 的家庭因不了解相关政策而被动放弃申请"低保"的权利，意味着"低保"政策的宣传工作还有较大的改进空间。在"低保"满意度方面，城乡困难家庭均对"低保"金水平的满意度较低，对"低保"的公平性持乐观态度。

除"低保"外，其他生活救助也存在明显的城乡差异。从需求与供给数量的角度看，80% 或更多的城乡困难家庭在出现救助需求时不能获得相应的帮助。比较而言，城市困难家庭获得临时救助、水电燃料取暖费减免、物价补贴或节假日救助等生活救助项目的可能性均高于农村困难家庭。而相比于城市困难家庭，农村困难家庭获得自然灾害救助的可能性更大。从生活救助的水平看，除慈善救助金额存在较大差异外，其他各项生活救助金额均保持在较低水平上，发挥兜底和临时性救济的作用。

其他生活保障方面，享有养老保险的城市困难家庭比例明显高于农村，退休金待遇上也存在很大差异。可见，退休金对于城市困难家庭的生活保障作用更大。城乡困难家庭对退休金或养老保险的满意度较高。城乡困难家庭享受失业救助的比例非常有限，分别为 0.34% 和 1.9%，在调查的所有困难家庭中，只有 2.2% 是通过政府提供公益岗位的途径实现就业的，其他均是通过市场和个人的力量实现就业。在政府提供的劳动就业创业服务项目中，约 85% 的城乡困难家庭从未享受过相关服务。所以政府在失业救助和相关服务的提供方面还有较大的发展空间。

三、城乡家庭致贫因素分析

（一）困难家庭致贫因素分析

困难家庭致贫因素是多样的，包括受教育水平、家庭结构、婚姻状况、健康状况、性别等。由回归分析结果可知，受教育水平除小学学历（p>0.05）之外，其他受教育水平与是否"低保"户之间存在明显的相关性，其他变量 p 值都小于 0.05。从回归系数可知，户主受教育水平越高，与没有接受教育的相比，成为"低保"户的概率越低，概率分别为 85.39%、82.37%、71.05%、53.53%。但如果户主只接受小学教育，其受教育水平与是否"低保"户不存在明显相关（见表 3—9）。根据阿玛蒂亚·森的能力贫困理论，贫困与低收入之间存在密切的联系。他认为贫困实质上不是收入的低下，因而对贫困的考察不能仅仅停留在收入上，而应重点关注可行能力的贫困。而教育在很大程度上决定了贫困人群的可行能力，受教育程度越低，可行能力越低，贫困的可能性越大。

表 3—9　城乡困难家庭致贫因素分析

是否为"低保"户　教育水平	Odds Ratio	Std. Err.	z	p>z	[95% Conf. Interval]	
小学	0.8539	0.0855	−1.5800	0.1150	0.7017	1.0390
初中	0.8237	0.0779	−2.0500	0.0400	0.6844	0.9914
高中	0.7105	0.0771	−3.1500	0.0020	0.5743	0.8790
大专及以上	0.5353	0.0894	−3.7400	0.0000	0.3859	0.7426
家庭结构	0.9418	0.0270	−2.0900	0.0360	0.8904	0.9962
婚姻状况	1.1752	0.0369	5.1400	0.0000	1.1050	1.2498
健康状况	1.2873	0.0380	8.5500	0.0000	1.2149	1.3641
性别	1.1537	0.0793	2.0800	0.0370	1.0083	1.3200
_cons	0.6123	0.1161	−2.5900	0.0100	0.4223	0.8879

　　当然，健康也是影响可行能力的重要因素。舒尔茨的人力资本理论从人力资本投资的角度对人的发展作出解释。他认为经济发展所需的资本包括两类：一类是传统的物质资本，另一类是新型的人力资本，伴随着知识经济和信息社会的发展，人力资本的重要性日益凸显，同时增加人力资本的投资利于带动经济的发展。身心健康是人力资本投资的基础，教育是人力资本发展的重要动力，因此身心健康和受教育水平最终会影响经济的发展，对于困难家庭更是如此。家庭受教育水平越高，健康状况越好，经济状况越好，成为困难家庭的可能性越低。自评健康状况越差，成为"低保"户的概率越高，健康状况差的比健康状况好的成为"低保"户的概率高 28.73%。

　　此外，家庭人口数多的家庭较一口之家而言，成为"低保"户概率为 94.18%，即家庭人数越多，成为"低保"户的概率越大。家庭结构之所以成为致贫的重要因素，是因为随着家庭人口的增多，家庭支出也逐渐增加。如表 3—10 所示，一口之家、两口之家、三口之家、四口之家、四人以上的家庭年均总支出分别为 19542.71 元、29898.68 元、36665.98 元、46748.36 元、57311.37 元。虽然年均收入会随家庭人数增加而增加，但收入增加幅度远低于支出增幅，收入支出差也呈现出随家庭人数增加而增加的趋势，即家庭人数越多，入不敷出的程度越大。因此，家庭结构也是引起致贫的重要因素。

表 3—10　家庭结构与家庭总收入支出状况交叉分析（单位：元）

	Obs	年均总支出	年均总收入	支出收入差
一口之家	982	19542.71	7316.70	12226.01
两口之家	1892	29898.68	15184.76	14713.92
三口之家	1950	36665.98	24512.94	12153.04
四口之家	1209	46748.36	27220.17	19528.19
四人以上家庭	1161	57311.37	33400.85	23910.52

除此之外，婚姻状况和性别与是否为"低保"户之间具有明显的相关性。未婚、离异、丧偶较已婚家庭而言，其成为"低保"户的概率比已婚家庭高 17.52%，即婚姻状况越差，成为"低保"户的可能性越高。就性别而言，男性成为"低保"户概率比女性成为"低保"户概率高 15.37%。因此，受教育水平、家庭结构、婚姻状况、健康状况、性别等都是城市困难家庭致贫的重要因素。国外学者对贫困进行界定，认为贫困分为个人层面、社区层面及政策层面三个部分。其中在个人层面方面，女性、单身、较低的受教育水平、健康状况较差等作为贫困界定指标[1]。从概念角度出发解释了性别、婚姻状况、健康状况、受教育水平是导致贫困的重要因素。

---

[1]　Sari Rissanen & Satu Ylinen（2014）Elderly poverty：risks and experiences－a literature review, Nordic Social Work Research, 4：2, 144-157, DOI：10.1080/2156857X. 2014.889031.

（二）因病致贫家庭状况分析

2015 年，城市困难家庭和农村困难家庭平均年收入分别为 26062.9 元和 15190.9 元 。按照收入低于最低生活保障线的评定标准，多数受访家庭都不应属于困难家庭。但从家庭支出情况来看，城市困难家庭平均年支出达到 44443.3 元，比收入高 18380.4 元；农村困难家庭平均年支出 40016.7 元，高于收入 24825.7 元。71.7% 的城市困难家庭和 79.4% 的农村困难家庭都出现明显的收不抵支问题。

正如数据显示，一些家庭的收入水平虽然高于"低保"标准，但由于刚性支出过大，远远超出家庭经济承受能力，从而导致这些家庭处于暂时的生活困难中。与收入型贫困不同，支出型贫困主要是由发生不可避免的大宗开支导致的，一般包括家庭成员患重大疾病、子女教育、购买或修建住房等。2015 年，在城乡困难家庭的各项支出中，平均医疗费用分别为 15336.4 元和 13881.1 元，占家庭总支出的 34.5% 和 34.7%，是金额最高的支出项。而教育支出分别占家庭总支出的 7.7% 和 7%，购建房与房贷支出分别占家庭总支出的 3.1% 和 10.4%。总的来看，医疗费用高是城乡困难家庭收不抵支最重要的致因。

本研究采用比较家庭就医经济风险临界线和医疗费用的方法来界定因病致贫。就医经济风险临界线等于家庭可支配收入与当地最低生活保障标准的差。当医疗费用超过就医经济风险临界线时，就属于因病致贫的家庭。2015 年，47.4% 的城市困难家庭和 61.1% 的农村困难家庭因病致贫。城乡困难家庭普遍面临因病致贫，治疗费用成为困难家庭的重大经济压力来源。通过相关分析得出，医疗支出和收支差之间存在明显的正相关（$r = 0.494$），医疗支出高的家庭，收不抵支的情况也越严重。农村困难家庭医疗支出和收支差之间同样存在明显的正相关，且两者相关系数更高（$r = 0.556$）。

1. 因病致贫家庭患病状况

2015 年，城乡困难家庭的健康状况普遍不佳。经统计，27%的城市困难家庭在当年有成员突发重大疾病，从而陷入困境；农村困难家庭则有 24.6%因突发重大疾病致贫。单从家庭收入和支出上看，城市困难家庭中，85.2%因成员突发重大疾病而出现收不抵支；而在农村，因成员突发重大疾病而入不敷出的家庭占 90%（见表 3—11）。由于困难家庭抵御风险能力较低，极易因支出剧增而导致入不敷出。

表 3—11　因病致贫家庭患病情况

	城市		农村	
	频率(户)	百分比(%)	频率(户)	百分比(%)
残疾人	786	40.2	621	36.1
慢性病患者	1271	64.9	1121	65.2
大病患者	639	32.6	526	30.6
无自理能力	718	36.8	628	36.6

但是，多数家庭面临的不是当年突发的疾病，而是持续时间更长的慢性病、残疾、无自理能力等。在因病致贫的困难家庭中，有慢性病患者的家庭占总数的 65%左右，20%的城市困难家庭和 23%的农村困难家庭中有两位或更多的慢性病患者。慢性病容易造成重要脏器的损害，影响劳动能力和生活质量。由于这类疾病病程长，病情迁延不愈，且医疗费用昂贵，直接增加了城乡困难家庭的经济负担。除此之外，因病致贫的困难家庭中，有大病患者的家庭超过总数的 30%，4.5%左右的家庭有 2—4 位大病患者；有无自理能力成员的家庭超过总数的 36%，6%左右的家庭有 2—5 位无自理能力成员；40.2%的城市困难家庭和 36.1%的农村困难家庭中有残疾人，5.3%的城市家庭有 2—3 位残疾人，6.6%的农村家庭有 2—4 位残疾人。由此可见，许多因病致贫家庭面临

的是多于一位家庭成员的患病，不仅是患者本人劳动能力减弱或丧失，家人为照顾病人也可能失去经济来源。

2. 因病致贫家庭医疗支出

2015 年，城市因病致贫家庭平均医疗支出为 24827 元，占家庭总支出的 37.5%；农村因病致贫家庭平均医疗支出为 19697 元，占家庭总支出的 38%。因病致贫的家庭不单单面临着大额支出不断增加的困难，同时由于劳动力减少，家庭收入也会减少。城市因病致贫家庭全年平均收入 13230 元，农村因病致贫家庭全年平均收入 8623 元，仅等于全部受访困难家庭全年平均收入的一半。

具体来看，2015 年，城市因病致贫家庭为治疗慢性病平均花费 10917 元，医保实际报销 33.7%；大病治疗费用 23349 元，医保实际报销 30%。农村因病致贫家庭为治疗慢性病平均花费 8872 元，医保实际报销 26%；大病治疗费用 13920 元，医保实际报销 27.6%。农村困难家庭尽管医疗费用低于城市困难家庭，但由于医保报销比例低，其经济负担明显比城市更大。这是由于医保报销目录存在城乡差异，城市可报销的药品种类和诊疗项目多于农村，导致农村居民不能获得同样比例的报销，从而承受疾病带来的更大经济风险。

3. 因病致贫家庭"参保""参合"情况

在城市因病致贫的家庭中，56.2%的家庭中所有成员参加了医疗保险，但也有 27.3%的家庭中无人参加医疗保险。其中，有成员参加城镇职工基本医疗保险的家庭占总数的 8.2%，有成员参加城镇居民新型农村合作医疗基本医疗保险的家庭有 40.3%。在农村，58.8%的因病致贫家庭所有成员都参加了新型农村合作医疗，但仍有 30.1%的家庭中无人参加新型农村合作医疗。其中，有成员参加城镇居民基本医疗保险的家庭有 3.7%，参加新型农村合作医疗的家庭占总数的 59%。可以看出，2015 年仍有 30%左右的因病致贫家庭没有享受任何医疗保险，家庭抵御疾病风险的能力明显不足。

从保障水平看，城市因病致贫家庭医疗保险平均报销水平为 4964 元，农村因病致贫家庭报销水平为 3066 元，分别占当年医疗支出的 20% 和 15.6%，困难家庭自付医疗费用比例高。出现这一情况的原因主要有两个：一方面，许多家庭成员并未参加医疗保险，需要自行承担全部的医疗费用；另一方面，城市困难家庭主要参加城镇居民医疗保险，农村困难家庭则以新型农村合作医疗为主，医疗保险的报销比例相对较低。

本节主要分析城乡困难家庭的致贫因素，并且以是否是"低保"户作为衡量贫困的标准，但存在一定的不足。一方面，"低保"只是贫困的典型，但不能完全代表贫困；另一方面，城乡困难家庭的致贫因素很多，不仅包括困难家庭受教育水平、家庭结构、婚姻状况、健康状况、性别等因素，可能与地区的经济发展水平、自然环境、社会环境都存在一定的关系。所以，希望在未来的研究中，可以尽可能地弥补这种不足，使其更具科学性。

四、讨论

由于自身能力及数据库相关内容的局限，在分析城乡困难家庭基本生活状况及基本生活保障中，只是进行简单的描述性分析及比较分析，并未对城乡差异进行深层次的原因分析。按照刘易斯的城乡二元经济理论，随着工业化发展，经济逐渐呈现一体化。但是，分析表明困难家庭的城乡差距依然明显，是否表明城乡二元经济结构在分析困难家庭的城乡差距出现异化？我国的城乡二元户籍制度及二元市场经济结构会造成困难家庭的城乡差距固化。按照贫困女性化理论，贫困现象呈现女性化趋势。但是，分析表明城乡困难家庭男性人数近女性人数 2 倍，是否表明贫困女性化在我国出现异化？我国的男女性别比及女性的人力资本及社会资本都可能造成我国贫困出现男性化的趋势。按照社会资本理论，城市困难家庭比农村困难家庭更容易借到资产。但是分析表明城乡困难家庭借债数额基本接近，是否表明农村困难家庭的社会资本在逐渐增强？我国农村困难家庭比城市困难家庭的社会关系更加密切，更容易取得信任，在一定程度能够解释农村困难家庭的社会资本在逐渐增加，但社会资本的增加是否有助于促进减贫，还需要通过更详细的实证分析才能得到。以上的诸多问题，本研究并未作出具体的回答，有待于以后继续深入研究，这样才能对城乡困难家庭基本状况及基本生活保障作出更准确判断。

第四章　城乡困难群体的就业支持政策分析

就业问题一直是党和政府高度重视的问题。《中华人民共和国就业促进法》把就业困难人群纳入就业支持的重点。《社会救助暂行办法》第八章也对就业救助作了专门的规定。这些规定从国家制度层面，将促进就业困难人群实现就业、帮助低收入家庭摆脱贫困作为就业支持的政策目标。在实践层面，通过开发公益性岗位、开展技能培训、提供就业信息、发放社会保险补贴等政策工具，为数以万计的失业人员提供了有力的就业支持。

在经济新常态下，劳动力市场的边缘人群面临更大的就业压力，更有可能遭受失业、低收入的风险。因此，有必要从劳动力市场的需求结构、低收入家庭未就业人员的特征以及现有的就业服务和政策供给等入手，分析当下环境中，如何完善就业支持政策，改进就业服务，以有效促进城乡困难家庭中有劳动能力的未就业人员就业。

本研究利用城乡困难家庭的调查数据，从就业促进和收入提升两个维度考察当前就业支持政策面临的挑战。本章首先分析劳动力市场边缘人口的特征，接着考察城乡困难家庭对公共就业服务的利用情况，然后分析现有的就业支持政策供给，进而探讨灵活就业条件下就业支持的转向，最后是基本结论与政策建议。

一、城乡困难家庭劳动年龄人口的特征

就业政策的目标是促进有需要的劳动者实现就业，这就需要了解政策目标人群的特征和需求，确保国家出台的政策措施更有针对性和可操作性。由于困难群体的年龄、健康状况、文化程度、家庭负担情况等往往不同于普通的劳动者，因此，了解其基本特征显得尤为必要。

"城乡困难家庭社会政策支持体系" 2016 年度的调查数据涵盖了受访家庭的所有家庭成员的基本信息，包括年龄、性别、教育水平、健康状况、就业状况等。透过这些信息，可以客观地分析我国当前城乡困难家庭劳动年龄人口的基本特征。为了分析的便利，这里以 16—60 岁作为劳动年龄段，同时考虑到不同人群就业环境和就业需求的差异，对城市困难家庭、农村困难家庭和城市流动人口困难家庭的数据分别进行分析。

（一）城乡困难家庭劳动年龄人口的就业状态

评估一个人群的就业活跃度的重要指标是劳动参与率，而评估就业质量的指标则是就业形式，即正规就业和非正规就业。尽管对劳动或就业的界定标准，比如家务劳动是否算劳动、打零工是否算就业等，争议很大。从广义的劳动参与的角度看，农村困难家庭和城市流动人口困难家庭中处于失业、待业状态的劳动年龄人口占比不到 6%；城市困难家庭相对较高，"低保" 户和 "低保" 边缘户分别为 15.5% 和 12.2%（见表 4—1）。如果把丧失劳动能力的人员及在校学生排除在外，则城市 "低保" 户家庭劳动年龄人口处于劳动状态（就业或长期料理家务）的占 73.3%，失业、无业的比例为 26.7%；对 "低保" 边缘户来说，两者的比例分别为 82.2% 和 17.8%。因此，有劳动能力、需要就业的人员所占的比例还是较高的。

表4—1　城乡困难家庭劳动年龄人口的就业状态

	农村（%）		城市（%）		流动人口
	"低保"家庭	"低保"边缘户	"低保"家庭	"低保"边缘户	（%）
在校学生	10.1	9.6	12.5	10.2	7.9
就业	50.0	60.3	35.2	46.3	70.4
稳定就业	25.7	28.3	8.6	13.4	22.8
打零工	22.2	29.6	20.6	26.0	22.5
个体经营	2.0	2.5	2.9	3.8	22.1
长期料理家务	7.0	7.3	7.3	9.7	6.9
丧失劳动能力	20.8	10.5	21.2	12.8	2.8
失业、待业	5.3	5.8	15.5	12.2	5.5

　　绝大部分农村困难家庭都可以从土地获得不同程度的保障，相比而言，城市困难家庭的生计更依赖有偿的雇用劳动。从劳动性质看，城市"低保"家庭和"低保"边缘户中处于劳动状态的人员从事非雇佣劳动（长期料理家务）的比例高度接近，分别为17.2%和17.3%。与此相对应的是，处于劳动状态的劳动年龄人口从事有偿劳动的比例接近5/6。在有偿劳动中，灵活就业（打零工和个体经营）的占比，城市"低保"家庭和"低保"边缘户分别为66.8%和64.4%，也很接近。换句话说，在有就业收入的人员中，2/3都属于灵活就业。

　　当然，上述只是城乡困难家庭的总体情况。由于每个家庭的成员构成不同，这使得不同家庭的就业密度存在明显差别。如果从家庭是否有成员就业的角度把城市困难家庭分为两类，即有就业成员的家庭和无人就业的家庭，那么，无人就业的家庭共有2063户，占48.6%；有就业成员的家庭共有2178户，占51.4%。无人就业的家庭平均规模为2.3人，然而其就业的可能性却很低。每10个这样的家庭中，只有5个劳动年龄人口，却有5位残疾人，8位慢性病患者，3位大病患者。劳动年龄人口本来就少，而家庭负担却很沉重，能挖掘的就业潜力极为有限。有就业成员的家庭，同样也是家庭负担重，平均每个就业劳动力需养活2.3个人。由于大部分就业都属于灵活就业，劳动收入较低且不稳定，使得这些家庭容易陷入贫困风险。

综合上述分析，可以认为，当前城乡困难家庭的就业问题主要表现为两个方面，第一，失业、待业的比例较高；第二，灵活就业占较大的比重。相应的，对城乡困难家庭的就业支持政策，当前迫切需要回答的两个关键问题是：第一，如何促进城乡困难家庭的失业、待业人员就业；第二，如何提高城乡困难家庭灵活就业人员的收入。

显然，要回答这两个问题，首先要回到问题的原点——考察就业支持政策的目标人群的特征，并从这些特征出发，分析在当下劳动力市场结构中，有哪些现实的途径促进其就业、提高其收入。无论如何，目标人群的特征，以及劳动力市场的结构，构成了制约就业支持政策行动边界的两大结构。这两大结构限制要求政策制定者在确定就业支持的政策目标、选择就业支持的政策工具时，更多地从现实可能出发，而不是单纯从善良的愿望出发，确保政策目标符合实际、政策工具能"接地气"，使就业支持政策真正惠及尽可能多的城乡困难家庭。

（二）城市困难家庭劳动年龄人口的特征

考虑到"低保"家庭和"低保"边缘户劳动年龄人口的就业状态高度接近，且从政策支持的角度看，"低保"家庭和"低保"边缘户的劳动年龄人口都需要就业支持，因此，这里将"低保"家庭和"低保"边缘户劳动年龄人口的数据合并起来分析。

从就业的角度看，有一些关键变量需要纳入分析。首先，性别与家庭成员的分工密切相关，影响甚至决定一个家庭中谁将承担更多家务劳动，致使一部分女性更可能留在家里而不是进入劳动力市场。其次，个体的健康状况、文化水平和年龄，对其从事的工作性质、就业收入等有明显影响。据此，可得出城市困难家庭不同就业状态的人员的相应特征（见表4—2）。

表4—2　城市困难家庭劳动年龄人口的特征（%）

		长期料理家务	打零工	失业、待业	丧失劳动能力
女性		92.0	41.6	47.2	38.9
健康状况	很好	13.6	18.7	9.8	1.0
	较好	5.8	12.7	9.6	1.3
	一般	42.3	47.9	39.4	8.7
	较差	21.2	14.8	28.0	36.3
	很差	17.2	6.0	13.2	52.8
文化水平	初中及以下	85.4	75.4	65.6	80.3
	高中/中专	12.6	18.3	25.2	15.6
	大专	1.8	4.3	4.8	3.2
	本科及以上	0.3	1.9	4.3	0.9
年龄段	16—29岁	8.9	20.6	21.9	11.0
	30—39岁	17.2	20.8	13.5	18.2
	40—49岁	29.9	38.6	35.6	36.9
	50—60岁	44.1	20.0	29.1	34.0

从表4—2不难看出，长期料理家务的人员超过九成都是女性。在这些人员中，健康状况较差或很差的比例接近四成，绝大部分都没上过高中，而年龄在40岁及以上的占3/4。从某种意义上可以说，这些人员长期料理家务是由于自身的就业前景和家庭内部性别分工共同作用的结果。即一方面家庭有需要，另一方面受限于自身的健康状况、文化水

平等条件，难以在劳动力市场上找到相对体面的工作，使其更可能选择留在家里料理家务而不是出去就业。

值得关注的是打零工人员与失业、待业人员的对比。从总体看，两者的文化水平大体一致，都是高中或以下占绝大多数，只有极少数学历达到大专或以上的水平。年龄段也大体相当，都是 40 岁及以上的居多。只是在健康状况方面，失业、待业人员中，健康状况较差或很差的比例要比打零工的人员高出 20 个百分点。考虑到两者实际上处于大体相同的就业环境中，就业机会的结构也大体相同，因此，是否去打零工，很大程度上取决于自身的就业期望和就业动力。对完善就业政策而言，这意味着不只是去考虑如何去促进失业、待业人员就业，而应进行必要的反思，为什么同样的人力资本水平、同样的机会结构、同样的经济压力（家庭困难）下，另一些人却能实现就业，这些人能实现就业，对于促进另一些未就业的人员的就业有何政策启迪。

（三）农村困难家庭劳动年龄人口的特征

与城市困难家庭的劳动年龄人口相比，农村困难家庭的劳动年龄人口就业有更多的选择，包括在乡务农、在乡打零工或外出打工等，这使其选择空间相对较大。透过对不同就业选择的人群特征的分析，可以看出大致的趋势。

表 4—3 显示的农村困难家庭不同就业状态人群的特征，就整体上看，各类人员的文化水平高度一致。由于农村有土地可耕种，因此长期料理家务的人员中，健康状况欠佳的比例较高。在乡打零工的年龄分布大体均衡，而离乡打零工的大部分是青壮年劳动力，这与其他同类研究的结论是一致的。

表4—3　农村困难家庭劳动年龄人口的特征（%）

		长期料理家务	在乡打零工	离乡打零工	在乡务农	失业、待业	丧失劳动能力
女性		93.3	41.1	34.3	46.6	46.7	41.7
健康状况	很好	9.2	16.1	18.7	8.8	13.9	0.8
	较好	13.8	18.2	20.4	12.1	18.5	0.9
	一般	31.0	45.7	46.6	45.1	36.2	8.1
	较差	31.5	14.8	11.4	22.8	22.7	39.4
	很差	14.6	5.2	2.7	11.2	8.7	50.9
文化水平	初中及以下	89.5	87.7	82.3	93.7	93.1	94.5
	高中/中专	8.4	9.0	11.9	5.8	6.0	4.7
	大专	1.1	2.4	3.8	0.3	0.9	0.4
	本科及以上	0.5	0.8	1.7	0.2	0	0.1
年龄段	16—29岁	16.2	21.3	48.6	7.9	42.2	13.8
	30—39岁	18.9	24.6	27.2	12.8	15.3	19.9
	40—49岁	27.2	32.9	18.7	33.8	22.7	32.8
	50—60岁	37.8	21.3	5.5	45.5	19.9	33.5

从就业支持的角度看，特别需要引起重视的是以下两点：其一，在乡务农的人员中，40岁及以上的占了近八成，50岁及以上的人员甚至高达45%。由于我国农业机械化程度低，对体力的要求较高，而这些人员身体较差或很差的比例又很高（占1/3），因此农业耕作会给这些人群尤其是因为身体欠佳而在乡务农的人员带来较大的健康风险，需要引起重视。从政策层面，应引导其进行机械化耕作，或提供必要的农机具，以减轻体力劳动强度。而对于在乡务农的人员，则应有针对性地进行必要的农业生产技能培训，增加农业产出，提高家庭收入。

其二，农村困难家庭中失业、待业人员中，不到 30 岁的人员超过四成。问题在于，这些农村青壮年大多不愿从事农业劳动，文化水平又偏低，在家庭困难的情况下也不出去打工。这些人员长期无业、待业容易造成社会问题，必须想方设法促进其就业，让其尽快承担起家庭和社会责任。

（四）城市流动人口困难家庭劳动年龄人口的特征

与城乡"低保"户和"低保"边缘户相比，流动人口的健康状况更好、文化程度更高（见表 4—4）。从就业政策的角度看，有两个问题需要引起重视：第一，女性的就业问题突出。长期料理家务的绝大部分是女性，而这些女性中，身体较好的占近四成，39 岁及以下的高达 43.5%，这两个比例均远高于另外两个群体。这意味着，大量身体好的年轻女性长期料理家务，需要以适当的方式支持其融入劳动力市场。

表 4—4 城市流动人口困难家庭劳动年龄人口的特征（%）

		长期料理家务	打零工	个体经营	失业、待业	丧失劳动能力
女性		96.2	43.7	44.7	55.8	46.4
健康状况	很好	22.0	29.2	35.5	23.3	4.0
	较好	17.9	23.1	31.0	20.5	2.4
	一般	42.2	36.3	29.9	34.1	9.6
	较差	12.5	8.9	3.3	15.7	39.2
	很差	5.4	2.5	0.4	6.4	44.8
文化水平	初中及以下	84.0	71.3	72.7	69.9	80.0
	高中/中专	11.8	22.6	19.8	20.5	15.2
	大专	3.2	4.1	4.9	6.4	3.1
	本科及以上	1.0	1.9	2.6	3.2	0.8

（续表）

		长期料理家务	打零工	个体经营	失业、待业	丧失劳动能力
女性		96.2	43.7	44.7	55.8	46.4
年龄段	16—29 岁	17.3	22.5	17.0	29.3	9.6
	30—39 岁	26.2	25.9	34.5	19.3	20.0
	40—49 岁	28.1	34.6	32.8	21.3	30.4
	50—60 岁	28.4	17.0	15.7	30.1	40.0

第二，失业、待业人员中，29 岁及以下的青壮年和 50 岁及以上的中老年占比较高。29 岁及以下人群中学历在大专及以上的比例占21.9%，身体健康的占 93.2%，只有极少数身体较差，相对而言促进其实现就业的难度较小。与此相比，50 岁及以上的失业人员中，身体较好的接近六成，但其文化水平偏低，有大专文化的不到 3%，实现就业的难度较大。

综合上述分析，城乡困难家庭劳动年龄人口的主要特征是文化水平较低、年龄相对较大。高中或以下文化水平占了绝大多数，且多数又在40 岁及以上。这两大特点，无疑是在制定、完善就业支持政策时必须予以重点考虑的因素。

二、城乡困难家庭对就业支持的需求与就业服务利用

就业支持政策要达到其目标，离不开就业支持的政策工具。事实上，为了促进就业，我国出台了一系列就业支持的政策规定，包括技能培训、职业介绍、费用减免、公益性岗位安置、小额低息贷款等。这些政策工具的效果，既取决于政策是否切合实际，也取决于政策实施过

程，尤其是政策目标人群对这些政策工具的认知、利用程度。在这个意义上，城乡困难家庭作为就业支持的重点对象，其对就业服务的认知和利用，对于理解当前我国就业支持政策的实际运行状况，无疑具有重要的价值。

（一）城乡困难家庭对就业支持的需求

对大部分城乡困难家庭来说，家庭主要劳动力的就业问题无疑是家庭的头等大事。相当比例的城乡困难家庭把"家庭主要劳动力没有工作"作为家庭的主要困难。在城市零就业困难家庭中，该比例高达75.1%。即使是有成员就业的城市困难家庭，该比例仍然达到47.8%，接近一半。因此，城乡困难家庭对就业支持的需求非常迫切。

对于就业支持的形式，除了流动人口中有就业的家庭外，超过四成的城乡困难家庭都希望"政府帮忙找份工作"。这一愿望在所有选项中是最高的（见表4—5）。由此可见，城乡困难家庭对政府帮忙解决家庭主要劳动力的就业问题，是充满期待的。

表4—5 城乡困难家庭希望得到的就业支持（%）

	城市零就业家庭	城市有就业家庭	农村有劳动力家庭	流动人口零就业家庭	流动人口有就业家庭
政府帮忙找份工作	40.5	40.8	48.9	43.7	26.3
提供技能培训	24.3	29.3	36.2	37.8	31.9
提供低息贷款	16.8	18.9	28.3	30.4	21.2
结对帮扶	33.2	27.8	33.3	23.7	14.1

（二）就业支持对城乡困难家庭的惠及率

一项政策或服务的覆盖面与惠及率，属于政策产出，也是其政策效果的一部分。作为就业支持的重点人群，城乡困难家庭获得就业支持的情况如何？从调查数据看（见表4—6），就业服务对城乡困难家庭的惠及率相当低，表现为：

（1）无论任何项目，也不论对任何人群，惠及率都未达到10%。除了职业介绍和免费培训的惠及率相对高一点儿以外，税收优惠、小额贷款、技术支持、结对帮扶以及有偿培训等的惠及率都相当低。

（2）作为重点救助对象的城市零就业困难家庭，以及有可能已经得到就业支持的城市有就业困难家庭，惠及率最高的是职业介绍和免费培训，但均不超过10%。

（3）没有接受过任何就业支持的家庭，城市困难家庭接近八成，而在农村无劳动力的家庭和有劳动力的家庭中，该比例分别为92.3%和84.1%。在城市流动人口困难家庭中，分别有77.0%的零就业家庭和79.5%的有就业家庭表示未接受过任何就业支持。

表4—6　城乡困难家庭获得的就业支持（%）

	城市零就业家庭	城市有就业家庭	农村有劳动力家庭	农村无劳动力家庭	城市流动人口零就业家庭	城市流动人口有就业家庭
职业介绍	7.9	9.7	3.9	1.5	3.7	7.5
税收优惠	0.7	0.7	0.6	0.6	3.7	4.1
小额贷款	3.4	4.6	4.2	1.6	3.7	3.0
技术支持	1.3	1.7	2.6	0.7	3.7	1.58
结对帮扶	3.4	4.1	4.7	3.3	1.5	2.2
免费培训	8.3	9.3	5.4	1.5	9.6	8.9
有偿培训	0.7	0.6	0.3	0.1	0.7	1.0

注：城市流动人口零就业家庭的前几项数据均为3.7%，实属统计结果的巧合。

（三）城市困难家庭的就业渠道

城乡困难家庭都是通过哪些途径实现就业的呢？从表4—7的结果看：第一，绝大部分有就业的城市困难家庭和流动人口困难家庭，主要是靠自助，即直接到用人单位应聘、亲友介绍就业和自己灵活就业。相比而言，政府提供渠道的作用微乎其微。这与Townsend（1979）的发现很类似。再就业的工作成效很低。很多失业人员对就业部门的帮助不抱多大希望，都是自己在报纸上看招聘信息、商店工厂企业的招聘告示，发求职信，给商店、公司打电话留下姓名、地址，托厂里的人打听，亲友介绍（Townsend，1979）。

第二，城市零就业困难家庭和流动人口零就业困难家庭，就业的主动性略显不足，表现在到职业介绍机构、参加各种招聘会、直接到用人单位应聘以及亲友介绍就业的比例，均远低于有就业的困难家庭。这从一个侧面回应了前文中提及的问题，即城市困难家庭中打零工的人员与失业人员的人力资本状况虽然高度接近，其就业状态却明显不同。

表4—7　城乡困难家庭的主要就业渠道

	城市有就业家庭	城市零就业家庭	城市流动人口有就业家庭	城市流动人口零就业家庭
到职业介绍机构	4.4	1.0	4.4	1.5
参加各种招聘会	7.5	3.1	9.4	1.5
直接到用人单位应聘	24.9	6.3	24.2	8.2
亲友介绍就业	30.1	15.6	31.0	18.5
社区介绍就业	9.9	5.4	6.3	5.9
政府提供公益性岗位	4.0	2.2	2.4	0
自主创业	6.0	5.8	26.1	26.7
自己灵活就业	42.2	27.5	36.3	36.3

因此，从就业支持政策的惠及率以及城乡困难家庭的就业渠道看，当前的就业支持政策对城乡困难家庭的支持是极为薄弱的。如何改变这种状况，是接下来要讨论的问题。

三、就业支持的政策供给

对城乡困难家庭的就业支持政策，本质上可以视为一种贫困治理策略，其核心是通过促进困难家庭的劳动力就业，帮助其摆脱贫困。在市场经济环境下，有劳动力的家庭之所以陷入贫困，其原因可分为两类：一类是就业不足或失业，另一类是就业收入低。与此相对应，就业支持政策可以大体分为两类：一类是促进就业的政策，以消除失业或就业不足为目标，核心是解决劳动力市场边缘人群的就业问题；另一类是提升就业收入的政策，以提高就业人员特别是低薪就业人员的收入为目标，核心是解决劳动力市场边缘人群就业收入低的问题。

从广义的促进就业角度看，就业支持政策体系诚然包括家庭照料等帮助家庭主要劳动力尤其是女性参与劳动力市场的政策，但正如前文已经述及的那样，在当下城乡困难家庭中，长期料理家务的比例低且绝大部分都存在健康状况欠佳、文化水平低且年龄偏大等问题，能够提升的就业潜力极为有限，有鉴于此，这里将分析的重点放在（1）如何促进失业人员就业；（2）解决就业不足的问题。这部分先分析促进失业人员就业的问题。

如果不计在校学生和丧失劳动能力的人员，在城乡困难家庭的劳动年龄人口中，失业、待业的比例是偏高的。因此，在当前环境中，无疑需要把促进城乡困难家庭的就业作为就业支持政策的工作重点。然而，鉴于就业支持的惠及率极低的现实，有必要反思现有的就业支持的政策思路和服务供给。

（一）就业支持政策的内容

现行的针对城乡困难家庭的就业支持政策体系，主要依托 2007 年《就业促进法》有关就业援助的政策架构和《社会救助暂行办法》（以下简称《办法》）规定的救助程序（见表4—8）。

表4—8　现行就业支持政策的制度参数

	《就业促进法》	《社会救助暂行办法》
目标人群	连续失业一定时间的就业困难人员	"低保"家庭处于失业状态的劳动力
服务方式	向住所地街道、社区公共就业服务机构申请	向住所地街道、社区公共就业服务机构提出申请
就业服务	提供岗位信息、技能培训	提供岗位信息、职业介绍、职业指导
政策工具	税费减免、贷款贴息、社会保险补贴、岗位补贴、公益性岗位安置	费用减免、贷款贴息、社会保险补贴、岗位补贴、培训补贴、公益性岗位安置
雇用支持	吸纳符合规定条件的失业人员达到规定要求的企业，给予税收优惠	吸纳就业救助对象的用人单位享受社会保险补贴、税收优惠、小额担保贷款
政策底线	城市有就业需求的家庭至少有一人就业	劳动力均处于失业状态的"低保"家庭至少有一人就业

从这些规定看，对城乡困难家庭的就业支持非常有限，主要表现在：第一，目标人群的范围太窄，仅限于"低保"户处于失业状态的劳动力。由于我国"低保"户尤其是城市"低保"户占比本来很低，在分配最低生活保障资源时往往优先救助缺乏劳动力或家庭成员有大病、残疾、子女上学等特殊需要的家庭，导致相当部分的"低保"户并无任何有劳动能力且处于失业状态的成员，因此并不需要就业救

助。相反，"低保"边缘户却因为不具备享受"低保"资格，不符合就业救助的条件，无法获得就业支持。这就使得就业支持的范围实际上相当窄。

第二，对目标人群的激励不足。依据《办法》的规定，如果要获得就业救助，需要向住所地街道、社区公共服务机构提出申请，获得后者免费提供的岗位信息、职业介绍、职业指导等就业服务（《办法》第四十四条）。问题在于，从"低保"户失业人员的文化水平、年龄和健康状况看，公共就业服务机构介绍的就业岗位让"低保"户失业人员满意的可能性有多大呢？然而，按照《办法》第四十五条的规定，"低保"家庭中有劳动能力但未就业的成员，应当接受人力资源和社会保障等有关部门介绍的工作；无正当理由，连续3次拒绝接受介绍的与其健康状况、劳动能力等相适应的工作的，民政部门应当决定减发或者停发其本人的"低保"金。对于城乡困难家庭的未就业人员来说，一方面，即使申请就业救助，也很可能找不到好工作；另一方面，一旦有关部门介绍的工作本人不满意，又得有拒绝的正当理由，否则连有限的"低保"金都要受到影响。退一步说，即使有关部门介绍的工作真的令人满意，但同时由于其收入信息对于民政部门来说是公开透明的，很可能使其家庭人均收入超出当地"低保"标准，从而使其家庭失去享受"低保"资格，以及医疗救助、住房救助、教育救助、各种费用减免等与"低保"资格紧密挂钩的叠加福利。简言之，对"低保"户处于失业状态的人员来说，其理性选择是不去申请就业救助，以避免"低保"金缩水甚至使整个家庭失去"低保"资格的风险。[①]

第三，对公共就业服务机构缺乏制度激励。对于公共就业服务机构来说，《办法》第四十三条要求"确保""有劳动能力的成员均处于失

---

① 当然，还有一种可能，即"低保"户的劳动力从事灵活就业，由于收入无法核对，从而避免因为有收入而失去"低保"待遇。

业状态"的"低保"家庭"至少有一人就业",考虑到城乡"低保"家庭的人口结构,大部分"低保"家庭往往至多有一个劳动力,这就意味着确保该家庭"至少有一人就业"实际上是确保该劳动力就业,但该劳动力又由于身体状况、技能水平、家庭因素、失去土地等原因难以实现就业。在这种情况下,公共就业服务机构偏向于等服务对象上门"申请"就业救助,而不是主动开展外展工作,以减轻工作压力。

综上所述,由于我国"低保"户的现实人口结构,使得就业支持的范围实际上相当窄。加上现有的就业救助对公共就业服务机构和就业救助对象均缺乏制度激励,各种就业支持的使用率偏低的现实也就不难理解了。只有扩大就业支持政策的目标人群的范围,调整就业支持与社会救助待遇的关系以消除福利悬崖,增强公共就业服务机构主动提供就业服务的制度激励,才有可能使公共就业服务惠及更多的城乡困难家庭。

(二) 就业支持政策的逻辑

从我国现行的就业支持政策看,主要的政策工具及其背后的理论也呈现浓厚的经济理论色彩(见表4—9)。

这些政策工具要有效,必须满足不同的前提:第一,公共就业服务机构具有信息优势,能够提供失业者不掌握的岗位信息;第二,公共就业服务机构具有技能优势,能够提供失业、待业人员(再)就业所需的技能培训;第三,公益性岗位能保证就业困难人员优先录用;第四,政府提供的支持有足够的力度,能够促使企业雇用就业救助对象。然而,在经济新常态下,上述前提并不成立。

(1) 政府开发的公益性岗位,绝大部分用来优先安置就业困难大学生、化解过剩产能的富余人员。《就业促进法》第五十三条虽然规定公益性岗位"应当优先安排符合岗位要求的就业困难人员",然而在实际分配公益性岗位时,家庭经济困难往往并非优先规则,且许多公益性岗位需要社会公开招考。这样，公益性岗位城乡困难家庭的劳动力往往因为学历、年龄和健康状况等原因不符合"岗位要求"，或者考试能力有限，而与公益性岗位无缘。

表4—9　就业支持政策的逻辑

政策工具	内容	逻辑	理论基础
职业介绍	提供岗位信息	降低失业人员工作搜寻的成本	摩擦性失业理论
技能培训	提供职业培训	失业是因失业者技能不足所致	人力资本理论
公益性岗位	公益性岗位安置	为就业困难人员提供就业岗位	结构性失业理论
就业扶持	税费减免、社会保险补贴	降低企业用工成本，因为劳动力成本过高会抑制企业的用工需求	劳动力市场出清理论

（2）就业扶持措施对企业缺乏足够的激励。对企业来说，目前力度最大的是社会保险补贴，而税费减免很难落实，小额担保贷款也难以操作。即使社会保险补贴，在实际运作中，各地对社会保险补贴的享受有诸多限制。一是补贴的额度，大部分地区的补贴额度都在企业缴费的1/2至2/3之间。二是补贴的期限，一般最长不超过3年，对一些距离法定退休年龄不到5年的大龄职工可以适当延长，意味着企业雇用一个就业困难的劳动力后，补贴期限一到，就须承担全部的社会保险费。三是补贴的模式，即先缴费后补贴，每年到某个给定的时点，人力资源社会保障部门统一经办上一年度的社会保险补贴，意味着在企业雇用某个就业困难人员的头一个缴费年度，其社会保险费用并没有减轻。四是补贴的条件，企业必须与该就业困难人员签订一年以上劳动合同并足额缴纳社会保险费。由于城乡困难家庭失业人员的年龄偏大、文化水平偏

低、健康状况不甚理想且家庭经济困难，企业与其签订一年以上的劳动合同，意味着一旦职工患病或家庭出现特殊困难，在当今的社会氛围中，用人单位往往需要承担某种道义责任。换句话说，现有的社会保险补贴只是降低了企业的一部分用工成本，并未考虑企业雇用劳动力的社会理性。毕竟，企业雇用一个劳动力尤其是企业预期长期雇用的劳动力，看重的是该劳动力给企业创造的价值，而非雇用该劳动力可以少缴纳一部分社会保险费。

（3）公共就业服务机构掌握的岗位信息的质量有限。在互联网高度发达的今天，企业绝大部分信息并不通过公共就业服务机构来发布，至少并不单纯依靠公共就业服务机构的平台来发布。从岗位的质量来看，可以把企业岗位需求信息分为优质岗位信息和普通岗位信息两类。如果企业发布的是优质岗位信息，由于企业的"内部人"都有自己的社会网络，这些信息将以最快的速度通过其社会网络传播，使那些与"内部人"有某种联结的人掌握信息优势，并通过"内部人"做好面试准备。从企业的角度说，如果企业提供的是优质岗位，自然希望能够挑选最优秀的人员，因此也会尽可能通过多个渠道发布信息，公共就业服务机构顶多是其一个渠道而已。这就意味着，公共就业服务机构的就业信息往往并非独家拥有的优质岗位信息。这样，即使优质岗位信息传递到了公共就业服务机构，从公共就业服务机构获得信息的城乡困难家庭的未就业人员去竞争时，受制于其文化水平和年龄等因素，也难以竞争上岗，进一步打击其就业信心。反之，如果是普通岗位信息，则对就业困难人员缺乏足够的吸引力，让就业困难人员觉得公共就业服务机构提供的信息价值不大，缺乏去尝试的动力。

（4）技能培训难以实现有质量的就业。随着非正规就业的迅速扩张，对劳动者的社会保护大范围后撤，使得劳动力市场的分割进一步加剧，一级劳动力市场和二级劳动力市场的鸿沟越来越大，收入高、就业稳定的优质就业岗位聚集在一级劳动力市场，而收入低、就业不稳定的岗位则集中在二级劳动力市场。作为自由市场运动的一部分，残酷的就业竞争使得进入一级劳动力市场的门槛越来越高。在我国，随着高等教育的大众化，每年上千万的大学毕业生（每年700多万应届毕业生及几百万需要就业的往届毕业生）在劳动力市场上竞争相对稀缺的一级劳动力市场的就业机会，使得本科学历成为能否进入一级劳动力市场最起码的门槛条件。城乡困难家庭的绝大多数就业困难人员都只有初中或高中学历，即使受过技能培训，也都是短期的技能培训。撇开公共就业服务机构提供的培训效能不说，这种短期技能培训即使果真能够提高其技能，也不能提高其学历，因此仍然不可能进入一级劳动力市场，依然只能在二级劳动力市场上碰运气，因此，这些人员主动参加技能培训的动力不足，"申请"就业救助的比例很低。

综上分析，当前的就业支持的政策工具，受制于当前就业竞争激励的现实，难以惠及城乡困难家庭未就业的劳动力，由此导致城乡困难家庭一方面迫切希望政府帮助家庭主要劳动力就业，另一方面却很少利用政府的就业支持政策和服务。

四、灵活就业与就业支持的转向

在中国这样一个学历社会中，在劳动力市场分割条件下，城乡困难家庭的低学历劳动力难以进入一级劳动力市场。尽管一部分人员通过政府的公益性岗位安置幸运地获得相对稳定的工作，但对绝大多数人而言，灵活就业是更现实的选择。因此，就业支持政策真正的潜力，在于如何通过制度创新给从事灵活就业的城乡困难家庭劳动力提供更多的支持，使其能够提高收入，进而实现家庭脱贫。

（一） 从正规就业到可持续的灵活就业

工作稳定是中国居民家庭尤其是遭受失业、待业之痛的城乡困难家庭的普遍愿望。在就业选择时，城乡困难家庭往往将就业的稳定性作为优先考虑的条件，试图以此消除就业不稳定带来的压力。另外，通过积极的就业促进，鼓励就业困难人员积极找工作，促使企业主动吸纳就业困难人员，由此帮助城乡困难家庭有需要的劳动力找一份稳定的工作实现"稳定就业"，也成为就业支持政策的潜在目标。这样，就业稳定成为就业支持服务的供需双方都在强化的因素，由此导致相当部分本可以实现就业的城乡困难家庭劳动力因为拒绝灵活就业机会而仍处于失业或无业的状态。

一个人工作是否稳定，与其劳动收入是否能脱离贫困没有直接的关系，尽管一个稳定就业的人更有可能获得体面的收入，但不是因为其就业稳定，而是因为其付出的劳动时间相比于长期就业不稳定的人员来说更多。在一个常态的劳动力市场中，劳动者单位时间内的劳动收入水平（如小时工资）取决于其人力资本水平，而一个时间段的劳动收入（如月薪、年薪）则取决于其劳动时间的长短，与工作是否稳定没有直接的关联。

实际上，增加灵活就业人员的劳动时间，的确是一条可行的路径。诚然，受制于城乡困难家庭劳动力的人力资本水平，其单位时间内的收入是很难提高的，加大教育培训对其收入提升的意义也极为有限，但这并不意味收入就不能提升。即使在灵活就业扩张的条件下，单位时间的劳动收入也是相对可观的。从政策规制的角度说，小时最低工资标准适用于灵活就业人员。在实际中，相当部分灵活就业的城镇劳动力也能有较体面的收入，关键是劳动时间的有效组织和衔接，减少劳动力闲置，增加有效劳动时间。因此，要提高从事灵活就业的城乡困难家庭劳动力的收入，关键是如何解决灵活就业人员由于以下两种原因导致的就业不足：第一，在一段时间内，灵活就业所需投入的劳动时间不够多，未能产生足够的收入；第二，灵活就业之间的空档期太长，即这次灵活就业结束之后，下一次灵活就业之前，存在较长的就业空档。应对前一种情形，需要安排其他的灵活就业来补充就业时间的空白；应对后一种情形，需要消除空档，或者"见缝插针"，在两次灵活就业中间安排恰当的灵活就业来填补空档。

因此，提高城乡困难家庭灵活就业人员的就业收入，关键是增加劳动时间的供给，提高劳动力的利用率。在单位时间的劳动收入或报酬水平不可能明显提高（由于低端劳动力市场的竞争）的情况下，增加劳动时间是提高总收入最可行的路径。鉴于灵活就业的性质，不可能在单次灵活就业中增加劳动时间，而需要在多个灵活就业之间有效安排，充分利用劳动者的劳动时间。问题在于，身处贫困环境中的个体，对未来缺乏规划，因此，需要有专门的就业服务机构提供必要的支持和辅导，帮助其缩小就业空档期，提高实际的就业总时间。这样一来，使其在短时间内的灵活就业时间能达到一个相对较高的水平，在长时间内灵活就业的时间能保持大体稳定，从而实现就业收入的相对稳定。

在当前的劳动力市场结构条件下，能够实现灵活就业，并通过优化就业服务供给来提升灵活就业的连续性和相对的稳定性，是解决城乡困难家庭失业、待业问题的第一步。无论如何，以传统的稳定就业思路来促进城乡困难家庭劳动力的就业，在灵活就业扩张、劳动力市场分割加剧以及高等教育大众化的环境中，面临越来越大的政策失灵的可能。当然，鉴于灵活就业的性质，如何提高灵活就业人员的收入则需要制度创新。

（二）福利制度改革与灵活就业的空间

要鼓励城乡困难家庭有劳动力的成员，尤其是尚未就业的劳动力就业。面对灵活就业扩张的趋势，传统的以正规就业的方式来解决失业问题的政策进路亟待调整，而建立在标准雇用关系基础之上的社会保护体系也需要适应新的劳动力市场结构，在灵活就业的条件下实现经济保障。对完善我国的就业支持政策体系而言，一个不能忽视的社会事实是，绝大部分城乡困难家庭都具备两个特征：（1）属于社会救助对象，享有兜底保障；（2）家庭劳动力就业困难，难以实现正规就业。由此社会救助与灵活就业之间存在某种微妙的关系，正因为家庭主要劳动力没有就业，才使得整个家庭具备了领取最低生活保障等社会救助待遇的条件。这样，从事灵活就业的机会成本就要远远高于其他普通家庭的未就业人员。另外，其就业的条件（如文化水平、家庭社会网络）却比普通家庭的未就业人员差，就业后的收入更低。这意味着，这些人员就业的实际收益要比普通家庭的未就业人员低得多，激活这些人员进入劳动力市场的难度很大。

为了有效促进城乡困难家庭的劳动力实现灵活就业，要求从灵活就业的现实出发，改革现有的社会救助体系和就业服务供给系统，使社会救助体系能够和就业支持系统整合起来。第一，促进就业支持政策与社会救助体系之间的整合。我国在面向全体国民的普惠型福利欠发达的条件下，政府给社会救助对象提供了从最低生活保障、医疗救助、住房救助、教育救助、水电费减免、各种补贴和慰问金等全方位的兜底保障，种种福利叠加在一起，形成福利悬崖。另外，受制于年龄、文化水平和健康状况，城乡困难家庭就业困难人员即使就业了，就业收入也难以使全家过上体面的生活，但却很容易使人均家庭收入超过当地的"低保"标准，从而使整个家庭失去最低生活保障等社会救助资格，甚至使整个家庭的实际生活水平下降。换句话说，其就业收入100%纳税了。这种情况下自然很难激活城乡困难家庭的劳动力主动灵活就业。为了促进城乡困难家庭的劳动力就业，单纯依靠救助过渡期的办法（允许这些家庭的劳动力就业后保留一段时间的社会救助资格）是不够的，而必须实现"低保"与各种叠加在"低保"之上的福利救助的分离，扩大医疗救助、教育救助、住房救助的目标人群，将低收入家庭尤其是灵活就业的低收入家庭全部纳入以上专项救助的范围，最大限度地消除福利悬崖对城乡困难家庭劳动力就业意愿的负面影响——担心失去"低保"资格而不愿就业。要把城乡困难家庭变成家庭劳动力灵活就业的受益者，而不是利益受损方，就需要拓展面向城乡困难家庭的工作福利项目，使城乡困难家庭的劳动力灵活就业后，整个家庭的福利水平能够获得提升而不是缩水。

第二，改革就业服务的供给体系，使就业服务适应促进灵活就业的要求。在灵活就业的条件下，鉴于当前就业支持利用率低的现实，需要改变就业服务的供给方式，调整公共就业服务机构与就业困难人员互动的模式。首先，公共就业服务机构需要转变角色，以更积极的方式提供就业服务，促进就业困难人员参与就业。考虑到城乡困难家庭劳动力文化水平低、年龄大、就业主动性不足等现实特点，需要公共服务机构更主动地介入就业过程，以激活城乡困难家庭的失业、待业人员，尤其是长期失业人员的就业意愿。其次，公共就业服务机构需要承担起就业组织的责任，而不是单纯提供岗位信息或职业指导。在灵活就业条件下，劳动者的收入很大程度上依赖于有效的劳动组织，减少就业空档，增加劳动时间供给。这就要求公共服务机构提供专门化的支持。再次，对长期失业人员等就业特别困难的人员，推行个体化的服务模式。一方面，可以考虑以政府购买服务的方式，将就业支持服务外包，增加就业服务的供给，并通过服务提供者的竞争提高公共就业服务的整体绩效。另一方面，应予以地方更大的政策空间，利于各地根据实际情况安排就业服务的支出，因地制宜地确定本地的重点服务人群以及就业支持的服务供给方式，提高就业服务的针对性和有效性，更好地促进城乡困难家庭劳动力就业。

五、结论与政策建议

年龄偏大、文化水平偏低、健康状况欠佳是当前我国城乡困难家庭未就业劳动力的突出特点。对大部分有劳动力的城乡困难家庭来说，通过就业支持实现就业，是其普遍的愿望。然而，受制于当前就业支持政策的目标定位及就业支持服务的供给模式，绝大多数城乡困难家庭未能从就业支持中获得实质的支持。

在非正规就业扩张的趋势面前，灵活就业成为劳动力市场边缘人群的主要就业形式。在劳动力市场分割的条件下，高等教育的大众化带来的学历挤压，大大压缩了城乡困难家庭劳动力进入一级劳动力市场的空间，使其就业局限于二级劳动力市场。由此，对于促进城乡困难家庭劳动力就业而言，支持其灵活就业是一条更现实的选择。

在经济新常态下，鼓励城乡困难家庭劳动力从事灵活就业，需要面对"就业与福利"之间的张力，改革现有的福利安排尤其是社会救助安排。大部分城乡困难家庭都具有社会救助资格，由于普惠型福利欠发达导致的福利悬崖，大大加重了城乡困难家庭劳动力从事灵活就业的机会成本，限制了就业可能带来的实际收益，抑制了其就业积极性，致使其不愿从事灵活就业。

为了促进城乡困难家庭劳动力就业尤其是灵活就业，从长期看，需要实现最低生活保障与医疗救助、住房救助、教育救助等叠加福利的分离，消除福利悬崖；从短期看，应积极扩大医疗救助、住房救助、教育救助等补缺性福利的范围，将低收入人群全部纳入救助范围，以最大程度消除福利悬崖的影响。更重要的是，积极进行制度创新，完善针对灵活就业人员所在家庭的福利和服务供给，提高灵活就业人员所在家庭的整体福利水平，使灵活就业人员的家庭成为灵活就业的受益方。

在灵活就业常态化的条件下，需要改革我国现有的就业服务的供给体系，改变公共就业服务机构与就业困难人员互动的模式，促使公共就业服务机构提供更多的外展服务、个体化服务，以更积极、更有效的方式激活城乡困难家庭的失业、待业人员，尤其是长期失业人员。为此，需要赋予地方更大的自主权，以政府购买服务的方式，增加就业服务的供给，强化公共就业服务的能力，提高就业服务的针对性和有效性，提高公共就业服务的整体绩效，更好地促进城乡困难家庭劳动力就业。

就具体政策而言，短期内，就业支持政策可以致力于以下几个方面：

第一，在农村地区，开发有效的就业支持新形式。比如，对在乡务农人员，提供农业生产技能培训，对务农的中老年劳动力发放小型农机具补贴，降低其体力劳动强度。对农村失业、待业青年，围绕社区服务体系建设的需要，将一些有潜力的青年培养成社区工作者。

第二，在城市地区，以促进整体就业为目标，公共就业服务向流动人口开放，跳出户籍为界限的公共就业服务框框，提高公共就业服务的可及性和利用率，使公共就业服务体系有效运转起来，在促进城乡困难家庭劳动力就业方面发挥出真正的效能。

第五章　城乡困难群体健康政策分析

2016 年 10 月，中共中央、国务院印发了《"健康中国 2030" 规划纲要》（以下简称《纲要》）。《纲要》从健康生活、健康服务、健康保障、健康环境和健康产业等方面对中国未来 15 年健康政策提出了明确要求，制定了行动方案。习近平总书记指出，没有全民健康，就没有全面小康。健康是人力资本的基础，是人的一切活动起点。

根据国务院"扶贫办"统计的资料，2013 年，我国因病致贫、因病返贫户占建档立卡贫困户总数的 42%，在致贫原因中位居第一。2015 年，该比例进一步上升到 44.1%[1]。因此，困难群众的健康问题直接影响到全面小康社会的实现。《纲要》指出，健康保障主要包括医疗保障体系和药品供应保障体系。药品供应保障体系主要侧重于药品、医疗器械流通体制和国家药物政策，对城乡困难群体健康保障的影响是较为间接的。因此，本章主要侧重于分析城乡困难群体医疗保障政策。目前，我国已经构建起多层次、全方位的城乡困难群体医疗保障政策和健康扶贫政策等。

---

[1] 国务院新闻办公室：《国新办举行实施健康扶贫工程有关情况新闻发布会》，网址：http://www.scio.gov.cn/xwfbh/xwbfbh/wqfbh/33978/34697/index.htm，访问日期：2016 年 9 月 10 日。

一、城乡困难群体健康政策实施情况

（一）中国多层次医疗保障制度演变及架构

改革开放之前，我国建立了完善的医疗保障制度。在农村，农民拥有传统合作医疗制度，覆盖率在巅峰时期曾超过90%。在城镇，每个企业都为职工建立了劳保医疗制度，家属可以获得的保障水平相当于企业职工待遇的一半。当企业资金入不敷出时，政府予以财政补贴。城镇机关事业单位的职工享有公费医疗制度，由财政负责筹资，职工家属的医疗保障由单位内部通过互助方式解决。

1978年之后，中国开始由计划经济走向市场经济。农村合作医疗制度失去制度环境的有效支撑，到1985年，只有不足5%的地区还保留这一制度①。这一状况一直维持到2003年。2003年，中央政府决定建立新型农村合作医疗制度（以下简称"新农合"）。"新农合"以大病统筹为主，实行个人缴费与政府补贴相结合的方式。其中，个人缴费低于"新农合"筹资总额的20%。2016年《中国卫生和计划生育统计年鉴》② 显示，2015年，"新农合"参保人数为6.70亿人，参合率98.80%。"新农合"的管理部门主要是卫生部，统筹层次以县级为主。

在城市，我国采取了循序渐进的改革路径。1994年，单位劳保医疗制度开始逐步被覆盖整个地区的社会医疗保险制度取代。新的城镇职工基本医疗保险制度实行社会统筹加个人账户的形式。改革过程中，职

---

① 王绍光：《政策导向、汲取能力与卫生公平》，《中国社会科学》2005年第6期。

② 本文使用数据如未做说明均来自历年《中国统计年鉴》《中国卫生和计划生育统计年鉴》以及《中国民政统计年鉴》等。不再一一赘述。

工家属被排除在新制度之外，失去了医疗保障的保护。1998 年，中央政府正式确立了这一新的制度体系。新的城镇职工基本医疗保险制度由单位和个人缴费构成，单位费率为职工工资的 6%，个人缴费率为 2%，单位缴费的 30% 和个人全部缴费均计入职工个人账户，用于支付职工门诊或小病费用，单位缴费的 70% 用于建立社会统筹基金，目的是支付职工的住院费用。2015 年，城镇职工医疗保险参保人数为 2.89 亿人。城镇职工医疗保险的管理部门是人力资源社会保障部，统筹层次为市级。此外，中国的公费医疗制度最近几年几乎全部转变为城镇职工医疗保险制度。目前，这一制度仅在北京及其他地区的极少数单位中存在，覆盖人数极少。

由于城镇居民被排除在制度体系之外，2007 年，中央政府决定为城镇居民建立社会医疗保险制度。城镇居民医疗保险制度与"新农合"一样，也采取自愿参保方式，个人缴费占基金筹资总额的 20% 左右。2015 年，城镇居民医疗保险参保人数为 3.77 亿人。城镇居民医疗保险的管理部门是人力资源社会保障部，统筹层次为市级。为了加强制度整合，2016 年 1 月 3 日，国务院发布《关于整合城乡居民基本医疗保险制度的意见》，要求各地整合"新农合"和城镇居民医疗保险。目前，已有至少 28 个省份实现了制度整合。

除基本医疗保险制度外，2003 年和 2005 年，中国还分别建立了农村居民医疗救助制度和城镇居民医疗救助制度。医疗救助制度主要针对"低保"和特困供养人员，目的是对贫困的城乡居民的高额医疗费用提供更高程度的保护。虽然农村、城镇医疗救助制度的管理部门均是民政部，但是，城镇居民医疗救助基金和农村居民医疗救助基金并没有合并，而是分开管理。根据 2015 年 4 月国务院办公厅转发民政部等部门《关于进一步完善医疗救助制度全面开展重特大疾病医疗救助工作意见的通知》，各地要在 2015 年年底前，将城市医疗救助制度和农村医疗救助制度整合为城乡医疗救助制度，合并基金。

　　由于基本医疗保险和医疗救助制度筹资能力和保障水平十分有限，我国不得不先后建立起三种类型的补充保障制度：职工补充保险（职工补充保险与城镇职工基本医疗保险同步开展），"新农合"重大疾病保障（20 种重大疾病病种，2010 年开始实施）和城乡居民大病保险（2012 年开始实施）以及重特大疾病医疗救助（2012 年开始实施）等。此外，我国还建立了临时救助制度（2007 年开始实施，2014 年全面推广）和疾病应急救助制度（2013 年开始实施）等。

　　此外，我国政府还鼓励商业健康保险为国民提供补充保障。根据2015 年发布的《关于开展商业健康保险个人所得税政策试点工作的通知》，个人购买商业健康保险在 2400 元以内的部分，可以抵扣个人所得税。

　　图 5—1 展示了中国当前多层次医疗保障体系。其中，公共医疗保障体系主要包括基本医疗保险、大病保险（或补充保险）以及医疗救助制度。私人医疗保障制度包括商业健康保险和慈善救助等。

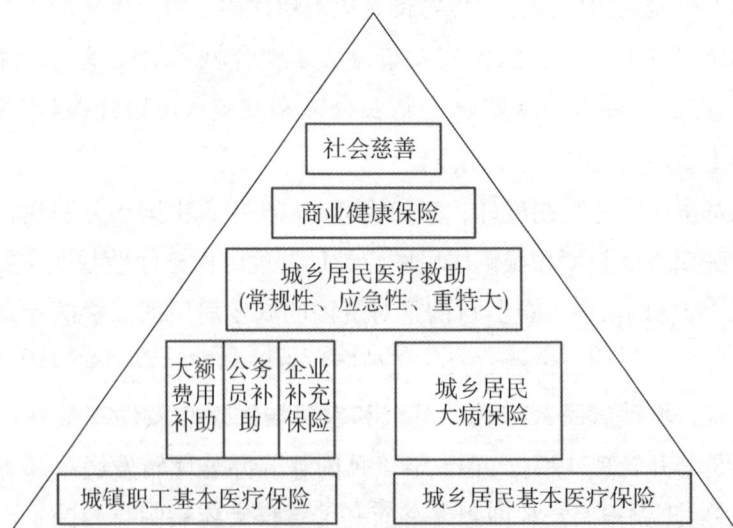

图 5—1　中国当前多层次医疗保障体系

（二）城乡困难群体基本医疗保险政策

在中国多层次医疗保障体系中，基本医疗保险和补充医疗保险/大病保险目标定位于全体参保人群（含已参保的城乡困难群体），医疗救助制度则将目标定位于城乡困难群体。在基本医疗保险政策层面，出于控制医疗保险参保人道德风险以控制基金支出的目的，现行基本医疗保险制度和补充医疗保险/大病保险对城乡困难群体较为不利。

根据相关文件梳理，本研究发现，中国各地基本医疗保险制度的共同特点包括：（1）设置了三个目录，目录外费用平均占比15%，越是重特大疾病，目录外费用占比越高。一些地区重特大疾病医疗费用中，目录外费用占比远超过30%[1][2]。（2）对城乡困难群体而言，起付线仍显得过高。比如，目前各地基本医疗保险在乡镇卫生院住院起付线一般为100—200元，县级医院500—1000元，县外医院通常超过3000元。（3）设置了较低的报销比例，并且医疗机构级别越高，政策报销比例越低。（4）设置了基金支付封顶线，而非个人支付封顶线。（5）转外就医起付线更高，政策报销比例更低，通常至少低于本地就医10个百分点。

同时，中国各项基本医疗保险制度均以保住院为主。根据某省《2013年全省卫生计划生育事业发展情况简报》显示，2013年，该省"新农合"总补偿金额为142.8亿元。其中住院补偿114.6亿元，大病保障和大病保险分别补偿4.7亿元和4.88亿元，门诊补偿17.9亿元，门诊补偿费用仅占12.54%。该省《关于建立城镇居民基本医疗保险门诊统筹制度的指导意见》要求"城镇居民医疗保险门诊统筹水平不低

---

① 姜日进、于子淇：《青岛市城镇重特大疾病医疗保障的探索》，《中国医疗保险》2014年第7期。

② 《上海市重特大疾病医疗救助工作的情况报告》，网址：http://www.mca.gov.cn/article/yw/shjz/jycx/201503/201503007919589.shtml，访问日期：2016年6月20日。

于当地筹资总额的 15%"。可见，虽然目前各地正在推动门诊统筹，门诊统筹资金占比仍很低，门诊费用实际报销比例极低。

由于城乡困难群体收入低、健康较差，对医疗服务的需求高，因此我国基本医疗保险较高的起付线、较低的报销比例和自付费用封顶线严重阻碍了城乡困难群体享受医疗服务的可及性，从而极容易造成城乡困难群体有保险无报销局面。甚至有学者指出，在当前基本医疗保险制度下，资助社会救助对象参加基本医疗保险的金额可能要大于从医疗保险制度中获得的报销金额[①]。同时，上述制度设计也不利于提高我国基本医疗保险制度的待遇公平性。

（三）城乡困难群体补充医疗保险/大病保险政策

尽管目前不少研究认为，大病保险属于基本医疗保险，是基本医疗保险的延伸和拓展[②③④]，但是由于大病保险与补充保险运作方式几无二致，本章仍将其与补充保险合并起来分析。

中国各地补充医疗保险（含大病保险）制度的共同特点是：（1）设置了极高的起付线，职工补充医疗保险起付线通常为超过职工医疗保险支付封顶线，城乡居民大病保险起付线为上一年度城镇居民年人均可支配收入或农村居民年人均纯收入（见表5—1）。（2）只报销基本医疗保险"三个目录"内费用。（3）政策范围内报销比例过低。表5—1 和表5—2 显示，29 个省、自治区、直辖市的城乡居民大病保险起付线以上的政策范围内医疗费用的报销比例通常为 50%—55%，结果是

[①] 易春黎、陈丽、荣英男、冯博、姚岚：《基于成本效益分析的城市医疗救助模式比较》，《中国卫生经济》2010 年第 10 期。

[②] 乌日图：《关于大病保险的思考》，《中国医疗保险》2013 年第 1 期。

[③] 何文炯：《大病保险辨析》，《中国医疗保险》2014 年第 7 期。

[④] 金维刚：《重特大疾病保障与大病保险的关系解析》，《中国医疗保险》2013 年第 8 期。

补充医疗保险受益面极低，通常低于参保参合人数的 0.5%[1][2]，甚至不足参保参合人数的 0.01%[3]。补充医疗保险的保障力度有限，人均报销一般不足 1000 元[4][5]。

由于补充医疗保险/大病保险起付线设置较高，即使普通收入人群也极少能从补充医疗保险/大病保险中获益，更遑论城乡困难群体。研究显示，大病保险受益人群极小，仅占参保参合总人数的 0.5%—1.5%，占住院病人总数的 1%—3%[6][7][8]。由于富人支付能力更强，补充医疗保险/大病保险制度对富人更为有利，扩大了收入差距[9][10]。

---

[1]　代涛、毛阿燕、谢莉琴、周颖萍：《我国新农合重大疾病保障制度的政策分析》，《中国卫生政策研究》2013 年第 6 期。

[2]　刘允海：《重特大病患者的减负记录——青海省建立重特大疾病保障机制见闻》，《中国医疗保险》2015 年第 4 期。

[3]　王东进：《建立重特大疾病保障和救助机制是健全全民医保体系的重大课题——学习党的十八大报告体会与思考之二》，《中国医疗保险》2013 年第 4 期。

[4]　徐凌忠、李佳佳、许建强：《山东省新农合重大疾病保险制度评价与对策研究》，《卫生经济研究》2014 年第 10 期。

[5]　梁长春、陈夕、袁强：《城镇居民重特大疾病与医疗负担分析——基于安阳市住院全病种集与重特大病种集的对比》，《中国医疗保险》2014 年第 1 期。

[6]　项莉、罗会秋、潘瑶、李聪、张颖：《大病医疗保险补偿模式及补偿效果分析——以 L 市为例》，《中国卫生政策研究》2015 年第 3 期。

[7]　马千慧、高广颖、马骋宇、贾继荣、那春霞、俞金枝、段婷：《新型农村合作医疗大病保险受益公平性分析：基于北京市三个区县的数据分析》，《中国卫生经济》2015 年第 10 期。

[8]　时松和、陈益州、朱国重、谢磊、张贺伟、高洪涛、李名哲、郭朝阳、王鸟：《新型农村合作医疗大病保险在降低参合农村居民医疗费用中的应用》，《社区医学杂志》2014 年第 21 期。

[9]　段婷、高广颖、沈文生、贾继荣、张斌：《新农合大病保险制度受益归属与实施效果分析——以吉林省为例》，《中国卫生政策研究》2014 年第 11 期。

[10]　马千慧、高广颖、马骋宇、贾继荣、那春霞、俞金枝、段婷：《新型农村合作医疗大病保险受益公平性分析：基于北京市三个区县的数据分析》，《中国卫生经济》2015 年第 10 期。

表5—1　29个省、自治区和直辖市城乡居民大病保险制度起付线

起付线	省、自治区、直辖市
上一年度居民年人均可支配收入：2014 年为 1 万元	山东
5000 元	青海
城镇上年度居民年人均可支配收入；农村 1 万—2 万元	安徽
1 万元	山西
2013 年 8000 元	湖北
城镇居民上年度人均可支配收入的 60%—100%；农村居民上年度人均纯收入	辽宁
政策范围内年度累计个人负担金额超过上一年度天津市居民人均可支配收入，2014 年为 2 万元	天津
基本医疗保险报销后，城乡居民在基本医疗保险政策范围内个人自付的费用，纳入本市城乡居民大病保险支付范围	上海
2014 年全省城乡居民大病保险起付线为 8000 元	海南
城镇居民自付医疗费用达 8000 元，农村居民达 5000 元	吉林
与上一年度当地农村居民年人均纯收入相当，并且不高于当地城镇居民年人均可支配收入	广东
2013 年原则上不得高于 15000 元	广西
城乡居民个人自付医疗费用达 5000 元	甘肃
上一年度城镇居民年人均可支配收入、农村居民年人均纯收入为参照，原则上应统一政策标准。2013 年，原则上不高于 1 万元	云南
上一年度农村居民年人均纯收入为依据确定，2013 年为 6000 元	宁夏
上一年度城镇居民年人均可支配收入、农村居民年人均纯收入	河北、江苏、内蒙古、陕西、浙江、福建、四川、河南、贵州、湖南、新疆、江西、重庆、北京

资料来源：各地大病保险政策文件。

表5—2　29个省、自治区和直辖市城乡居民大病保险制度报销比例

报销比例	省、自治区、直辖市
实际支付比例不低于50%。个人负担合规医疗费1万元以上10万元以下部分给予不低于50%的补偿，10万元以上部分给予不低于60%的补偿	山东
"基本医保+大病医疗保险+医疗救助"实际支付比例达到80%；民政救助对象住院费用实际支付比例达到90%	青海
城镇30%—80%；农村40%—80%	安徽
1万—5万元报销55%；5万—10万元报销65%；10万—20万元报销75%；20万—30万元报销80%；30万元以上报销85%	山西
分段支付比例为50%、60%、70%，医疗费用越高，支付比例越高	湖北
补偿基数以上0—1万元报销50%；1万—5万元区间每增加1万元，报销比例提高1%；5万—10万元报销65%；10万元以上报销80%	吉林
补偿基数0—1万元报销50%；1万—2万元报销55%；2万—5万元报销60%；5万元以上报销65%，在市级以下医疗机构就医的，按照市、县级在规定报销比例基础上分别提高5%和10%比例进行补偿	甘肃
通过"基本医保+大病医疗保险+医疗救助"的方式，使纳入大病保险的城乡居民医疗费用实际支付比例达到75%以上，符合条件的城乡医疗救助对象实际支付比例达到90%以上	贵州
城镇居民按不低于50%的比例由大病保险基金支付，农村居民0—5万元，补偿比例不低于50%；5万—10万元，补偿比例不低于60%；10万元以上，补偿比例不低于70%	江西
起付标准10万元（含）以内、10万—20万元（含）、20万元以上，分别报销40%、50%、60%	重庆
城乡居民发生起付金额以上、5万元（含）以内的费用，由大病保险基金报销50%；超过5万元的费用，由大病保险基金报销60%	北京

（续表）

报销比例	省、自治区、直辖市
2014年2万元以上至10万元（含）以下部分，给付50%；10万元以上至20万元（含）以下部分，给付60%；20万元以上至30万元（含）以下部分，给付70%	天津
基本医疗保险政策范围内，由大病保险基金报销50%	上海
分段支付比例为50%—75%，费用越高，支付比例越高	海南
实际支付比例不低于50%；按医疗费用高低分段制定支付比例	河北、广东、江苏、辽宁、广西、陕西、浙江、福建、四川、河南、湖南、云南、新疆、宁夏、内蒙古

资料来源：各地大病保险政策文件。

（四）城乡困难群体医疗救助政策

医疗救助制度目标定位于"低保"、特困供养人员以及部分"低保"边缘家庭或低收入家庭。2015年4月21日，国务院办公厅转发民政部等部门《关于进一步完善医疗救助制度 全面开展重特大疾病医疗救助工作的意见》。目前，各地医疗救助制度至少包括三种类型：（1）传统医疗救助制度，即仅仅针对"低保"和特困供养人员，部分地区也包括"低保"边缘户或低收入群体等；（2）重特大疾病医疗救助制度，救助人群同上，在具体内容上通常分为按病种救助、按费用救助以及两者结合三种类型；（3）因病支出型困难家庭医疗救助，救助对象为普通收入人群，但是家庭收入在扣除家庭自付医疗支出后，低于当地"低保"标准或低收入标准或最低工资标准。

表5—3展示了各地门诊医疗救助模式。总体看，各地门诊医疗救助对象主要是常规医疗救助对象，特困人员、"低保"对象、优抚对象，部分涵盖了低收入家庭和因病致贫家庭；各地都没有设置起付线；

封顶线从 100—5000 元不等，多数在 1000 元以内，同时向特困供养人员和"低保"家庭倾斜；门诊医疗救助报销比例在 10%—100%，集中于 50%—70%，同时向特困供养人员和"低保"家庭倾斜。

表5—3 各省、自治区、直辖市门诊医疗救助制度特征

地区	封顶线（元）	救助比例（%）
内蒙古	特困、"低保"中的 80 岁以上，300 元限额医疗卡；其他救助对象 200 元	其他救助对象门诊政策范围内 60%报销
江西	特困人员全额补助；"低保"不超过 1000 元	特困人员，100%报销；"低保"，50%报销
北京	4000 元	特困人员，100%报销；其他各类人员，70%报销
甘肃	特困，无封顶线；"低保"人员、精减职工，不超过 1000 元	特困人员，90%报销；"低保"、精减职工，50%报销
河南	5000 元	10%
重庆	特困人员及 80 岁以上、重度残疾人中的"低保"人员，300 元；其他"低保"人员、孤儿、重点优抚对象 200 元	—
贵州	每年不低于 100 元	—
青海	每人每年 360 元	—
广东	无	特困人员，100%报销；其他各类人员，70%报销
陕西	特困人员，全额补助；"低保"人员，日常门诊不超过 1000 元，重特大门诊不超过 5000 元	特困人员，100%报销；"低保"，50%报销
福建	—	60%

资料来源：各省、自治区、直辖市医疗救助政策文件。

备注：天津、吉林为门诊+住院费用总和。各地门诊救助对象主要是常规医疗救助对象，均未设置起付线。

　　表5—4展示了各地住院医疗救助模式。总体看，各地住院医疗救助对象主要是常规医疗救助对象，部分地区也包括了因病致贫家庭；几乎都没有设置起付线，只有极少数地区对低收入群体设置了起付线；封顶线从5000—1万元不等，多数在1万—3万元，同时向特困供养人员和"低保"家庭倾斜；救助报销比例在50%—100%，集中于50%—70%，同时向特困供养人员和"低保"家庭倾斜。

表5—4　各省、自治区、直辖市住院医疗救助制度特征

地区	封顶线（元）	救助比例（%）
天津	未提	政策范围内自付2万元以下，60%，2万元以上，80%
内蒙古	10000元	"低保""五保""三无"、孤残儿童、重度残疾人，政策范围内65%，其他人员不低于50%
广西	特困30000元，重度残疾人15000元，低收入家庭重病患者12000元	特困100%，重度残疾人95%，低收入家庭重病患者80%
北京	40000元	特困100%，其他70%
辽宁	10000元	70%
浙江	不低于80000元	特困100%，"低保"70%，"低保"边缘户60%，因病致贫人员50%
湖南	"低保"不低于5000元，"五保"无	"低保"70%，"五保"100%
吉林	门诊+住院之后：重点救助对象不低于2万元；一般救助对象不低于1万元	重点救助对象100%，其他救助对象比例由各地自定
黑龙江	未提	重点救助对象不低于70%

（续表）

地区	封顶线（元）	救助比例（%）
上海	80000 元	特殊救济人员 100%，"低保"家庭人员 80%，低收入家庭人员及支出型困难家庭人员 70%
河南	10000 元	集中供养特困 90%，分散供养特困 80%，"低保"70%
重庆	6000 元（2012 年）	重点救助对象 70%，其他 60%
贵州	10000 元	特困、"低保"100%，低收入、因病致贫 50%，其他人群 70%
甘肃	30000 元	特困 90%，"低保"70%
江苏	城乡基本医疗保险封顶线的 50%	重点救助对象 70%，其余未说明
山东	10000 元	不低于 70%
山西	15000 元	不低于 70%
宁夏	30000 元	特困供养人员、孤儿 90%，最低生活保障对象、低收入家庭重度残疾人、高龄低收入老人和重点优抚对象 70%
青海	特困，60000 元；其他重大救助对象，50000 元；低收入，20000 元	特困 100%，其他重点救助对象 80%，低收入 50%
广东	无	特困人员，100%；其他各类人员 70%
陕西	特困，无封顶线；"低保"，15000 元，低收入、特定，12000 元	特困 100%；"低保"70%，低收入、特定救助对象 50%
福建	有	特困人员 90%，"低保"70%，低收入家庭的老年人、未成年人和重病患者领取一次性定额补助

资料来源：各省、自治区、直辖市医疗救助政策文件。

备注：天津、吉林为门诊+住院费用总和。各地住院救助对象主要是常规医疗救助对象，只有浙江、黑龙江、青海设置了起付线。

总体看，各地重特大疾病医疗救助对象主要是特困人员、"低保"、优抚对象、低收入家庭和因病致贫家庭；重大疾病界定方式由按病种界定逐步转为按医疗费用界定；多数地区都没有设置起付线，部分地区对因病致贫群体和非重点救助人群设置了起付线，起付线在 2 万—3 万元；多数地区都设置有封顶线，门诊封顶线在 2000—1 万元，住院封顶线在 1 万—10 万元，同时向特困供养人员和"低保"家庭倾斜；救助报销比例在 10%—100%，集中于 50%—70%，同时向特困供养人员和"低保"家庭倾斜。

根据我们对 30 多个省、市、县、区支出型贫困救助文件的梳理，支出型贫困救助主要针对中低收入人群，当其家庭医疗支出、教育支出等刚性支出过高时，可以给予相应救助。救助方式主要是生活救助和医疗救助，部分地区也包括了一些转介服务在内。生活救助主要是向因病支出型困难家庭发放基本生活费，类似于"低保"制度。医疗救助则是为因病支出型困难家庭提供医疗费用补助，具体方式多种多样。

总体而言，各地医疗救助制度的共同特点包括：（1）主要针对基本医疗保险和大病保险"三个目录"内费用。（2）既包括门诊救助，又包括住院救助。（3）救助对象主要局限于"低保"、特困供养人员、优抚对象等常规医疗救助对象，正逐渐向"低保"边缘家庭、低收入家庭和因病支出型困难家庭延伸。（4）多数地区对门诊、住院和重特大疾病医疗救助均未设置起付线，仅少部分地区对低收入家庭和因病致贫家庭设置了起付线。（5）门诊、住院和重特大疾病医疗救助均设置有封顶线，分别集中在 100—5000 元、5000—10 万元和 1 万—10 万元。（6）门诊、住院和重特大疾病医疗救助均设置有报销比例，报销比例一般为 50%—70%。

由于城乡困难群体收入水平低，健康状况差，大病发生率高，医疗费用高（见本研究第二部分），目录外费用高，因此，现行医疗救助制度对于缓解城乡困难群体作用可能较为有限。

（五）城乡困难群体临时救助政策

根据 2014 年国务院颁布的《社会救助暂行办法》，我国目前建立了最低生活保障、特困人员供养、受灾人员救助、医疗救助、教育救助、住房救助、就业救助和临时救助等综合性社会救助制度。除受灾人员救助和临时救助外，其余制度目标定位均是"低保"和特困供养人员。随着近年医疗费用攀升，部分未能纳入"低保"和特困人员的家庭由于高额医疗支出而导致基本生活困难的现象日益突出。

为解决"低保"和特困供养人员家庭以外，因医疗、意外、教育和住房等导致刚性支出大幅增加，超过了家庭承受能力，造成基本生活出现困难的家庭，政府开始着重强调救急难问题。救急难的主要制度安排之一就是临时救助制度。早在 2007 年 6 月，民政部就发布了《关于进一步建立健全临时救助制度的通知》。2014 年 10 月，国务院发布《关于全面建立临时救助制度的通知》，要求在全国全面推进临时救助制度。根据我们在某市近年来临时救助支出相关数据的分析可知，该市临时救助支出对象中，70%左右是因病救助。

救急难的另一个重要制度安排，是近年来实务界和学术界热烈讨论的因病支出型贫困救助。详见前文，不再赘述。

（六）城乡困难群体精准扶贫政策

近年来，精准扶贫问题日益受到重视。2013 年 12 月，中共中央办公厅、国务院办公厅发布《关于创新机制扎实推进农村扶贫开发工作的意见》，提出要通过加强卫生和计划生育工作，加大对重大疾病和地方病的防控力度，采取有效措施逐步解决因病致贫、因病返贫问题。2015 年 11 月，《中共中央国务院关于打赢脱贫攻坚战的决定》，要求开展医疗保险和医疗救助脱贫。2016 年 6 月 20 日，国家卫计委发布《关于实施健康扶贫工程的指导意见》，提出从医疗卫生基础设施建设、疾病预防、治疗和医疗保障等方面，着力提高农村贫困人口医疗服务可及性以及减轻其医疗负担。

2017年4月12日，国家卫计委等六部委发布《关于印发健康扶贫工程"三个一批"行动计划的通知》指出，按照"大病集中救治一批、慢病签约服务管理一批、重病兜底保障一批"的要求，组织对患有大病和长期慢性病的贫困人口实行分类分批救治，将健康扶贫落实到人、精准到病，推动健康扶贫工程深入实施。

在不同地区，城乡困难群体精准扶贫政策差异较大。多数地区均对精准扶贫对象降低了医疗保险和大病保险起付线，提高了报销比例。一些地区甚至制定了特殊的精准扶贫政策。比如，自2009年起，江西省针对"新农合"和城镇居民先后启动对白内障、唇腭裂、儿童白血病、儿童先天性心脏病、尿毒症血液透析、重性精神病6种重大疾病在限定费用的基础上，对贫困居民实行全省免费救治。截至2014年9月30日，累计免费救治40.48万例重大疾病患者。2016年8月，江西省下发了《江西省健康扶贫工程实施方案》，对白内障、唇腭裂、儿童白血病、儿童先天性心脏病等10种重大疾病免费救治。

四川省叙永县则实行按医疗费用保障精准扶贫对象。对建档立卡的贫困户主要实施"两保"：基本医保和大病保险；"三救助"：民政医疗救助、疾病应急救助、县域内住院费用全报销救助；"三基金"：医药爱心基金、重大疾病扶贫基金和卫生扶贫基金的报销政策。扶贫对象在县域内住院的医疗费用报销顺序为："新农合"对政策范围内的医疗费用按比例报销，"新农合"报销后符合大病保险的，由大病保险对合规的自付费用给予不低于50%的比例报销。如果扶贫对象又是民政部门的医疗救助对象的，将由民政部门提供医疗救助，剩余的医疗费用再由精准扶贫救助金、医疗扶贫附加险、医疗机构减免和政府兜底医疗总费用的10%，最终实现扶贫对象在县域内的住院费用"零支付"。从叙永县人民医院和水尾镇卫生院提供的扶贫对象住院一站式结算资金明细表数据来看，水尾镇卫生院基本实现了扶贫对象住院费用"零支付"（见表5—5）。

表5—5　四川省叙永县精准扶贫对象住院费用补偿情况（单位：人次，万元）

医院名称	救助人次数	医疗总费用	基本医保报销金额	大病保险报销金额	医疗救助金额	精准扶贫救助金额	政府兜底解决金额	医疗扶贫附加险	医院减免金额	个人自付金额
叙永县人民医院	1852	1012.39	640.30	729.19	824.78	111.98	102.37	130.14	18.59	8.85
水尾镇卫生院	288	53.11	42.24	0.00	0.00	1.54	5.32	3.47	0.54	0.00

资料来源：四川省叙永县调研汇报资料。

（七）流动（低收入）人群医疗保障政策

上述政策目标定位主要是本地户籍人口及其家庭成员。然而，人口频繁流动已经成为当今社会的基本形态。根据国家卫计委的调查，2013年年末，中国流动人员高达2.45亿人[①]。随着我国流动人口快速增长，流动低收入人群因病致贫问题也日益严重。对于流动就业人口的医疗保障问题，政策设计的初衷是实行就业地参保，而非单独为农民工建立医疗保障体系。对于流动非就业人口，目前限于中央和地方财政财力和事权划分，仍以户籍地管理为主。

首先是流动人口医疗保险问题。表5—6以流动人口中的主要人群——农民工为例，显示了2008—2014年，农民工参加城镇职工医疗保险的比例。可见，绝大部分农民工未纳入就业地职工医保，且参保率增长缓慢。根据前文内容，户籍地在农村的绝大多数农民工均参加了

---

①　国家卫生和计划生育委员会流动人口司编：《中国流动人口发展报告2014》，中国人口出版社2014年版。

"新农合"，但是却面临难以在其就业所在地享受其参加的户籍所在地的"新农合"的报销（即有保险无报销）的窘境，尤其是跨省流动农民工。

表5—6　外出农民工参加社会保障的比例（%）

险种＼年份	2008	2009	2010	2011	2012	2013	2014
职工医疗保险	13.1	12.2	14.3	16.7	16.9	17.6	17.6
职工养老保险	9.8	7.6	9.5	13.9	14.3	15.7	16.7
工伤保险	24.1	21.8	24.1	23.6	24.0	28.5	26.2
失业保险	3.7	3.9	4.9	8.0	8.4	9.1	10.5
生育保险	2.0	2.4	2.9	5.6	6.1	6.6	7.8

资料来源：国家统计局：《2013年全国农民工监测调查报告》和《2014年全国农民工监测调查报告》。

确保流动人员被基本医疗保障制度覆盖，关键是要确保医疗保障的可携带性。在全民医保背景下，要确保医疗保障的可携带性，有两种方式可以采用：一是实行属地参保，二是实行异地就医。前者是指让流动人员就地参保，即在哪里居住/就业在哪里参保。后者是指允许流动参保人员（主要是农民工及其随迁家属）在其户籍所在地参保，同时通过建设异地就医结算平台，帮助流动参保人员在其居住地即时获得其原参保地的医疗保障待遇。在某种程度上，两者可以相互替代[1][2]。

---

① 汤晓莉、姚岚：《我国基本医疗保险可携带性现状分析》，《中国卫生经济》2011年第1期。

② 代涛、朱坤、张小娟：《我国新型农村合作医疗制度运行效果分析》，《中国卫生政策研究》2013年第6期。

2009 年，三部委联合下发了《流动就业人员基本医疗保障关系转移接续暂行办法》。2010 年，人力资源社会保障部社会保险事业管理中心发布了《流动就业人员基本医疗保险关系转移接续业务经办规程（试行）》。其后，全国各地也纷纷出台了转移接续办法。2009—2012年，国务院发布的"新医改"方案及历年医药卫生体制改革主要工作安排的政策文件等，都强调要解决农民工等流动就业人员医疗保险关系转移接续问题。2012 年，党的十八大报告提出要"以增强公平性、适应流动性、保证可持续性为重点，全面建成覆盖城乡居民的社会保障体系"。2013 年，党的十八届三中全会《中共中央关于全面深化改革若干重大问题的决定》要求"完善社会保险关系转移接续政策"。2015 年 8月，四部委联合发布了《关于做好进城落户农民参加基本医疗保险和关系转移接续工作的办法》。

在异地就医问题上，近年来，相关部委也出台了一系列文件加强异地就医管理。人力资源社会保障部于 2009 年和 2014 年先后出台了《关于基本医疗保险异地就医结算服务工作的意见》和《关于进一步做好基本医疗保险异地就医医疗费用结算工作的指导意见》，对城镇基本医疗保险参保人员异地就医管理的思路、目标及市内、省内和跨省异地就医管理等方面作了详细规范。国家卫计委于 2013 年发布了《国家新型农村合作医疗信息平台联通技术方案（试行）》。2015 年，全国绝大多数地区实现了"新农合"参保人员省内异地就医的即时结算。

在流动人口社会救助方面，主要是通过临时救助制度对生活无着的流浪、乞讨人员提供临时食宿、急病救治、协助返回等救助。对于其他流动人群，部分地区对于部分符合条件的流动人口提供临时救助或医疗救助。比如，广东省、广东省广州市、福建省厦门市、吉林省长春市和江苏省南京市等地，对持有本市居住证并且符合一定条件的人口提供医疗救助。

二、城乡困难群体健康政策分析

（一）中国医疗保障政策宏观数据分析

1. 中国个人自付医疗费用负担重

卫生筹资能力可以用卫生总费用占国内生产总值（GDP）的比重来衡量。经济合作与发展组织统计数据库显示，2012 年，34 个经济合作与发展组织国家卫生总费用占 GDP 的比重平均值为 9.80%。其中，公共的卫生支出占 GDP 的比重平均值为 6.43%。同年，中国卫生总费用占 GDP 的比重仅为 5.39%。

表 5—7 显示，1990 年以来，中国个人现金卫生支出占卫生总费用的比重先上升后下降。2016 年《中国统计年鉴》显示，2013—2015 年，现金卫生支出占比分别为 33.88%、31.99% 和 29.27%。根据国家卫生计划生育委卫生发展研究中心卫生费用核算小组基于与经济合作与发展组织国家相同统计口径的计算结果，1995 年、2000 年、2010 年和 2014 年，中国现金卫生支出占比分别为 50.5%、61.7%、45.7% 和 44.2%[①]。上述两组数据均表明，新医改以来，中国现金卫生支出占比下降不明显，并且中国现金卫生支出占比（即个人医疗费用负担）远高于经济合作与发展组织国家（见表 5—7）。

表 5—7　历年中国卫生总费用筹资来源测算结果（单位：亿元，%）

指标	1990 年	2000 年	2010 年	2011 年	2012 年
卫生总费用	747.39	4586.63	19980.39	24345.91	28119.00

---

① 《2015 年中国卫生总费用简明资料》，2015 年 3 月。

（续表）

指标	1990 年	2000 年	2010 年	2011 年	2012 年
一、政府卫生支出占比	25.06	15.47	28.69	30.66	29.99
二、社会卫生支出占比	39.22	25.55	36.02	34.57	35.67
（一）社会医疗保障支出占比	33.29	17.73	23.18	23.59	24.50
（二）商业健康保险费占比	0.00	0.61	3.39	2.84	3.07
（三）社会捐赠援助占比	0.00	0.00	0.04	0.11	0.12
三、个人现金卫生支出占比	35.73	58.98	35.29	34.77	34.34
卫生总费用占 GDP 的比重	4.00	4.62	4.98	5.15	5.41

资料来源：张毓辉、万泉、翟铁民、王从从、郭锋、魏强、柴培培、王秀峰、赵郁馨：《2012 年中国卫生总费用核算结果与分析》，《中国卫生经济》2014 年第 2 期。

2. 中国基本医疗保险实际报销比例低

从实际报销比例来看，中国基本医疗保险制度实际报销比例较低。目前，中国"新农合"筹资能力与城镇居民医疗保险相当，但是其"三个目录"小于城镇基本医疗保险"三个目录"，"新农合"实际报销比例接近于城镇居民基本医疗保险。因此，总体看，中国城乡居民住院实际报销比例偏低，且新医改以来，住院实际报销比例并无大幅度提升。由于基本医疗保险以保大病/保住院为主。这意味中国城乡居民全部医疗费用（包括住院、门诊和零售药店购药等）的实际报销比例要远低于住院实际报销比例。

表 5—8　中国各类医疗保险制度住院实际报销比例（%）

年份	城镇职工基本医疗保险	城镇居民基本医疗保险
2009	71.0	47.7
2010	71.0	50.0
2011	73.0	53.0

（续表）

年份	城镇职工基本医疗保险	城镇居民基本医疗保险
2012	73.0	54.7
2013	73.2	56.9
2014	73.2	57.0
2015	72.8	55.0

资料来源：人力资源社会保障部历年《医疗生育保险运行分析报告》。

备注：实际报销比例是指基本医疗保险参保人员通过基本医疗保险统筹基金报销的金额占医疗费用总支出的比重。

3. 中国医疗救助制度保障力度有限

表5—9显示了2008—2015年中国医疗救助制度基本情况。总体看，我国医疗救助制度筹资能力有限。2015年，医疗救助资金总支出仅占当年卫生总费用（40974.64亿元）的0.81%。由于救助资金有限，同时救助人次过多，导致人均救助金额极低，从而无法有效化解城乡困难群众高额医疗支出风险。

就重特大疾病医疗救助而言，根据民政部《2013年城乡医疗救助工作进展情况》，2013年医疗救助资金支出总额中，常规医疗救助支出167.93亿元，占65%；资助参保参合52亿元，占20%；重特大疾病支出37.68亿元，仅占15%。2013年，重特大疾病医疗救助支出37.68亿元，救助156.2万人次，人均支出仅2412.29元。其中，门诊救助支出3.7亿元，救助81.8万人次，人均支出仅452元；住院救助支出33.98亿元，救助74.4万人次，人均支出仅4567元。我们可以推断，重特大疾病医疗救助制度对于缓解城乡困难群体疾病经济风险的效果相当有限。

表5—9　2008—2015年民政部门医疗救助支出和救助人次情况

年份	医疗救助 总支出 （亿元）	救助 总人次 （万人）	资助参保 参合支出 （亿元）	资助参保 参合人次 （万人）	人均资助 参保金额 （元）	人均大病救助/ 直接救助金额 （元）
2008	68.0	9353.1	11.0	4075.0	27.0	405.6
2009	105.8	11450.4	16.3	5155.0	31.6	708.5
2010	133.0	13632.5	21.6	6076.6	35.5	705.1
2011	187.6	14894.2	40.7	6375.1	63.8	685.3
2012	203.8	13928.7	37.5	5877.5	63.8	765.2
2013	257.4	8939.3	30.0	6358.8	47.2	848.9
2014	284.0	9119.0	48.4	6723.7	72.0	852.5
2015	333.1	9523.8	61.7	6634.7	93.0	819.6

资料来源：历年民政部《社会服务发展统计公报》。

备注：2010年起，大病救助改称直接救助。2013年，人均直接救助金额为住院和门诊救助金额之和除以住院和门诊救助人次之和。2013年和2014年医疗救助总支出包含了优抚对象救助支出。人均资助参保金额直接取自《社会服务发展统计公报》。

4. 中国临时救助制度救助水平极低

表5—10显示了2010—2015年中国临时救助制度救助人次和救助金额。可见，临时救助制度主要用于本地户籍人口以及支出型贫困救助。临时救助覆盖全部人群和发挥救急难的功能体现不明显。同时，临时救助制度人均救助金额不足800元，无法有效化解城乡困难群体高额的医疗费用风险。

表 5—10 临时救助基本情况（单位：万人次、亿元、元）

年份	临时救助总人次					救助金额	人均救助金额
	合计	本地户籍	非本地户籍	支出型救助	应急性救助		
2010	766.7	—	—	—	—	—	—
2011	886.9	—	—	—	—	27.90	314.58
2012	639.8	617.7	22.1	518.1	121.7	34.29	535.95
2013	698.1	681.0	17.1	620.5	77.6	47.31	677.70
2014	650.7	631.5	19.2	533.9	116.8	57.60	885.20
2015	655.4	633.5	21.9	—	—	—	—

资料来源：历年民政部《社会服务发展统计公报》《中国民政统计年鉴》。

备注："—"代表数据缺失。

（二）中国城乡困难家庭调查数据分析

1. 中国城乡困难家庭健康相关情况

2016 年《中国统计年鉴》数据显示，2015 年全国城镇居民人均收入 31194.8 元，人均支出 21392.4 元。全国农村居民人均收入 11421.7 元，人均支出 9222.6 元。2010 年第二次全国残疾人抽样调查结果显示，全国残疾人 8502 万人，当年全国人口 134091 万人，残疾人占 6.34%。2016 年《中国卫生和计划生育统计年鉴》数据显示，2013 年全国慢性病患病率 22.72%。

表 5—11 的数据显示了 2016 年"中国城乡困难家庭社会政策支持系统建设"项目调查结果。对比全国数据可以发现，我国城乡困难群体家庭人均收入和人均支出偏低，人均储蓄过低，人均负债过高。城乡困难群体家庭成员中，残疾人占比、慢性病患者占比和大病患者

占比远高于全国平均水平。不过，2016 年《中国统计年鉴》显示，我国总抚养占比为 37.0%。而城乡困难群体家庭中，只有农村总抚养占比高于全国平均水平。不过，总抚养占比并不能很好地反映家庭实际负担情况。

表 5—11　我国城乡困难家庭基本情况

家庭基本情况	城市困难家庭		农村困难家庭		流动低收入家庭	
	观测值	均值	观测值	均值	观测值	均值
家庭规模	4242	2.99	2952	3.18	1878	3.52
家庭总抚养占比(%)	4242	31.17	2952	40.62	1878	25.33
家庭人均收入(元)	4242	9065.90	2952	4812.99	1878	17694.21
家庭人均支出(元)	4242	16156.55	2952	13227.57	1878	20425.27
家庭人均储蓄(元)	4161	1997.82	2910	525.25	1735	7365.70
家庭人均负债(元)	4198	10223.68	2911	8891.42	1853	7858.01
家庭 2015 年新增负债(元)	1788	7056.46	1496	5476.01	585	8416.32
家庭中健康较差或很差的人占比(%)	4242	43.04	2952	46.53	1878	12.69
家庭残疾人占比(%)	4242	18.06	2952	16.72	1878	4.13
家庭慢性病患者占比(%)	4242	31.80	2952	32.98	1878	12.16
家庭大病患者占比(%)	4242	11.86	2952	10.40	1878	3.53
家庭生活不能自理成员占比(%)	4242	14.16	2952	14.41	1878	4.72

资料来源：2016 年"中国城乡困难家庭社会政策支持系统建设"项目。表 5—11 至表 5—21 资料来源相同。

2. 中国城乡困难家庭健康需求情况

表5—12的数据显示了2016年我国城乡困难家庭面临的医疗相关困难情况。可见，2016年，各类困难群体面临的主要困难均是医疗、疾病相关困难，尤其是疾病负担过重。2015年，各类困难群体绝大部分均未遇到突发性或临时性困难。但是，在遇到困难的农村困难群体家庭中，家庭成员突发重大疾病仍是最主要的原因。城市困难家庭和低收入流动人群首要困难则是短期失业，其次是家庭成员突发重大疾病（见表5—13）。

表5—12 2016年我国城乡困难家庭面临的困难（%）

当前面临的 主要困难	城市困难家庭		农村困难家庭		流动低收入家庭	
	观测值	均值	观测值	均值	观测值	均值
家庭主要劳动力 没有工作	4242	48.51	2952	49.42	1878	26.36
家庭主要成员 没有劳动能力	4242	50.99	2952	55.25	1878	15.65
家庭最主要收入者 被长期拖欠工资	4242	4.20	2952	5.28	1878	6.18
家庭成员 疾病负担重	4242	62.99	2952	64.53	1878	26.04
家庭成员需要 长期照料	4242	38.45	2952	40.14	1878	16.08
子女教育负担 难以承受	4242	31.52	2952	27.37	1878	28.91
家庭成员发生 意外事故	4242	5.47	2952	7.38	1878	3.99
家庭财产遭受 重大损失	4242	2.92	2952	4.91	1878	3.89

（续表）

当前面临的主要困难	城市困难家庭		农村困难家庭		流动低收入家庭	
	观测值	均值	观测值	均值	观测值	均值
住房条件差，建/买不起房	4242	40.45	2952	45.22	1878	49.73
赡养老人负担重	4242	22.96	2952	22.56	1878	24.33
没有困难	4242	6.15	2952	4.81	1878	22.52

表5—13　2015年我国城乡困难家庭面临的临时或突发性困难（%）

突发困难	城市困难家庭		农村困难家庭		流动低收入家庭	
	观测值	均值	观测值	均值	观测值	均值
自然灾害导致的临时性困难	4242	3.02	2952	11.28	1878	3.35
交通事故等意外事故	4242	3.42	2952	4.00	1878	2.24
家庭成员突发重大疾病	4242	18.98	2952	20.16	1878	8.63
短期失业	4242	20.01	2952	14.26	1878	18.42
没有	4242	58.37	2952	57.25	1878	69.33

　　在借债原因中，我国城乡各类困难家庭借债最主要的原因是看病。其次是教育和住房支出（见表5—14）。这意味我国城乡困难家庭对医疗保障制度的需求极高。而在我国城乡困难家庭当前需要的帮助中，减免医疗费用也是城乡各类困难家庭最需要的帮助。其次才是直接提供生活金或生活品以及就业和子女教育等问题（见表5—15）。

表 5—14　2015 年我国城乡困难家庭借债原因（%）

借债主要原因	城市困难家庭		农村困难家庭		流动低收入家庭	
	观测值	均值	观测值	均值	观测值	均值
看病	1116	62.42	935	62.50	186	31.79
孩子上学	231	12.92	154	10.29	68	11.62
日常生活需要	105	5.87	78	5.21	38	6.50
经营需要	30	1.68	30	2.01	64	10.94
买房、租房或修建房	181	10.12	190	12.7	168	28.72
婚丧嫁娶	45	2.52	51	3.41	15	2.56
意外事故	17	0.95	16	1.07	14	2.39
重大自然灾害	2	0.11	2	0.13	1	0.17
其他	61	3.41	40	2.67	31	5.30
合计	1788	100.00	1496	100.00	585	100.00

表 5—15　我国城乡困难家庭目前需要的帮助（%）

目前需要的帮助	城市困难家庭		农村困难家庭		流动低收入家庭	
	观测值	均值	观测值	均值	观测值	均值
直接提供生活金或生活品	4242	64.31	2952	71.78	1878	33.87
帮助家里劳动力找份工作	4242	31.59	2952	35.26	1878	27.00
提供技能培训、指点致富门路	4242	21.17	2952	26.05	1878	30.56
提供低息贷款或生产资金	4242	14.05	2952	20.90	1878	20.66
资助子女完成学业	4242	32.23	2952	31.10	1878	34.29
减免医疗费	4242	70.91	2952	75.47	1878	47.28
帮助修建住房	4242	32.39	2952	45.19	1878	28.59
结对帮扶	4242	29.66	2952	32.05	1878	14.96

　　《2013 年第五次国家卫生服务调查分析报告》数据显示，2013 年全国城乡居民在基层医疗卫生机构（含社区卫生服务中心/站、卫生院、村卫生室和诊所等）就医的比例为 81.0%，其中城市为 69.0%，农村为 93.0%，在医院就医的比例分别为 19.0%、31.0%和 7.0%。而城乡困难群体家庭绝大部分首选到药店买药或不治疗，其次是去基层医疗机构就医（见表 5—16）。如果仅仅考虑去私人诊所或社区/村卫生服务站、街道医院（乡镇卫生院）、县/区级医院和市级以上医院，那么城市困难群体家庭、农村困难群体家庭和流动低收入人口在基层医疗机构就医的比例分别为 80.36%、89.46%和 76.21%，在医院就医的比例分别为 19.64%、10.54%和 23.79%。这意味城市困难群体家庭要比城市普通家庭更愿意在基层医疗机构就医，而农村困难群体家庭和流动低收入人口则比普通人群更愿意在医院就医。

表 5—16　我国城乡困难群体家庭成员就医流向

家庭成员就医流向	城市困难家庭		农村困难家庭		流动低收入家庭	
	观测值	均值	观测值	均值	观测值	均值
拒绝回答/不知道	3	0.03	6	0.10	27	0.61
到药店买药	3737	41.43	1622	26.03	1858	41.87
去私人诊所或社区/村卫生服务站	3051	33.83	3197	51.30	1259	28.37
去街道医院（乡镇卫生院）	1074	11.91	817	13.11	631	14.22
去县、区级医院	620	6.87	338	5.42	336	7.57
去市级以上医院	388	4.30	135	2.17	254	5.72
不治疗	146	1.62	117	1.88	73	1.64
合计	9019	100.00	6232	100.00	4438	100.00

3. 城乡困难群体家庭医疗保障制度供给情况

表5—17显示了我国城乡困难家庭医疗支出和医疗保障情况。2016年《中国统计年鉴》数据显示，2015年全国城镇居民人均医疗保障消费1443.4元，农村居民人均医疗保障消费846.0元。城镇居民人均医疗保障消费占家庭收入和家庭支出的比重分别为4.63%和6.75%。而农村居民人均医疗保障消费占比则分别为7.41%和9.17%。2015年，我国基本医疗保险参保率超过95%。民政部《2015年社会服务发展统计公报》显示，当年资助参保参合6634.7万人，直接医疗救助2889.1万人，分别相当于当年全国总人口（137462万人）的4.83%和2.10%。

对比表5—17，可以发现，我国城乡困难家庭医疗支出和自付费用以及家庭医疗支出和自付费用占家庭收入和家庭支出的比重远超过普通人群。同时，家庭医疗保险参保参合率远低于普通人群。当然，这很可能是因为城乡困难群体家庭受访人不知道民政部门已经替受访人家庭缴纳了医疗保险费。尽管城乡困难家庭获得医疗救助的比重远高于普通人群，但是实际报销比例仍偏低。其结果是，城市困难家庭和农村困难家庭认为家庭医疗费较重或很重的家庭占比超过50%。

表5—17 我国城乡困难家庭医疗支出和医疗保障情况

变量名称	城市困难家庭		农村困难家庭		流动低收入家庭	
	观测值	均值	观测值	均值	观测值	均值
家庭人均医疗总费用(元)	3056	8831.94	2080	6531.66	—	—
家庭人均自付医疗费用(元)	4181	5867.26	2889	5017.51	1856	7542.25
自付医疗费用占家庭收入的比重(%)	3943	279.82	2732	272.82	—	—

（续表）

变量名称	城市困难家庭		农村困难家庭		流动低收入家庭	
	观测值	均值	观测值	均值	观测值	均值
自付医疗费用占家庭支出的比重(%)	4177	25.87	2878	29.96	—	—
家庭医疗保险参保率(%)	4242	62.24	2952	67.46	1878	51.84
家庭医疗保障总体报销比例(%)	2889	20.94	1969	19.49	810	47.95
家庭医疗保险报销比例(%)	2889	15.37	1969	14.58	—	—
家庭医疗救助报销比例(%)	2889	5.58	1969	4.91	—	—
认为医疗负担较重或很重的家庭占比(%)	4239	53.53	2949	57.41	1869	28.30
接受过医疗救助的家庭占比(%)	4242	24.02	2952	20.87	—	—
接受过重特大医疗救助的家庭占比(%)	4242	6.01	2952	3.69	1878	1.76

备注：城市困难家庭和农村困难家庭家庭人均医疗总费用＝（家庭收支状况中的医疗支出＋家庭医疗救助报销＋家庭医疗保险报销）/家庭规模。家庭自付医疗费用为家庭收支状况中的医疗支出。医疗保险参保率为全体调查对象中参保总人数/调查总人数。家庭医疗保障总体报销比例＝（家庭医疗救助报销＋家庭医疗保险报销）/家庭医疗总费用。

表5—18进一步分析了我国城乡困难家庭看病的经济负担。结果显示，只有极少城乡困难家庭认为看病的经济负担压力较轻或很轻。这表

明，我国医疗保障制度对城乡困难家庭医疗费用负担的保障力度有限。
尽管如此，在扣除不适用或拒绝回答样本后，我国城乡困难家庭对医疗
保险制度的满意度较高（见表5—19），认为医疗救助对被救助家庭的
作用很大或作用较大的占比较高（见表5—20）。

表5—18 2015年我国城乡困难家庭看病的经济负担

看病的经济负担	城市困难家庭		农村困难家庭		流动低收入家庭	
	观测值	均值	观测值	均值	观测值	均值
拒绝回答	3	0.07	5	0.17	9	0.48
非常重	1285	30.29	985	33.37	222	11.82
较重	984	23.20	724	24.53	307	16.35
一般	1509	35.57	913	30.93	821	43.72
较轻	247	5.82	195	6.61	275	14.64
很轻	214	5.04	130	4.40	244	12.99
合计	4242	100.00	2952	100.00	1878	100.00

表5—19 我国城乡困难家庭对医疗保险制度的满意度

对医疗保险制度的满意度	城市困难家庭		农村困难家庭		流动低收入家庭	
	观测值	均值	观测值	均值	观测值	均值
不适用	1155	27.22	826	27.98	704	37.49
不知道	22	0.52	2	0.07	5	0.27
非常高	1001	23.6	823	27.88	199	10.6
比较高	679	16.01	496	16.8	263	14.00
一般	1081	25.48	674	22.83	551	29.34
比较低	177	4.17	86	2.91	88	4.69
非常低	127	2.99	45	1.52	68	3.62
合计	4242	100.00	2952	100.00	1878	100.00

表 5—20　医疗救助对被救助家庭的作用

医疗救助作用	城市困难家庭		农村困难家庭		流动低收入家庭	
	观测值	均值	观测值	均值	观测值	均值
不适用/拒绝回答	3228	76.12	2336	79.13	51	2.71
很大	561	13.22	322	10.91	734	39.08
较大	208	4.90	126	4.27	375	19.97
一般	167	3.94	122	4.13	510	27.16
较小	65	1.53	35	1.19	96	5.11
无作用	13	0.28	11	0.37	112	5.96
合计	4242	100.00	2952	100.00	1878	100.00

表 5—21 显示了我国城乡困难家庭获得重特大疾病医疗救助的条件。结果显示，约 95% 的城乡困难家庭未能获得重特大疾病医疗救助；我国重特大疾病医疗救助仍以病种限制为主。

表 5—21　我国城乡困难家庭什么情况下得到的重特大疾病医疗救助

什么情况下得到重特大疾病医疗救助	城市困难家庭		农村困难家庭		流动低收入家庭	
	观测值	均值	观测值	均值	观测值	均值
不适用	3987	93.99	2843	96.31	1830	97.45
不知道	2	0.05	29	0.98	5	0.27
所患疾病在医疗救助病种目录内	133	3.14	40	1.36	35	1.86
虽不在目录内但花费过高	40	0.94	31	1.05	10	0.53
持有"低保"证	80	1.89	9	0.30	3	0.16
合计	4242	100.00	2952	100.00	1878	100.00

（三）城乡困难群体健康政策总结

总体而言，从宏观层面看，我国公共医疗保障制度筹资能力有限，个人自付医疗费用占比过高，个人负担过重。我国公共医疗保障制度对城乡困难家庭的倾斜力度不足，保障水平有限。2016 年"中国城乡困难家庭社会政策支持系统建设"项目调查数据显示，城乡困难群体家庭成员中，残疾人占比、慢性病患者占比和大病患者占比远高于全国平均水平。城乡困难群体家庭人均收入和人均支出偏低，人均储蓄过低，人均负债过高。城乡困难家庭医疗支出和自付费用以及家庭医疗支出和自付费用占家庭收入和家庭支出的比重远超过普通人群。

目前，城乡困难群体面临的主要困难是医疗、疾病等。城乡各类困难家庭借债最主要的原因是为看病。城乡困难家庭当前需要的帮助中，减免医疗费用是第一需要。但是，在医疗保障制度供给上，城乡困难家庭医疗保险参保率远低于普通人群（可能是受访人并不清楚他们已经由民政部门代缴保费参保）。尽管城乡困难家庭获得医疗救助的比重远高于普通人群，但是医疗救助的实际报销比例仍偏低。城市困难家庭和农村困难家庭认为家庭医疗费较重或很重的占比均超过50%。然而，令人奇怪的是，我国城乡困难家庭对医疗保险制度的满意度较高，认为（重特大疾病）医疗救助制度对被救助家庭的作用很大或较大的比重较高。

三、城乡困难群体健康政策改革建议

（一）提高公共医疗保障制度筹资能力

发达国家公共医疗保障制度可以分为两大类型。

（1）单一型。依靠单一的高保障水平的公共医疗保障制度即可有效化解居民家庭医疗费用风险，其余制度基本不发挥作用或无须发挥作用。比如英国、瑞典等国的国家卫生服务制度和德国、日本等国的社会医疗保险制度。

（2）组合型。以某一公共医疗保障制度为主，辅以其他多个公共与私人医疗保障制度共同发挥作用。比如法国与荷兰的"基本医疗保险+大病补充保险"方式、韩国的"基本医疗保险+医疗救助"方式以及美国的"老年人医疗保险+商业健康保险+医疗救助"方式等。

无论何种类型，凡是成功化解国民疾病经济风险的国家，个人现金卫生支出占比均较低。也就是说，一国之内各种风险分担机制组合的合力是其筹资总额占卫生总费用的比重较高，个人自付比例较低。灾难性卫生支出发生率是衡量一国疾病经济风险保护程度的两大指标之一[1]。1999—2000 年的英国个人现金卫生支出占比为 11%，1997 年的美国为 14%，1998 年的泰国为 35%，1999 年的韩国为 41%[2]。同期，各国灾难性卫生支出（指家庭现金卫生支出超过家庭收入的 40%的家庭）发生率分别为 0.04%、0.55%、0.80%和 1.73%[3]。

经济合作与发展组织国家现金卫生支出占卫生总费用比例的平均值为 19.6%，仅约为中国现金卫生支出占比的 1/2。经济合作与发展组织国家现金卫生支出占家庭消费的比重极低（见表 5—22）。而 2013 年中国居民医疗保障消费占现金消费支出的比重为 6.94%，是经济合作与发展组织国家平均值（2.81%）的 2.5 倍。由于家庭现金卫生支出占家庭消费的比重极低，经济合作与发展组织国家居民基本上不用担心疾病给家庭带来的经济负担。

---

① World Health Organization. World Health Report 2013：research for universal health coverage. Geneva, Switzerland：WHO, 2013, 2014：13.

② 数据来源于世界卫生组织（WHO）统计数据库。

③ Xu K, Evans D B, Kawabata K, et al. Household catastrophic health expenditure：a multicountry analysis. The lancet, 2003, 362(9378)：111–117.

表5—22　2013年经济合作与发展组织国家家庭现金卫生支出占家庭消费的比重

国家	占比（%）	国家	占比（%）	国家	占比（%）
澳大利亚	3.18	匈牙利	4.00	波兰	2.50
奥地利	2.85	冰岛	3.09	葡萄牙	3.86
比利时	2.96	爱尔兰	3.24	斯洛伐克	3.18
加拿大	2.30	以色列	2.83	斯洛文尼亚	2.01
智利	3.81	意大利	3.15	西班牙	3.36
捷克	2.11	日本	2.21	瑞典	3.37
丹麦	2.57	韩国	4.70	瑞士	4.46
爱沙尼亚	2.42	卢森堡	1.75	土耳其	1.22
芬兰	2.92	墨西哥	4.03	英国	1.36
法国	1.35	荷兰	1.32	美国	2.63
德国	1.83	新西兰	2.17	OECD国家	2.81
希腊	4.08	挪威	2.79		

资料来源：Indicators OECD. Health at a Glance 2015, 2015.

备注：韩国、瑞士、爱尔兰、澳大利亚、日本和卢森堡数据为2012年的。以色列数据为2011年的。

表5—23的数据解释了为何发达国家居民家庭现金医疗支出占家庭消费比重较低。

表5—23　2011年欧盟国家住院和药品支出中公共医疗保障实际报销比例

国家	住院报销比例（%）	药品报销比例（%）	国家	住院报销比例（%）	药品报销比例（%）
奥地利	85.1	67.6	拉脱维亚	77.9	40.8
比利时	81.0	56.8	立陶宛	96.3	34.3

（续表）

国家	住院报销比例（%）	药品报销比例（%）	国家	住院报销比例（%）	药品报销比例（%）
捷克	96.9	62.5	马耳他	—	25.4
丹麦	93.8	49.2	荷兰	98.7	78.4
爱沙尼亚	93.0	48.5	波兰	94.7	39.4
芬兰	87.4	55.9	葡萄牙	—	55.1
法国	93.0	68.0	斯洛伐克	95.1	69.4
德国	83.9	75.6	斯洛文尼亚	90.5	55.9
希腊	78.7	74.0	西班牙	86.0	71.0
匈牙利	87.9	49.0	瑞典	98.3	58.3
爱尔兰	—	78.0	欧洲地区	86.7	48.5
意大利	92.5	45.3	欧盟成员国	90.4	65.2

资料来源：Health for all database。

备注：HFA-DB 未提供门诊报销数据。

尽管中国卫生总费用占 GDP 的比重已经高达 5.98%。但是，公共医疗保障制度占比并不高。为此，下一步要提升公共医疗保障制度筹资占比，应采取如下措施：（1）逐步淡化城镇职工医疗保险个人账户直至取消个人账户，将个人账户资金纳入社会统筹，从而解决个人账户资金大量沉淀，而基本医疗保险保障水平不高的问题；（2）降低企业缴费负担，提高个人缴费比例，职工医疗保险缴费由企业和个人对半分担；（3）逐步实行退休老人以个人养老金为基数缴纳城镇职工医疗保险费，实行有收入者缴纳医疗保险费；（4）建立可持续的居民参保缴费机制，逐步提高居民个人缴费水平等。

目前我国医疗救助资金筹资能力过于薄弱，完全无法满足需求。为此，可以考虑两种改革思路：一是维持现行制度不变。但医疗救助制度应采取如下措施：（1）提高财政拨款力度，尤其是加大中央转移支付力度，在此基础上，实行常住人口救助；（2）拓宽医疗救助筹资渠道，鼓励社会捐赠。将医疗救助制度交由医疗保险主管部门管理。社会救助部门主要负责医疗救助人员认定，具体待遇和支付则由医疗保险主管部门负责。

（二）优化公共健康保障制度设计

尽管发达国家公共医疗保障制度待遇水平较高，但是患者仍然要承担一定的自付费用。患者承担部分费用的目的，在于防止完全免费时患者过度利用的道德风险。

表5—24　32个经济合作与发展组织国家的患者共付费用减免政策

国家	慢性病或残疾人	低收入者	领取社会福利者	老年人	儿童	孕妇	共付豁免人群占总人口的比重(%)
澳大利亚	有	有		有	有	有	
奥地利		有		有			11
比利时	有	有			有		14
加拿大		有					
智利	有	有		有			
捷克			有		有	有	15
丹麦	有			有	有		
芬兰	有				有	有	24
法国	有	有	有			有	18
德国					有		
希腊	有	有		有	有	有	

（续表）

国家	慢性病或残疾人	低收入者	领取社会福利者	老年人	儿童	孕妇	共付豁免人群占总人口的比重(%)
匈牙利	有						
冰岛	有			有	有		37
爱尔兰	有	有			有	有	30
以色列	有	有	有		有		
意大利	有	有	有	有	有		
日本	有	有	有	有	有		
韩国	有	有			有		
卢森堡	有	有			有	有	
墨西哥		有	有				
荷兰	有				有		11
新西兰		有			有		
挪威	有			有	有	有	20
波兰	有				有		
葡萄牙	有	有		有	有	有	55
斯洛伐克	有						30
斯洛文尼亚	有	有	有		有	有	
西班牙	有		有				24
瑞典	有				有		
瑞士					有	有	1
英国	有	有			有	有	62
美国		有					
合计(个)	25	19	8	11	23	15	

资料来源：经济合作与发展组织统计数据库。

备注：空白表示缺乏数据。

表5—25　欧盟部分国家保费减免方式

国家	方式
德国	低收入群体免除个人缴费部分；联邦政府资助学生和艺术家一半的保险费用
法国	资助低收入群体参保
荷兰	资助低收入群体参保（低收入者、学生、有抚养人家庭）
捷克	资助低收入群体参保（领取抚恤金或退休金者、儿童和26岁以下不能自理者、学生、产假期间的妇女、穷人、囚犯及领取救助者、失业者）
卢森堡	免除低收入群体缴费
斯洛伐克	免除弱势、低收入群体的保险缴费（称为VIPO类，如寡妇、孤儿、残障人士、退休人员、低收入者和其他弱势群体）
匈牙利	免除特定群体参保（领取养老金者、孕期妇女、军人、低收入群体）

资料来源：*Health System in Transition* 系列丛书。

备注：这里指的自付比例是医疗服务和康复护理的自付比例；卢森堡是2005年数据，其他国家是2006年数据。

总体看，发达国家降低自付费用的策略是，为国民提供高保障水平（个人现金自付比重低于20%）的基本医疗保障制度，并通过自付费用封顶、降低共付费用、豁免社会弱势群体共付费用以及保费减免等措施来降低国民自付费用负担。此外，发达国家还通过税收优惠等措施鼓励国民购买商业健康保险，提升保障水平。

对比中外公共医疗保障制度设计，可以发现虽然中国与世界发达国家的发展水平不同、国情不同，但在公共医疗保障制度设计上我们也有自己的问题。为此建议采取如下措施：（1）取消个人账户，实行门诊统筹，大小病统包。（2）以常住人口为参保对象，取消户籍限制，实行全体常住人口基本医疗保险待遇一致。（3）提高疾病保障水平，实行个人支付封顶。（4）建立豁免特殊人群医疗费用的机制，医疗保险起付线、报销比例和个人支付封顶线等向老年人、儿童、残疾人等特殊人群倾斜。

建议医疗救助制度采取如下措施：（1）加强对疾病医疗救助力度，着力解决恶性事件，而非聚焦于普通小额门诊。（2）逐步由聚焦于"低保"和特困供养人员（即社会救助制度的捆绑问题）走向聚焦于因病支出贫困。（3）取消重特大疾病病种限制，实行按费用救助。

将专项救助（比如医疗救助）与"低保"和特困供养人员脱钩并不是十分困难。比如，在现行制度设计下，主要是"低保"和特困供养人员享受医疗救助制度。而未来脱钩后，医疗救助制度可以设计一定的条件（比如有收入和资产限制），同时，只要自付医疗支出超过家庭收入（也可以是其他限制性条件）的家庭均可以申请医疗救助。无论申请人是否为"低保"和特困供养人员，只要符合上述条件即可享受医疗救助。

（三）控制医疗费用快速上涨

卫生费用控制的宏观政策可以包括：（1）工资控制常用于控制公共整合制度的国家中的住院和门诊部门的医务人员的工资。不过，在这些国家，其他的公共部门的工资也往往同时被控制，而不只是针对健康部门的员工。（2）价格控制被广泛运用，尤其是在那些政府通过行政手段设定价格或者忽视健康照顾购买者和提供者之间约定价格的地区。许多国家要么直接设定价格，要么价格被设定为自动调整以抵消过量滥用，来防止支出超过固定的预算上限。（3）许多国家通过限制医学生进入医学院来降低新增医生数量，部分国家还限制辅助员工供给。（4）医院供给政策鼓励缩减人均床位数，在大医院只集中于急救照顾，以获得规模经济和范围经济。（5）预算封顶或者控制是被广泛使用的工具，但其对住院部门支出比对门诊照顾和药品更加成功。（6）成本分担在20世纪90年代非常普遍，其主要影响药品支出，对患者对住院和门诊支出的影响要小得多。

在微观层次改善成本效率方面则包括：在门诊部门加强初级医疗保健服务，主要是加强全科医生的"守门人"角色，如英国、新西兰、挪威、美国和法国等国。在住院部门的改革则主要关注购买者和提供者在公共整合体系（一般为 NHS 制度）中的分离。健康照顾的购买者/基金持有者对预算当局的成本控制负责，并对患者医疗照顾的可及性和质量负责。许多公共整合体系的国家现在转向了这一方向，如澳大利亚、英国、新西兰、意大利、葡萄牙和希腊。

新医改以来，我国医疗费用快速上涨，导致民众医疗负担沉重，医疗保险基金和医疗救助基金收支平衡压力极大。未来应通过多种渠道控制医疗费用快速上涨。这就要求全面落实《纲要》要求，从健康生活、健康服务、健康保障、健康环境和健康产业等多个方面入手，控制医疗费用快速增长。

首先医疗救助制度现阶段仍处于事后补偿阶段，且补偿金额少、服务人力有限，应依托医疗保险制度实行费用控制。为此，医疗救助制度应加强医疗保险制度衔接，统一由医疗保险制度实施一整套支付方式改革，通过智能审核信息系统，加强对医疗服务供方行为的监督。

医疗保险支付方式改革是最为重要的政策工具。医疗保险支付方式改革应该致力于控制医疗总费用。要控制医疗总费用，需要实行全部门控制，否则将会出现费用转嫁，如将住院服务向门诊服务、医保病人向非医保病人、医保项目向非医保项目、本地病人向外地病人等转嫁医疗费用。我国医院同时提供门诊和住院服务，因此，在现有医疗保险制度保障项目下，实施医疗保险支付方式改革将导致医院将医疗费用由住院服务向门诊服务转嫁以及医保项目向非医保项目转嫁。

为此，医疗保险制度应该由保大病为主改为大小病统包，大小病统包也是落实按人头付费和控制医疗总费用的必由之路。目前，我国三大医疗保险尚未落实属地参保原则，以致存在大量无医疗保险人群、有保险无报销人群和重复参保人群，前两类人群实际上属于非医保病人。我国还存在大量异地就医人群。有研究者指出，"新农合"支付方式改革多在县、乡两级医疗机构开展，县外医疗机构费用控制成为盲区①。要防止医疗费用由医保病人向非医保病人转嫁和由本地病人向外地病人转嫁，必须落实属地参保和控制县外就医。要控制县外就医，就应该着力提高县内医疗机构的服务水平。

（四）加强医疗保障制度衔接

目前，我国设立了多层次医疗保障体系，城乡困难群体可能需要先后经过医疗救助制度、基本医疗保险、大病保险、商业健康保险、社会互助以及慈善救助等多种制度措施的保障。而现有制度设计下，不同制度体系之间衔接补偿，阻碍了城乡困难群体及时获得医疗服务。为此，国家相关部门多次在医疗保障相关政策文件中指出，要求加强制度之间的统筹衔接。

目前，我国医疗相关的公共资金主要以市、县为统筹单位（目前正致力于推动市级统筹并建立省级调剂金制度），统筹层次过低，且同一统筹地区内还呈现部门分割的局面：卫生和计划生育委员会管理医疗机构财政补助、公共卫生经费、"新农合"基金等，人力资源和社会保障部门管理城镇职工医疗保险、城镇居民医疗保险、生育保险和工伤保险等，民政部门管理医疗救助经费，并涉及慈善救助经费等以及保监会监管大病保险制度等。这导致当前公共医疗基金没有形成合力，难以形成垄断性的医疗服务购买主体，同时，不同公共资金缺乏有效衔接。要建立有效的医疗服务购买机制和公共资金协调机制，要求医疗卫生机构收入绝大部分来自公共医疗资金，同时公共医疗资金由统一的部门管

---

① 陈小娟、陈家应：《新农合住院支付方式改革现状及问题分析》，《中国卫生政策研究》2012年第2期。

理。因此，未来我国应合并各项公共的医疗资金，建立全民医疗保险制度，暂时实行市级统筹，并由同一部门管理。

2015 年 8 月，国务院发布《关于印发促进大数据发展行动纲要的通知》，要求建立医疗健康服务大数据。具体内容包括：构建电子健康档案、电子病历数据库，建设覆盖公共卫生、医疗服务、医疗保障、药品供应、计划生育和综合管理业务的医疗健康管理和服务大数据应用体系。探索预约挂号、分级诊疗、远程医疗、检查检验结果共享、防治结合、医养结合、健康咨询等服务，优化形成规范、共享、互信的诊疗流程。未来应依托医疗健康服务大数据，加强制度衔接，促进信息分享，提高对城乡困难群体的保障力度。

第六章 城乡困难群体的教育救助政策分析

一、教育救助的概念

（一）教育救助的概念内涵

在我国，教育救助的目的主要是对困难家庭子女，在其不同的教育阶段给予一定的支持和帮助，以保障其享有受教育的基本权利。然而由于我国地区发展水平的差异，许多落后地区学校的教学场所、设备和师资都处于短缺状态，这也会影响适龄人口接受教育。要改善这些基本教学条件，仅靠当地政府很难筹措到适当的资金，所以在我国现有的条件下，教学设施的资助也被部分列入教育救助的范畴。

总之，中国的教育救助概念被表述为："国家、社会团体和个人为保障适龄人口获得接受教育的机会，从物质和资金上对贫困地区和贫困学生在不同阶段所提供的援助。"[①] 而在学术界，也有学者认为教育救助应当是针对"教育困境者"即"处于受教育的某个阶段或某种教育

---

① 肖云、赵品强：《农村低保家庭子女高等教育阶段教育救助研究——基于农村反贫困视角》，《农村经济》2010 年第 5 期。

情境时存在无法正常接受教育的劣势或障碍的受教育者"进行帮扶救助，"不仅困难家庭的学生，流动人口子女、残障学生、女性学生、少数民族地区学生，以及农村、城镇困难家庭妇女及其他在接受教育方面处于困境的成年人，都属于'教育困境者'，都应享有平等的受教育权，需要国家、社会提供给他们适当的受教育机会与条件，改善教育生活质量，保障其正常学习和健康发展"[①]。

（二）概念比较：教育救助、教育资助、教育支持以及教育扶贫

1. 教育救助与教育资助

"教育救助"与"教育资助"是两个不同的概念。前者涉及的范围较广，包括目前通常的"奖、贷、助、补、减"以及社会上的各种资助学生学业的行为；而后者属于社会救助和保障的范畴，往往特指针对困难家庭子女进行教育费用方面的补助。"教育救助作为社会救助的重要内容是一种发展性救助，更具有深刻的伦理意义。从公共事业管理的角度来说，教育救助可以是非政府组织提供。但是，无论是教育资助，还是教育救助，都需要宪法、法律、政策的文本支持。"[②]

2. 教育支持与教育扶贫

"教育支持是指一个国家或地区，根据教育事业发展的需要，投入教育领域中的人力、物力和财力的总和。"[③] 可以说，教育支持是发展

---

① 张小芳：《教育救助问题探究——基于对教育困境者的救助现状分析》，《现代教育论丛》2008 年第 11 期。

② 葛天博、潘聪：《略论教育救助的政策供给、执行偏差与多元对策》，《山西高等学校社会科学学报》2013 年第 9 期。

③ 高瑾、宋占美：《发达国家对弱势群体的教育支持及对我国的启示》，《中国成人教育》2015 年第 13 期。

教育事业的一系列技术手段和战略措施，也是促进经济和社会发展的重要因素。在这个意义上，教育救助和资助可以被看作特定地区教育支持战略的一部分。

中国教育学会会长钟秉林先生认为，"针对贫困地区的贫困人口进行教育投入和教育资助服务，使贫困人口掌握脱贫致富的知识和技能，通过提高当地人口的科学文化素质以促进当地的经济和文化发展，并最终摆脱贫困的一种扶贫方式。教育扶贫是智力扶贫的一种，公共教育资源向贫困地区倾斜，也是优化教育资源配置的重要方面。"① 换言之，教育扶贫是扶持贫困地区和家庭的教育事业，通过教育和人力资本投资使贫困人口脱贫的过程②。从概念来看，教育扶贫与教育救助都是针对困难家庭和地区教育发展的措施，而不同点在于教育扶贫更多强调"扶贫"的效果，并且其采取的内容和措施除了经济补助以外还有更为综合的就业培训等方面；而传统的教育救助概念更多还是侧重对困难家庭子女在教育花费上的经济补偿。综上所述，教育救助与教育资助、教育支持还有教育扶贫的关系可以表示如图6—1所示。

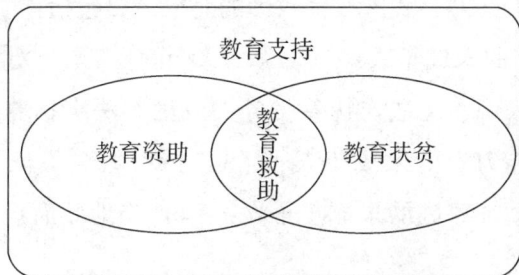

图6—1　教育救助与相关概念关系

---

① 钟慧笑：《教育扶贫是最有效、最直接的精准扶贫——访中国教育学会会长钟秉林》，《聚焦·教育扶贫》2016年第5期。

② 傅佑全：《教育扶贫是实施精准扶贫国家战略的根本保障》，《内江师范学院学报》2016年第5期。

二、教育救助政策的开展思路

（一）我国教育救助的对象

从现今的教育救助对象来看，我国大部分欠发达地区并没有明确界定需要救助的贫困生的概念，也没有明确助学金的发放标准。对贫困生的救助，各省、市、县（区）都是按自己的标准进行，基本上把需要救助的贫困生归为几类：（1）孤儿；（2）残疾儿童；（3）单亲困难家庭子女；（4）家庭成员残疾、重病造成的困难家庭子女；（5）天灾造成的困难家庭子女。在笔者调查的几个县都明确规定：国家企事业单位干部职工（含离岗）子女、有劳动能力家庭的子女以及违反《中华人民共和国婚姻法》《收养法》和计划生育等有关法律的家庭的子女都不得列入贫困生救助范围。①

根据2004年《民政部、教育部关于进一步做好城乡特殊困难未成年人教育救助工作的通知》，我国教育救助的对象主要包括：（1）持有农村"五保"供养证的未成年人；（2）属于城市"三无"对象（即无劳动能力、无生活来源、无法定抚养义务人或虽有法定抚养义务人但抚养义务人无抚养能力）的未成年人；（3）持有城乡最低生活保障证和农村特困户救助证家庭的未成年子女；（4）当地政府规定的其他需要教育救助的对象。

结合现行的教育救助体系，我们可以从供给侧和需求侧两方面对现行教育救助体系的特点加以归纳和总结。

---

① 纪国和、王传明：《关于我国贫困生教育救助问题的思考》，《教育科学研究》2008年第6期。

（二）教育救助的需求侧：依据教育层次的划分

1. 义务教育阶段

《中华人民共和国义务教育法》规定："适龄儿童、少年享有免缴学费、接受九年义务教育的权利。家庭经济困难儿童、少年就学享有酌情减免杂费和获得国家、政府给予助学金的权利。"2003年，《国务院关于进一步加强农村教育工作的决定》（国发〔2003〕19号）提出："建立健全资助家庭经济困难学生就学制度，保障农村适龄少年儿童接受义务教育的权利"，并明确要求："到2007年，争取全国农村义务教育阶段经济困难学生都能享受到'两免一补'（免杂费、免书本费、补助寄宿生生活费），努力做到不让学生因家庭经济困难而失学。"目前，我国农村地区已基本实现了九年义务教育"两免一补"。有些地方农村独生和两女结扎户的子女在接受义务教育时实行"绿卡"和"低保"户优惠政策，解决了农村"上学难"的问题；通过提高农村义务教育阶段中小学公用经费水平，建立农村中小学校舍维修改造长效机制，巩固和完善农村中小学教师工资保障机制等措施为农村贫困学生提供了良好的学习环境；青联、文化基金组织、妇委会等也开展了"手拉手"结对帮扶农村贫困学生活动。

2. 高中教育与职业教育阶段

（1）高中教育阶段

高中阶段困难家庭学生的教育救助政策较少，有"断档"现象。即使有救助，也只是救助学习成绩好的学生，一些家庭经济非常困难，但学习成绩平平的学生往往得不到救助。

（2）职业教育阶段

中国目前正在积极建立针对中等职业学校家庭经济困难学生新的资助政策体系，形成之后，可以保证所有家庭经济困难学生都能够接受职业教育。为帮助愿意继续读书的农村困难家庭学生圆读书梦，有些省份如江西省还通过发放教育"爱心券"，使学生可选择经省教育厅认定的开展扶贫助学活动的中专学校就读。持券学生被中专学校、高职院校中专部录取后，可减免学杂费。

3. 高等教育阶段

以 1995 年原国家教委《关于对普通高等学校经济困难学生减免学杂费有关事项的通知》为标志，我国基本形成了依靠政府出资的"奖、贷、勤、补、免"为一体的资助制度。其中规定特困生可享受特别困难补助。国家对部分确因经济条件所限，缴纳学费有困难的学生，特别是孤残学生、少数民族学生及烈士子女、优抚家庭子女等，实行减免学费政策。这种雪中送炭式的帮扶，极大地缓解了当地困难家庭大学生入学难的问题。

当然，针对高等教育的教育救助措施仍在不断完善。2009 年 1 月，国务院办公厅颁布了《关于加强普通高等学校毕业生就业工作的通知》，其中包括特别针对困难高校毕业生的就业援助。2006 年民政部下发的《关于做好普通高等学校困难毕业生就业工作的通知》，则要求各地民政部门高度重视高校困难毕业生救助工作，对高校毕业生因短期无法就业或就业后发生经济困难的，户籍迁入地民政部门要及时按照有关规定为其提供最低生活保障或临时救助，做到"应救尽救，应救即救"。[1] 2009 年 3 月，教育部、财政部联合发布了《高等学校毕业生学费和国家助学贷款代偿暂行办法》。部分地方政府实行了一次性补偿的救助办法，标准为 3000—5000 元不等，如北京、南京及呼和浩特等。[2]

---

[1] 吴桦：《我国教育救助制度完善探讨》，《西南农业大学学报》（社会科学版）2012 年第 5 期。

[2] 肖云、赵品强：《农村低保家庭子女高等教育阶段教育救助研究——基于农村反贫困视角》，《农村经济》2010 年第 5 期。

总之，为解决贫困学生就学问题，国家在义务教育阶段实施了"两免一补"政策，高等教育阶段也建立了以国家助学贷款为主的"奖、贷、助、补、减"和"绿色通道"等救助政策体系。但对中等职业教育阶段贫困学生救助政策才刚刚启动且覆盖面很有限，对高中阶段贫困学生尚无国家层面上的救助政策，私立高校教育救助体系尚未健全，农村学龄前教育阶段困难家庭孩子入幼儿园的救助制度也还缺失。①

（三）教育救助的供给侧：政府主体与社会参与

1. 政府部门作为主体

据相关规定，我国教育救助制度的主要内容包括：专项资金补助，即"两免一补""全部免费发放教科书、免杂费和逐步补助寄宿生生活费"、经常性补助政策、高等学校在校困难学生资助等方面的内容。这些政策制度具有一定的针对性。对教育救助的关注，表明来自中央政府的高度重视和积极应对。针对农村经济发展的不平衡，2003 年 9 月，《国务院关于进一步加强农村教育工作的决定》（国发〔2003〕19 号）中明确提出：到 2007 年，争取全国农村义务教育阶段经济困难学生都能享受到"两免一补"，努力做到不让学生因家庭经济困难而失学。2005 年 2 月，国务院办公厅转发了《财政部、教育部关于加快国家扶贫开发工作重点县"两免一补"实施步伐有关工作意见的通知》（国办发〔2005〕7 号），决定自 2005 年春季学期起，中央对国家扶贫工作重点县的农村义务教育阶段贫困生全面落实"两免一补"政策，同时全面提高中央免费教科书的标准，确保中小学 2005 年春季开学时，国家扶贫重点县困难家庭学生都能享受到免书本费和学杂费的政策，补助寄

---

① 杨文圣、刘晓静：《农村贫困家庭学生教育救助探析》，《农村经济》2010 年第 4 期。

宿生生活费的政策要在 2007 年年底以前落实到位。

结合中国的国情，教育救助服务的提供主体始终是政府部门。政府对贫困生的救助措施主要包括：1. "国家义务教育贫困生助学金"，但并不是每个县市都会受到此项目的救助。2. "免费教科书计划"，该计划是按照学生人数 15% 的贫困率下拨的，因此每个县市都从中受惠。3. 从2004 年开始，欠发达地区的各省财政对贫困生实施"两免一补"进行配套性财政补贴。并且根据《教育部、财政部、国务院扶贫开发领导小组办公室关于落实和完善中小学贫困学生助学金制度的通知》规定："各地都应设立中小学贫困学生助学金专款"。

2. 多元社会主体参与

除了政府部门之外，多元社会主体也参与到教育救助的提供服务之中。政府通过制度保障和政策引导等办法，鼓励社会各界参与教育救助的事业。

例如，2003 年 9 月 17 日，《国务院办公厅转发教育部等部门关于开展经常性助学活动意见的通知》（国办发〔2003〕77 号），希望通过动员全社会开展多种形式的经常性助学活动，充分发挥各类基金会，以及 "希望工程" "春蕾计划" "安康计划" "山区女童助学计划" 和 "西部开发助学工程" 等社会公益项目在经常性助学活动中的作用。国家明确规定：对纳税人通过非营利的社会团体和国家机关向农村义务教育的捐赠资金，可在应纳税所得额中全额扣除。经常性助学活动捐助资金资助的主要对象是处于义务教育阶段的学生，优先资助残疾学生，适当兼顾其他困难学生。

同时，许多慈善机构也有专项教育救助项目帮助贫困学生完成学业，如中华慈善总会 "烛光工程"、中国宋庆龄基金会 "未来工程"、中国教育发展基金会吉利控股集团 "资助贫困大学生完成学业" 项目及中国扶贫基金会 "慈善万人行" 等，都对困难家庭子女顺利接受完成高等教育有重要意义。[①]

三、城乡困难家庭教育救助的数据基本情况

（一）城乡困难家庭

在这一部分中，我们对农村和城市困难家庭在教育投入和救助等方面的具体情况，以及两者在这些问题上的比较和差异进行考察。该样本共有9072个观测值，其中农村困难家庭有2952个，城市困难家庭则有4242个，分别占总样本的32.54%和46.76%。

贫困家庭中的儿童是教育支持政策支援的主要群体之一。在农村及城市的困难家庭中，共有42.86%的家庭有成员处于教育阶段。其中，农村和城市困难家庭分别有1170个和1911个，占农村和城市家庭样本总数的39.67%和45.08%。城乡困难家庭是有可能需要某种形式的教育支持的家庭，因此，针对学校教育救助的分析和描述都将在这部分样本中进行。

1. 学校教育救助情况

（1）困难家庭结构

在困难家庭成员正在接受教育的这部分样本中，农村困难家庭和城市困难家庭分别平均有4.31个和3.72个成员，农村困难家庭的规模明显大于城市困难家庭。这些家庭平均有1.49个和1.28个正在接受教育的成员，农村困难家庭中正在接受教育的人数明显高于城市困难家庭。

---

① 肖云、赵品强：《农村低保家庭子女高等教育阶段教育救助研究——基于农村反贫困视角》，《农村经济》2010年第5期。

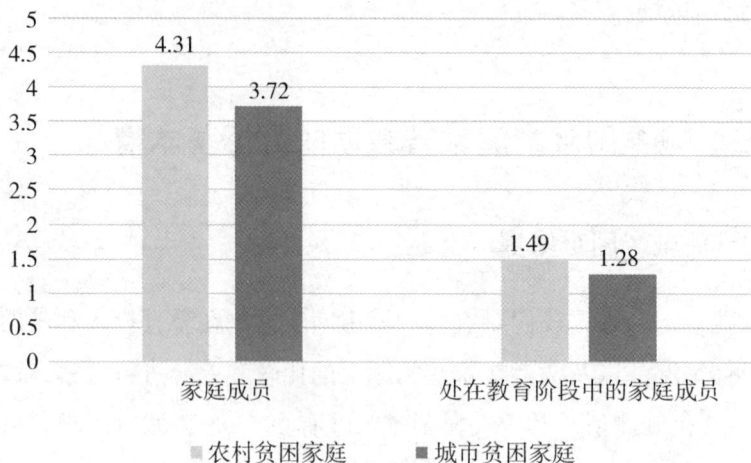

图6—2　家庭规模、城乡困难（单位：人）

（2）困难家庭收支情况

农村及城市困难家庭的支出和收入方面，2015年，有成员处在教育阶段的困难家庭平均生活消费水平为44250.09元。其中，农村困难家庭的平均生活消费为43482.61元，城市困难家庭为44719.97元。在这部分支出中，困难家庭平均的教育支出为7227.79元，农村困难家庭为7030.18元，城市困难家庭为7349.41元。在生活消费总支出和教育支出方面，城市困难家庭均略高于农村困难家庭，两者并未表现出明显的差异。城乡困难家庭的年收入平均仅有26757.95元。其中，农村明显低于城市困难家庭，分别为20922.87元和30330.44元。农村和城市困难家庭的全年总收入均达不到在当年的生活消费总支出。

虽然两者在生活消费支出和教育支出方面差异不大，但由于农村困难家庭收入明显低于城市困难家庭，因而教育方面的支出对其生活造成的负担更大。此外，在教育支出方面，农村困难家庭的支出略低于城市困难家庭，但农村困难家庭的平均接受教育的成员数量则明显高于城市困难家庭，这意味着农村困难家庭中平均每个受教育成员得到的教育投入较低。这一方面可能是由于农村和城市在生活成本、教育成本上存在

差异，另一方面可能也反映出了农村困难家庭在教育投入的意愿和能力
上略逊于城市困难家庭。

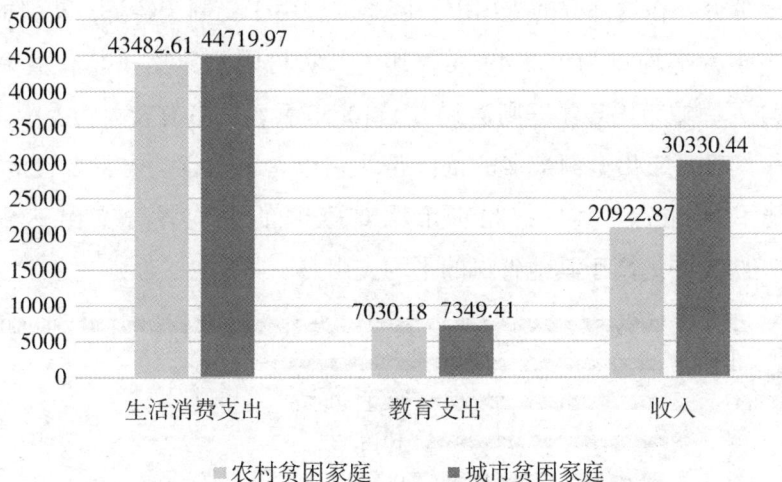

图6—3　城乡困难家庭支出与收入情况（单位：元）

（3）困难家庭教育支出情况

在全部教育支出中，平均每个困难家庭 2015 年在教育花费上支出

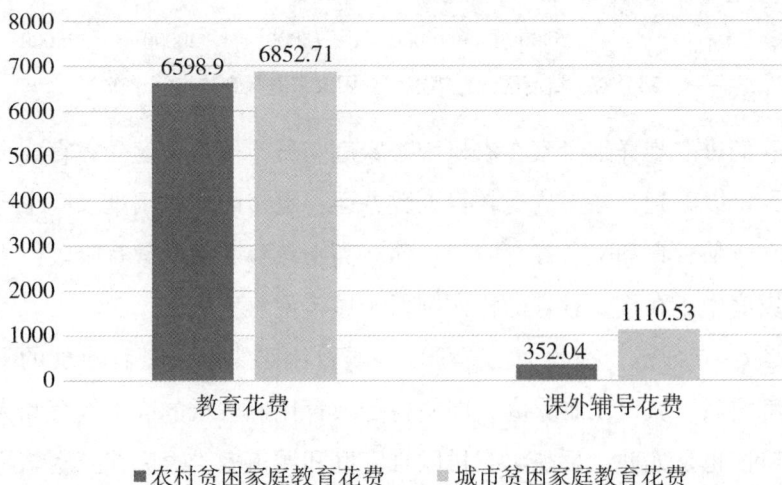

图6—4　城乡困难家庭教育支出（单位：元）

了6756.33元。其中，农村困难家庭平均6598.90元，城市困难家庭平均6852.71元。此外，在课外辅导方面的花费也越来越成为教育支出中的重要部分。在这部分的支出上，困难家庭由于受制于经济，花费的金额并不多，平均仅为822.49元。其中，农村困难家庭平均仅花费了352.04元，城市困难家庭则达到了1110.53元，两者有较大的差距。

平均教育支出金额最多的依次是北京市、山西省、内蒙古自治区、湖南省和河北省。其中，北京市困难家庭的平均教育支出达到了23666.07元，远高于其他省份的平均支出。

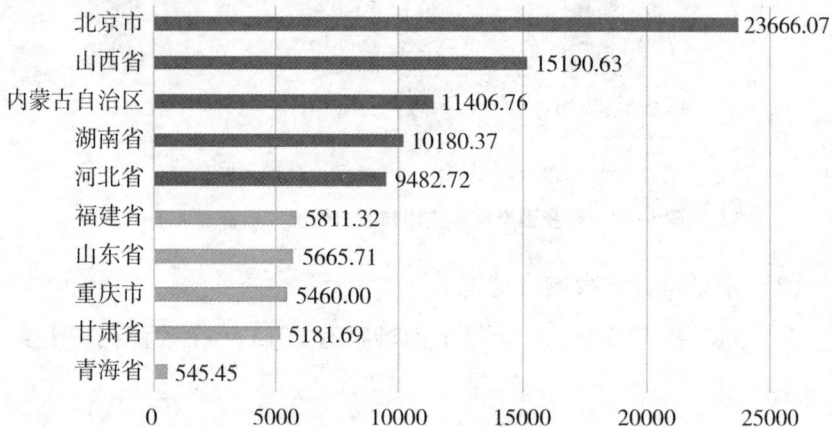

图6—5　部分省、自治区、直辖市城乡困难家庭教育支出（单位：元）

我们进一步详细考察在农村困难家庭与城市困难家庭受教育成员的情况，可以看到，在平均受教育人数方面，更多的农村困难家庭中有成员处在学前教育和义务教育阶段，而在高中教育和大学教育阶段，农村困难家庭中正在接受教育的比例则低于城市困难家庭。

图6—7显示，在各个教育阶段，农村困难家庭受教育成员的平均人数都要高于城市困难家庭。即使在受教育比例较低的高中教育和大学教育阶段也是如此，反映出农村困难家庭和城市困难家庭在家庭结构方面确实存在较大差异，农村困难家庭倾向于有更多的子女。

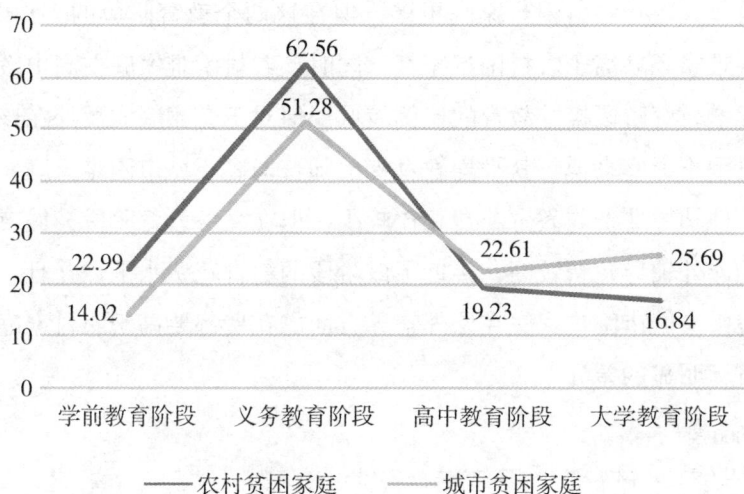

图6—6　城乡困难家庭各教育阶段占比（%）

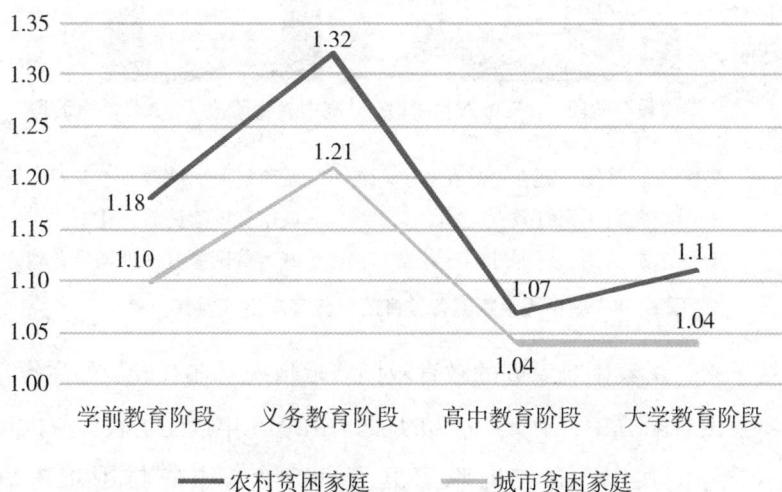

图6—7　城乡困难家庭各教育阶段的平均人数（单位：人）

在教育支出方面，总体上各教育阶段的支出水平是逐渐提高的。其中，由于义务教育阶段在学杂费等方面的补助和减免，该阶段的平均教育支出和教育花费都是最低的。此外，虽然学前教育阶段和义务教育阶段受教育人数是农村困难家庭更多，但在这两个教育阶段的支出方面，城市困难家庭略高于农村困难家庭。同时，农村困难家庭在高中教育阶段和大学教育阶段接受教育的比例较低，但对于有家庭成员处在该阶段的农村困难家庭来说，其平均教育支出却普遍高于城市困难家庭。

课外辅导花费与教育花费相比较少，但在义务教育阶段，城市困难家庭的课外辅导花费较高，接近了该阶段的教育花费水平。并且，在各个阶段中，城市困难家庭在课外辅导方面的花费都要高于农村家庭，表现出较为明显的差异。

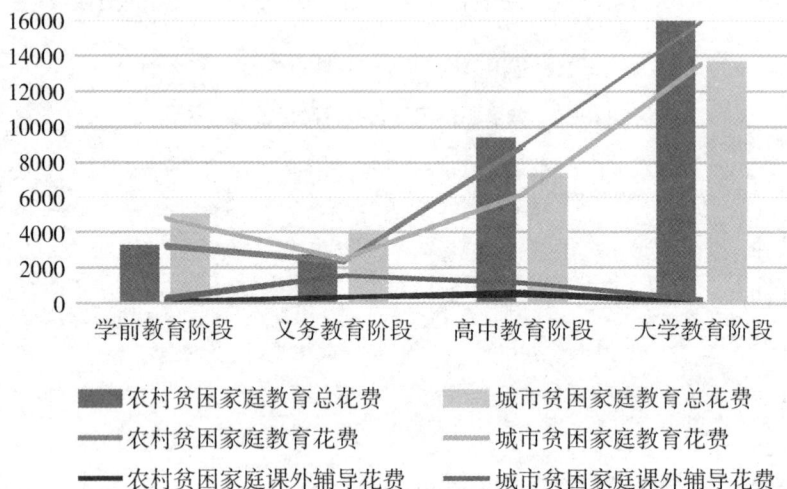

图6—8 城乡困难家庭各教育阶段教育支出（单位：元）

接下来，考察困难家庭的教育救助获取情况。在有成员处在教育阶段的城乡困难家庭中，有28.98%的家庭在2015年接受了教育救助（学费减免等）。其中，农村困难家庭有305个，占农村困难家庭的26.09%；城市困难家庭有587个，占城市困难家庭的30.75%。城市困难家庭接受教育救助的比例明显高于农村困难家庭。获得教育救助的家庭，平均得到了1874.21元的教育救助。其中，农村困难家庭平均获得1458.39元，明显低于城市困难家庭（2090.26元）。在接受教育救助的比例和金额上，农村困难家庭处在劣势，一方面可能是由于城市教育成本与农村相比更高，因而需要更多的教育救助；另一方面也可能反映出了当前教育救助政策在实施过程中的倾斜方向。

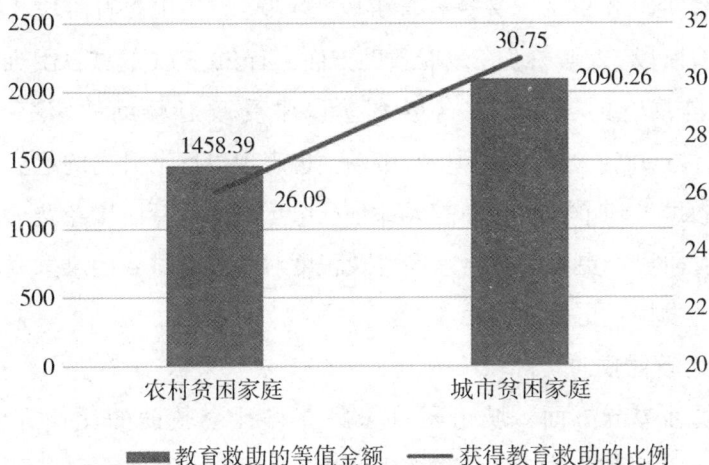

图 6—9 城乡困难家庭教育救助获取情况（单位：元,%）

政策普及程度最高的五个省市分别是重庆市、贵州省、江苏省、天津市和上海市，均超过了 35%。而最低的五个省份是江西省、山东省、河南省、吉林省和甘肃省，均不足 20%。

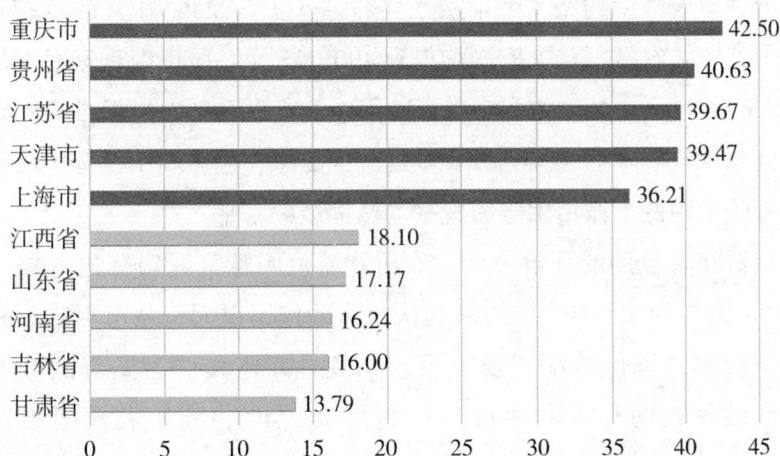

图 6—10 部分省份城乡困难家庭接受教育救助的比例（%）

在教育花费的来源方面，有 30.48% 的城乡困难家庭来自社会救助（包括学校提供的奖助学金、慈善助学、地方政府救助、学校减免或勤工俭学）。在各教育阶段，接受社会救助的家庭比例逐渐上升，分别为学前教育阶段 8.94%，义务教育阶段 21.79%，高中教育阶段 34.09%，大学教育阶段 52.47%。在政府救助方面，有 22.33% 的城乡困难家庭接受了来自政府的支持，在各教育阶段中受政府救助的家庭分别为 8.75%、14.78%、27.40% 和 35.03%，也表现出逐渐升高的趋势。来自政府的救助占到了社会救助的大部分。由于高中教育阶段花费远高于前两个教育阶段，更高的政府救助普及程度对于缓解城乡困难家庭的教育支出压力发挥了更大的作用。

（4）教育救助获得与评价

在城乡差异方面，城市困难家庭获得社会救助的比例在学前教育、义务教育和高中教育三个阶段均略高于农村困难家庭，但并无明显差异。在大学教育阶段，农村困难家庭获得社会救助的家庭比例明显高于城市困难家庭。但在政府救助方面，除了义务教育阶段农村困难家庭略高于城市困难家庭外，其他阶段则更多地表现为被城市困难家庭所获得。

得到政府救助的城乡困难家庭，平均获得了 2286.01 元的政府救助金额。其中，农村困难家庭平均得到 1901.25 元，城市困难家庭平均得到 2483.05 元。在具体的各个教育阶段中，可以看到农村困难家庭获得的学前教育救助金额和义务教育救助金额更多，但在高中教育阶段和大学教育阶段则低于城市困难家庭平均救助金额水平。

在对教育救助的评价方面，农村和城市困难家庭均有超半数（分别为 50.82% 和 55.04%）的家庭认为帮助作用很大。城市困难家庭对于教育救助的评价略高于农村困难家庭，具体表现为城市困难家庭中，对教育救助有正面评价的比例为 76.24%，高于农村困难家庭的 70.16%。

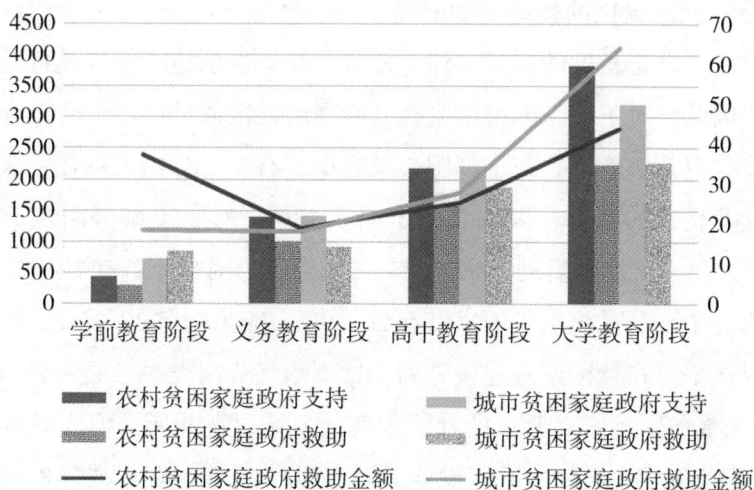

图 6—11　城乡困难家庭各教育阶段获得支持的金额和比例（单位：元,%）

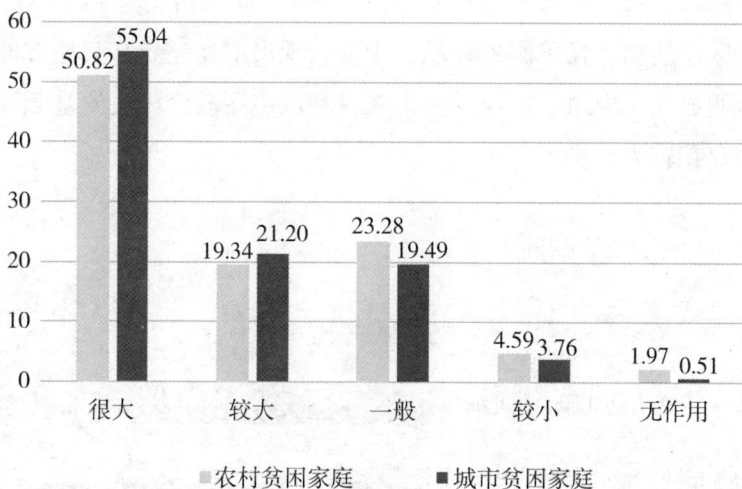

图 6—12　城乡困难家庭对教育救助的评价（%）

（5）社区提供的教育救助情况

政府是教育救助的提供主体，此外，社区也承担了部分教育救助的责任。因此，对于城乡困难家庭在其所在的社区或村中得到的教育支持的情况也有其必然性。在全部困难家庭中，有3.95%的家庭在社区中享受了幼儿托护的服务，其中农村家庭4.13%，略高于城市困难家庭的3.82%。而文化娱乐活动方面，共有28.83%的困难家庭在社区中参与过，农村中享受过该服务的家庭有26.80%，城市则有30.25%，明显高于农村水平。在社区设施建设方面，城市的优势则表现得更为突出。共有46.58%的困难家庭所在的社区中有幼儿园、托儿所，但农村困难家庭中仅有37.70%的村中有该设施，城市则有52.79%的困难家庭所在的社区有幼儿园或托儿所。在社区文化站、图书室或活动中心方面，59.20%的城乡困难家庭所在的社区或村中有类似的设施，但城市仍明显高于农村，农村的普及程度仅有51.56%，而城市则达到了64.55%。除了社区中的幼儿托护服务在城乡中未表现出明显差异，其他方面则都是城市明显优于农村。这也反映出农村和城市在教育相关的基础设施建设方面存在较大差异。

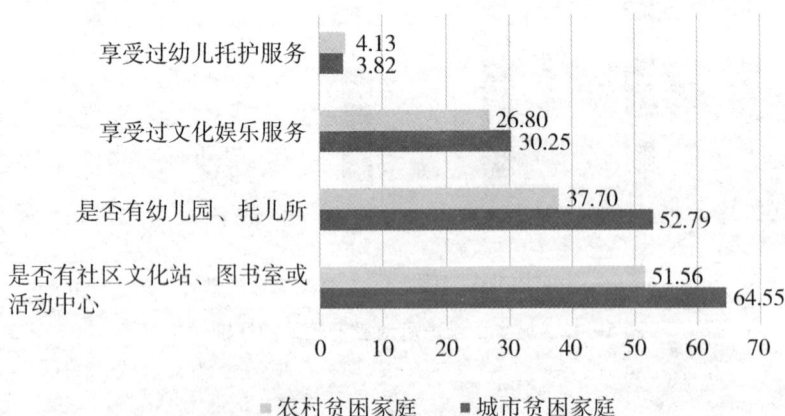

图6—13　城乡困难家庭所在社区/村内的服务和设施（%）

（6）学校教育救助需求情况

在需求方面，可以看到，在有家庭成员接受教育的城乡困难家庭中，63.16%的家庭面临子女教育负担难以承受的困难，其中农村困难家庭和城市困难家庭各有62.56%和63.53%的家庭有此困扰，两者并无差异。并且有67.59%的困难家庭需要资助子女完成学业方面的帮助，其中农村为70.09%，高于城市66.06%的比例。

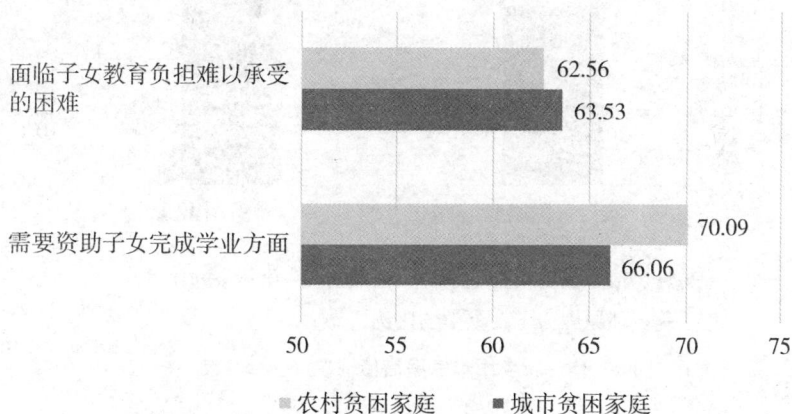

图6—14　城乡困难家庭教育救助需求（%）

在所有城乡困难家庭中，有46.20%的家庭有负债的情况，其中农村困难家庭负债的比例为51.41%，高于城市的42.59%。在这部分负债的困难家庭中，有11.72%的家庭借债的主要原因是由于"子女上学"，并且城市困难家庭的比例高于农村困难家庭，前者为12.92%，后者为10.29%。在所有借债主要原因为"子女上学"的困难家庭（384个）中，平均借债额为3452.88元，其中农村为2504.97元，城市为4080.72元，城市明显高于农村。

农村困难家庭虽然负债的比例更高，但出于子女教育的原因而负债的家庭比例和借债金额方面则少于城市困难家庭，这反映了两者在教育消费行为方面的差异，城市家庭更愿意为子女教育投入更多的花费，承担更多的债务。而对于农村困难家庭来说，借债更多出于其他的理由，借来的钱也会更优先应付生活中其他方面遇到的困难。同时，这也反映出了仍然有大量家庭受困于教育支出，它们对于教育救助的需求仍然较大。

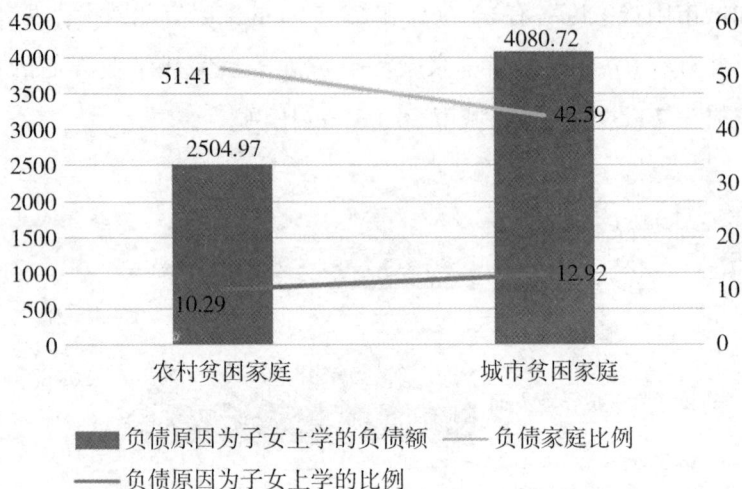

图6—15 城乡困难家庭借债情况（单位：元,%）

2. 职业教育救助现状及需求情况

教育救助不仅针对处在学校教育阶段中的这部分学生群体的帮助，对于有劳动能力的群体的职业教育方面的救助也是教育救助系统中的重要组成部分。在所有的城乡困难家庭中，有64.73%的家庭中有16—60岁的劳动能力人口，其中城市困难家庭中的比例为67.56%，高于农村困难家庭60.67%的比例。在这部分有劳动能力人口的困难家庭中，平均每个家庭有3.62个家庭成员，农村困难家庭平均有3.91个家庭成员，城市低于农村，仅有3.45人。同时，每个家庭平均有1.88个劳动人口，农村有1.93个，高于城市的1.85人。

在这部分有劳动能力成员的城乡困难家庭中，有7.63%的家庭享受到政府提供的免费职业培训服务，其中农村为5.36%，城市为9.04%，城市高于农村获得免费职业培训的水平。在政府提供的有偿职业培训方

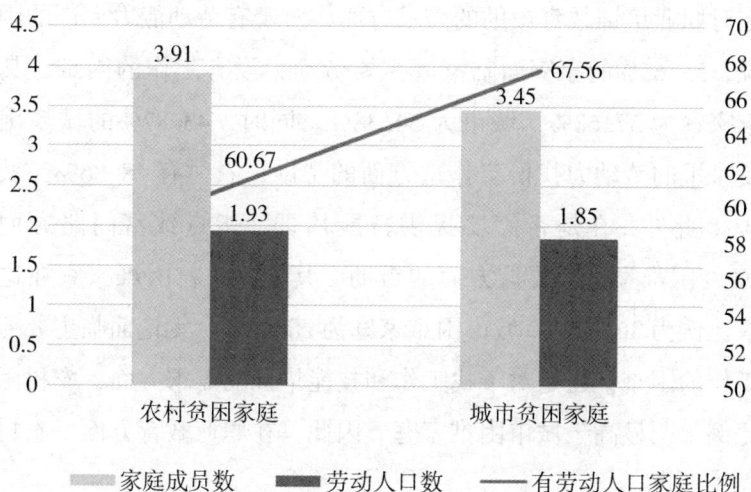

图6—16　城乡困难家庭劳动人口成员（单位：人、%）

面，城乡困难家庭的参与程度则非常低，仅有0.49%的家庭接受了有偿职业培训。其中，农村困难家庭0.28%，城市困难家庭0.63%。在社区提供的救助方面，有15.89%的困难家庭在社区或村中享受了劳动就业服务。其中，农村比例明显低于城市，仅有8.93%，而城市则达到了20.26%。

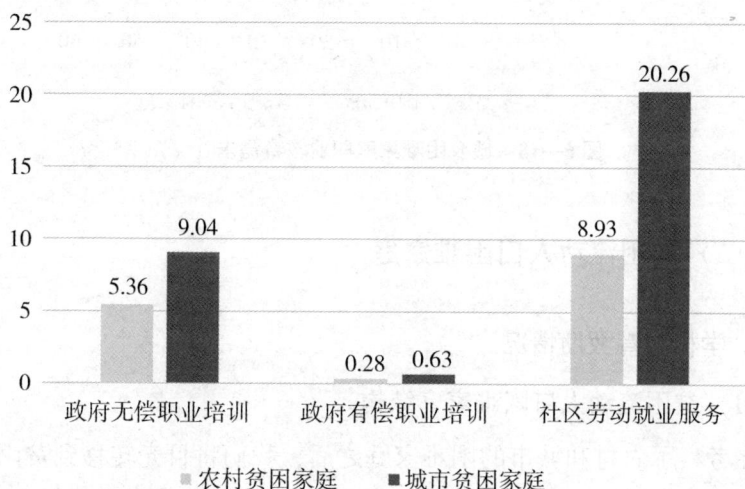

图6—17　城乡困难家庭职业教育救助（%）

在对职业培训教育救助的需求方面，对于有劳动能力人口的困难家庭来说，55.65%的家庭面临家庭主要劳动力没有工作的困难，其中农村困难家庭为57.68%，城市为54.38%。同时，43.87%的城乡困难家庭需要家里的劳动力找份工作这方面的帮助，农村有48.86%，城市有40.75%。此外，在是否需要提供技能培训、指点致富门路方面，有31.25%的困难家庭需要这方面的帮助。其中，农村困难家庭在这方面的需求比例为36.24%，城市困难家庭为28.12%。无论面临主要劳动力没有工作的困难，还是对于找工作和技能培训的需求方面，农村困难家庭的比例都明显高于城市困难家庭。因此，在职业教育方面，农村的需求要高于城市。

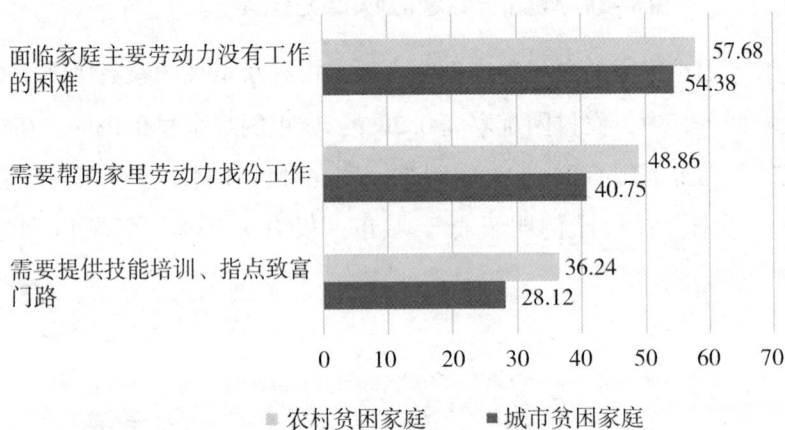

图6—18 城乡困难家庭职业教育需求（%）

（二）贫困流动人口困难家庭

1. 学校教育救助情况

（1）贫困流动人口困难家庭结构

在考察了农村和城市的困难家庭之后，我们将目光转移到贫困流动人口困难家庭上。该数据集中，共有贫困流动人口困难家庭1878个，占总样本的 20.70%。在这部分家庭中，有成员处在教育阶段的家庭有 1007 个，占到贫困流动人口困难家庭的 53.62%。这部分贫困流动人口困难家庭的平均成员有 3.99 人，其中正在接受教育的有 1.42 人。

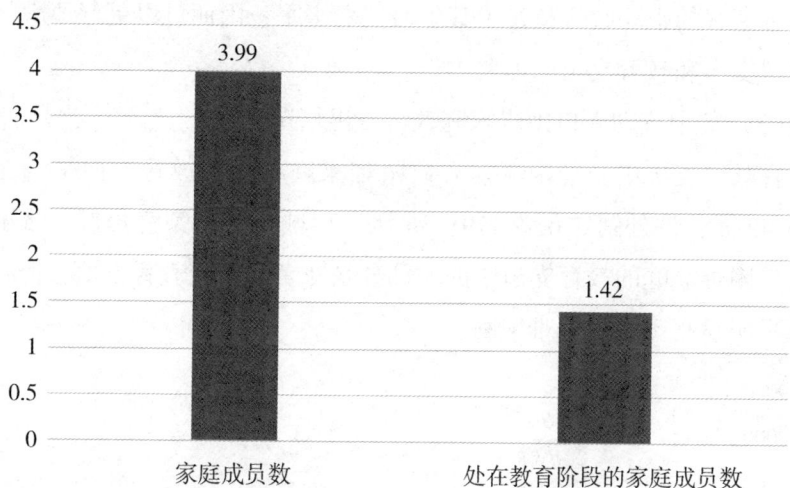

图 6—19　贫困流动人口困难家庭规模（单位：人）

（2）贫困流动人口困难家庭收支情况

在有成员处在教育阶段的这部分贫困流动人口困难家庭中，平均每

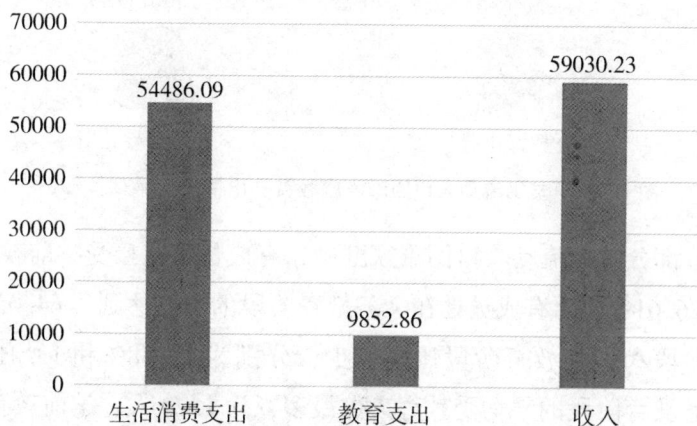

图 6—20　贫困流动人口困难家庭收支情况（单位：元）

个家庭在 2015 年的生活消费方面支出了 54486.09 元。其中，教育支出平均支出为 9852.86 元。这部分贫困流动人口困难家庭的平均收入为 59030.23 元。与农村困难家庭和城市困难家庭不同的是，贫困流动人口困难家庭的平均收入超过了其生活消费水平，因而可以更好地满足生活消费支出和教育支出的需要。

（3）贫困流动人口困难家庭教育支出情况

在教育支出中，贫困流动人口困难家庭在学校教育方面平均花费 7946.42 元，课外辅导花费 1791.36 元。与城乡困难家庭相似，贫困流动人口困难家庭的教育支出中的大部分是花费在学校教育方面，但其消费水平明显高于城乡困难家庭。

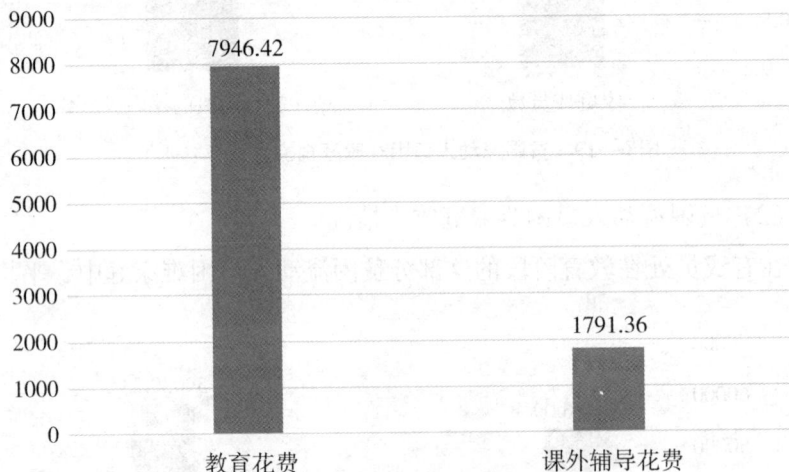

图 6—21　贫困流动人口困难家庭教育支出情况（单位：元）

在这部分贫困流动人口困难家庭中，有成员正在接受学前教育的家庭占到 26.61%，而有成员处在义务教育阶段的家庭达到了 64.05%，高中教育阶段和大学教育阶段比例较少，分别为 17.58% 和 13.41%。其中，义务教育阶段的平均受教育人数最多，为 1.24 人，学前教育阶段、高中教育阶段和大学教育阶段则分别为 1.09 人、1.07 人和 1.07 人，各阶段平均受教育人数较为均衡。

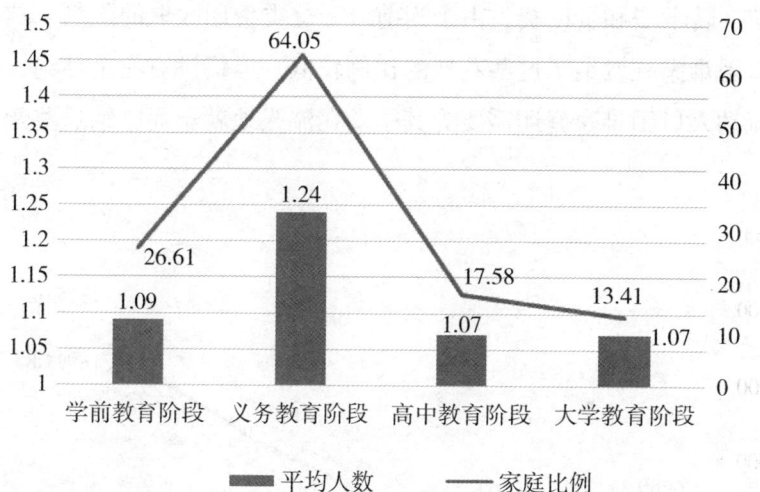

图6—22　贫困流动人口困难家庭各教育阶段家庭平均人数及比例（单位：人,%）

在学前教育阶段，平均每个家庭要支付6760.34元的教育支出，其中，学校教育花费为6162.87元，课外辅导花费为597.46元。义务教育阶段花费最少，平均支出为5313.04元。主要是因为该阶段的教育花费较少，仅为3242.16元。但该阶段的家庭在课外辅导方面投入最多，平均花费为2070.88元。高中教育阶段平均每个家庭在教育方面支出了11147.74元。其中，学校教育花费为9638.98元，课外辅导花费为1508.76元。大学教育阶段的每个家庭平均支出为19215.62元，是各个教育阶段中支出水平最高的。在该阶段，主要的支出是正式教育花费，平均每个家庭为18911.85元，而课外辅导花费仅平均303.77元。总体来说，在各个阶段中，正式教育花费都是教育总支出中的主要部分。对于贫困流动人口困难家庭来说，无论教育花费还是课外辅导花费，其支出水平均明显高于农村和城市困难家庭。

在学校教育的花费内容方面，有家庭成员在教育阶段的流动人口困难家庭中，有63.28%的家庭在2015年为子女缴纳了学杂费。同时，也分别有4.88%、5.67%、1.19%和7.16%的家庭支付了建（择）校费、借读费、转学费和赞助费。由于当前对于这类费用收取的限制，贫困流动人口困难家庭缴纳了这些花费的比例较低，但仍没有完全杜绝，部分贫困流动人口困难家庭还需要为其子女在流入地就学而缴纳这些额外的费用。

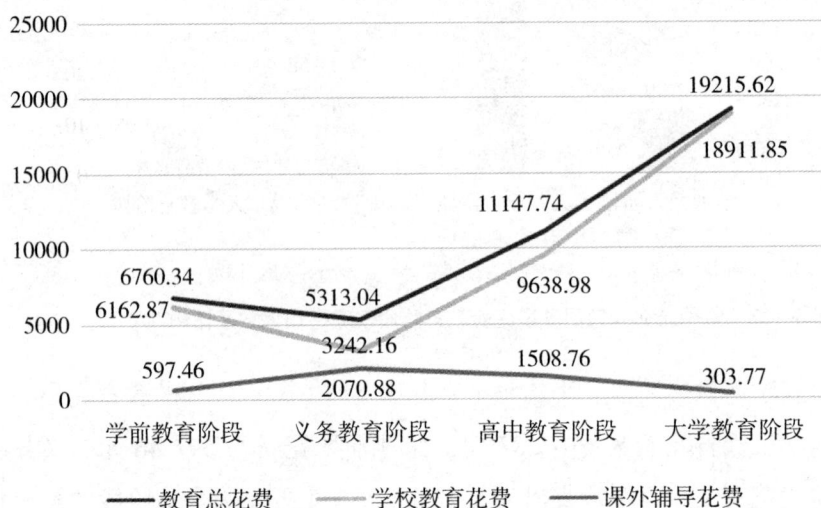

图6—23 贫困流动人口困难家庭教育支出（单位：元）

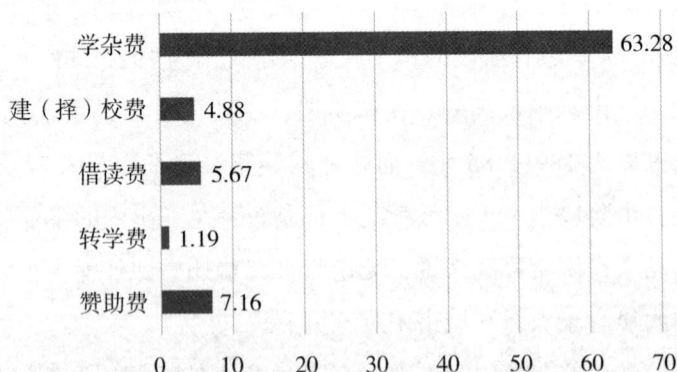

图6—24 贫困流动人口困难家庭教育花费（%）

（4）教育救助的获得与评价

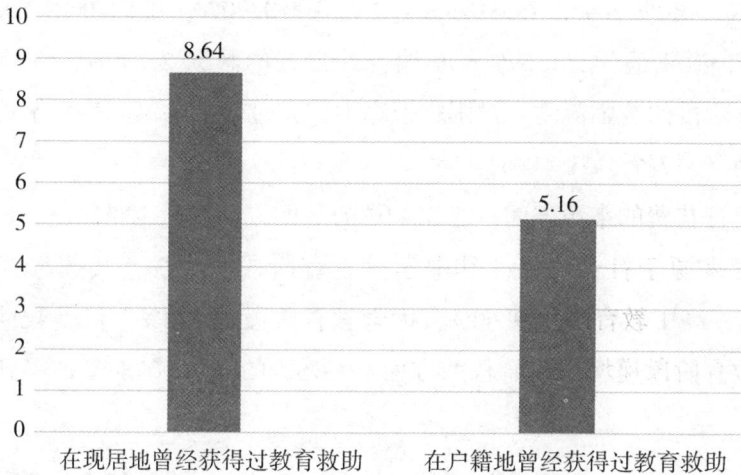

图6—25　贫困流动人口困难家庭教育救助（%）

　　流动人口由于其在户籍地和现居地中的特殊地位，在教育救助的获取方面存在一定的困难。可以看到，在贫困流动人口困难家庭中，在现居地曾经获得过教育救助的家庭仅有87个，占有成员正接受教育的贫困流动人口困难家庭的8.64%。而在户籍地得到教育救助的家庭更少，只有5.16%的家庭（52个）在户籍地得到过教育方面的救助。

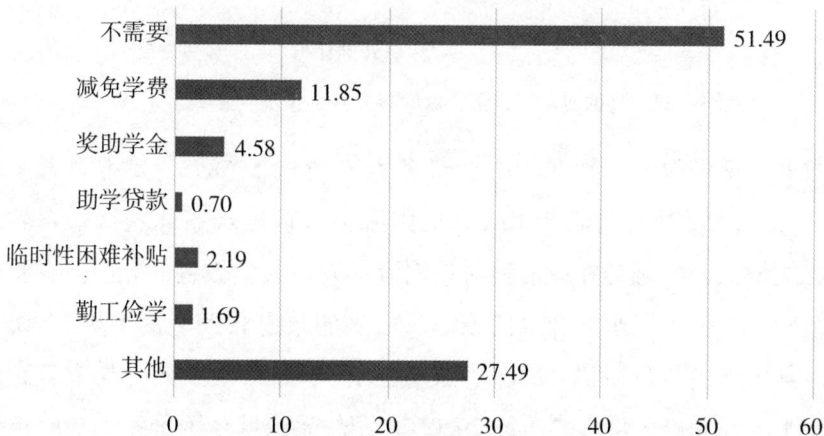

图6—26　贫困流动人口困难家庭教育救助类型（%）

在各类教育救助中，得到了减免学费救助的家庭比例最多，11.85%；奖助学金，4.58%；助学贷款，0.70%；临时性困难补贴，2.19%；勤工俭学，1.69%；其他各种形式的救助27.49%。在所有处在教育阶段的贫困流动人口困难家庭中，有过半数的家庭表示不需要教育救助（517个，51.49%）。

教育花费的来源方面，有8.44%的贫困流动人口困难家庭（85个）的花费来源于社会支持。其中学前教育阶段3.36%，义务教育阶段6.36%，高中教育阶段9.60%，大学教育阶段17.78%，接受救助的比例随教育阶段递增。政府救助方面，7.75%的家庭（78个）得到了政

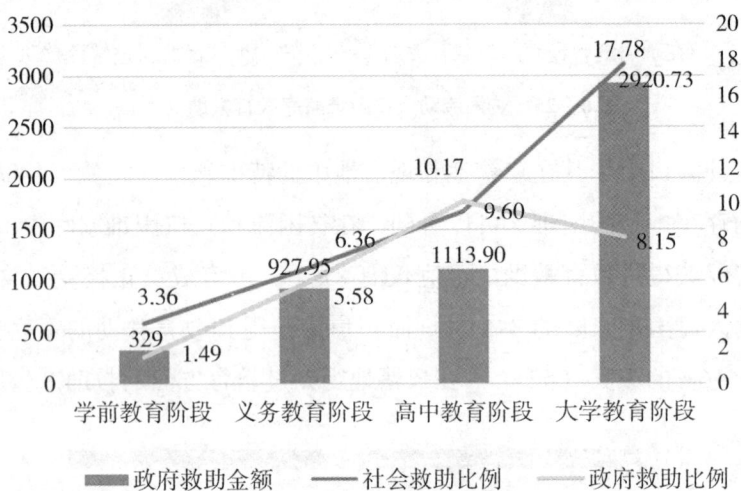

图6—27　贫困流动人口困难家庭教育救助情况（单位：元,%）

府救助，学前教育阶段1.49%，义务教育阶段5.58%，高中教育阶段10.17%，大学教育阶段8.15%。贫困流动人口困难家庭获得教育救助的比例较低，特别是在政府针对贫困流动人口大学教育的方面。在救助的金额上，获得了政府救助的家庭，得到的政府救助金额平均1340.78元，其中学前教育阶段329元，义务教育阶段927.95元，高中教育阶段1113.90元，大学教育阶段2920.73元。无论城乡困难家庭还是流动

人口困难家庭，其在学前教育阶段的支出都不是各阶段中最低的，但往往得到的教育救助比例和金额方面都较少，因此，学前教育阶段的教育救助也是解决这些家庭生活压力的重要方面。

在对教育救助的评价方面，有46.63%的贫困流动人口困难家庭认为作用很大，20.85%的贫困流动人口困难家庭认为作用较大，总体评价较为正面。教育救助在城乡困难家庭和贫困流动人口困难家庭中都发挥了很大的作用。

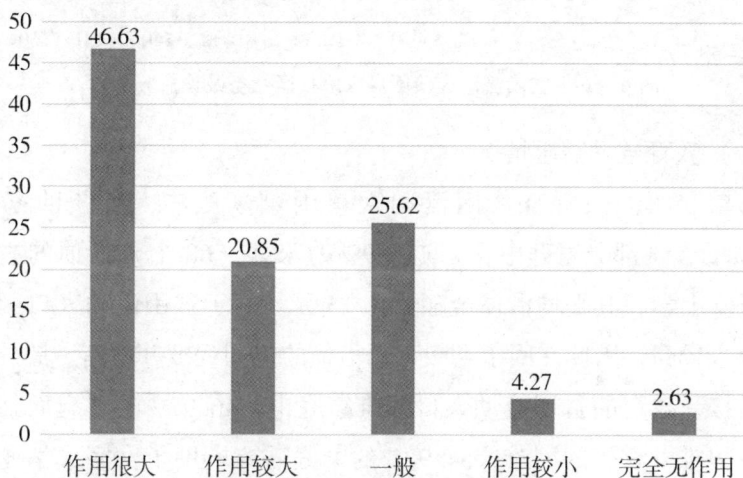

图6—28　贫困流动人口困难家庭对教育救助的评价（%）

（5）社区提供的教育救助情况

在社区为主体提供的教育服务方面，享受过社区内幼儿托护的家庭在所有贫困流动人口困难家庭中有3.64%，文化娱乐服务有29.86%。同时，所在社区中建有幼儿园、托儿所的有52.11%，有社区文化站、图书室或活动中心的有60.83%。贫困流动人口困难家庭多居住于城市，因而可以享受到城市社区中较好的服务和基础设施。

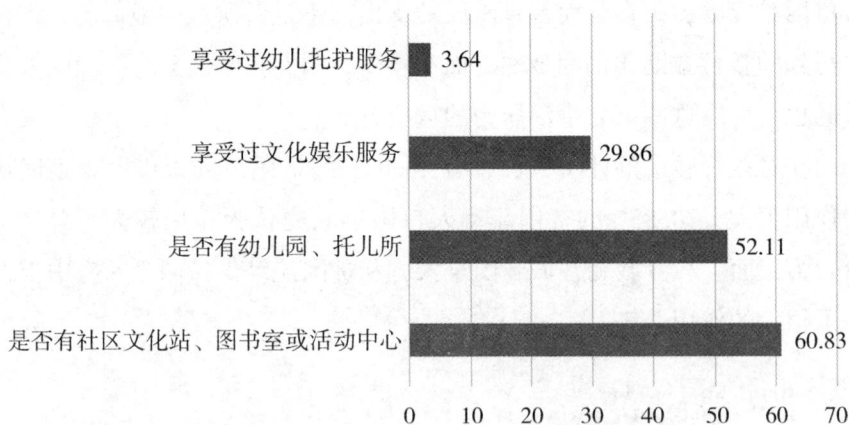

图6—29 贫困流动人口困难家庭社区服务及设施（%）

（6）教育救助需求情况

需求方面，在所有贫困流动人口困难家庭中，借债的家庭有31.14%，在这部分家庭中，有11.79%的家庭（68个）借债的主要原因是子女上学，其平均借债金额为1415元。由于贫困流动人口困难家庭的收入较高，因此在因子女教育而借债的迫切程度并不高。此外，在有成员接受教育的贫困流动人口困难家庭中，46.97%的家庭面临子女教育负担难以承受的困难，54.92%的家庭需要资助子女完成学业方面的帮助。贫困流动人口困难家庭在子女的教育方面仍然存在困难，35.25%的家庭表示上学费用高。

除了这些与花费有关的困难之外，贫困流动人口困难家庭还面临很多其他和教育有关的困难。29.89%的家庭认为子女入学难、升学难，13.11%的家庭觉得学校硬件、软件设施质量差，6.06%的家庭面临孩子难以融入学校的困难，18.37%的家庭则有子女学习成绩差的困扰。有接近一半的贫困流动人口困难家庭对于子女就学在经济上的补偿仍有较大的需要，同时也要注意到，教育救助不应只局限在金钱上的救助，贫困流动人口困难家庭的子女还面临与融入当地社会有关的一系列困扰，还需要针对这些问题进行帮助和解决。

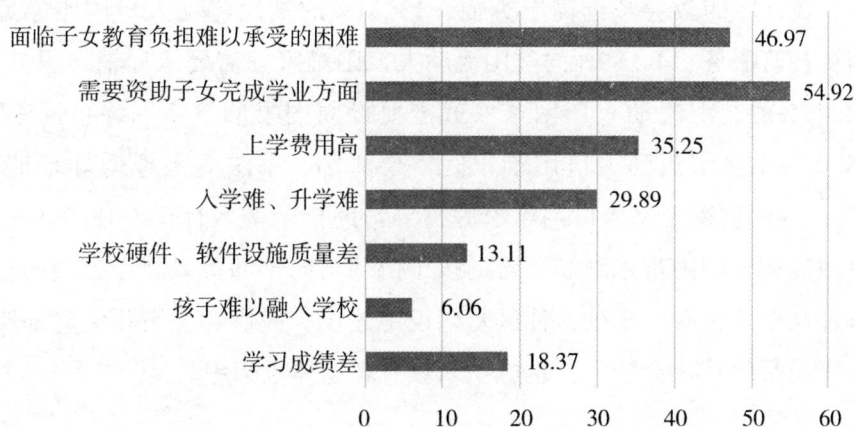

图6—30　贫困流动人口困难家庭子女教育面临的困难（%）

此外，超过半数的家庭（56.20%）将对于教育救助的需要排在在现居地所需要的帮助的前三名。并且，有23.37%的家庭将其视为第一需要。将教育救助排在第二位和第三位的家庭分别占19.61%和13.21%。

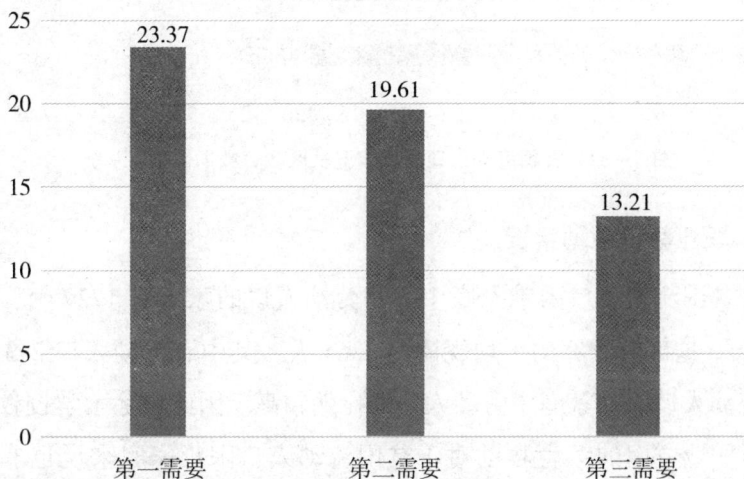

图6—31　贫困流动人口困难家庭在现居地需要教育救助的程度（%）

在社区的教育救助需求方面，13.51%的贫困流动人口困难家庭需要托管服务，44.89%的贫困流动人口困难家庭需要课程辅导服务，32.47%的贫困流动人口困难家庭需要设立图书阅览室、绿色网吧，38.03%的贫困流动人口困难家庭需要舞蹈、书法等兴趣爱好培训，23.34%的贫困流动人口困难家庭需要帮助孩子融入社区，18.77%的贫困流动人口困难家庭需要帮助孩子协调与同学的关系。在直接的经济补偿之外，对于学校、社区基础设施建设，提供各类文化活动和服务以及帮助其社会融入，也应纳入教育救助体系当中。

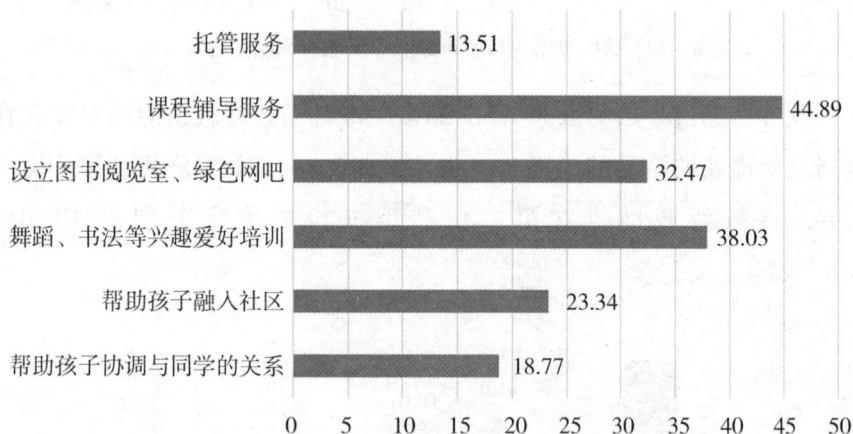

图6—32　贫困流动人口困难家庭社区教育救助需要（%）

2. 职业教育救助情况

在贫困流动人口困难家庭中，有劳动人口的家庭有1729个，占到92.07%。这部分家庭的平均规模为3.64人，其中有劳动人口2.31人。贫困流动人口困难家庭中劳动人口的比例较高。因此，除了学校教育救助外，职业方面的教育救助对于贫困流动人口困难家庭来说也非常重要。但实际上它们享受到的职业教育方面的服务较少，受过政府提供的无偿职业培训的家庭有8.95%，有偿职业培训的家庭有0.93%，而享受过社区内劳动就业服务的家庭也仅有14.30%。

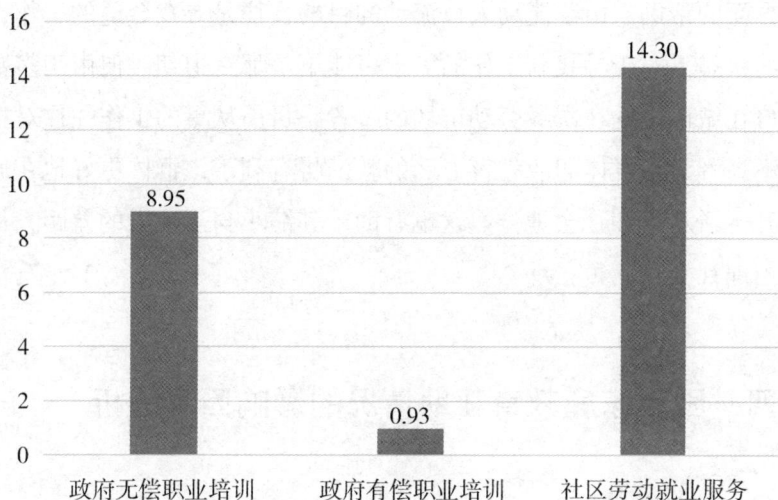

图6—33 贫困流动人口困难家庭获得的职业教育救助（%）

在针对职业教育救助的需求方面，25.91%的贫困流动人口困难家庭面临着家庭主要劳动力没有工作的困难，27.62%的家庭需要帮助家里的劳动力找份工作的帮助，32.38%的家庭需要提供技能培训、指点致富门路的帮助。与城乡困难家庭不同的是，更多的城乡困难家庭需要的是与找工作相关的帮助，而贫困流动人口困难家庭则更多地需要技能

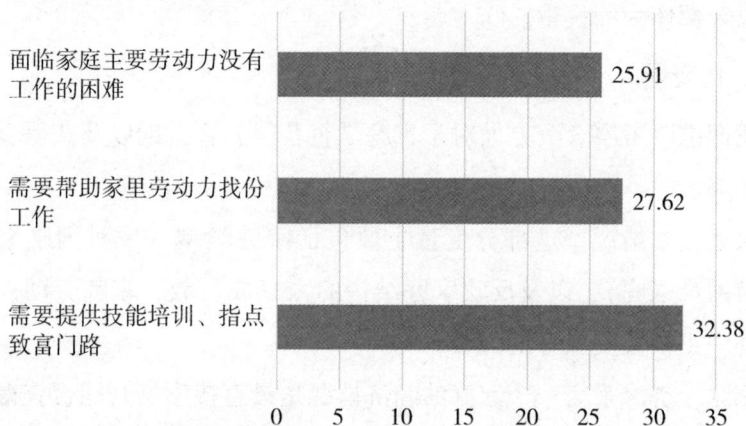

图6—34 贫困流动人口困难家庭职业教育救助需求（%）

培训方面的帮助。由于流动人口流动的目的往往是寻找合适的工作，在务工的状态下对于寻找新工作的需求可能不是那么迫切。但由于多数流动人口在城市中处在次级劳动市场的位置，目前从事的工作往往对技能要求不高。对该群体职业教育方面的救助将有利于该群体更好地在城市中提升生活水平和社会地位。这也有助于其缩小与当地人的差距，从而融入当地社会。

四、困难家庭教育救助情况的影响因素分析

（一）变量描述

1. 因变量

我们首先要考察各类因素对困难家庭是否获得教育救助的影响。因此，在这一部分，因变量为是否在 2015 年获得了教育救助。在第二阶段中，我们考察同样的因素对那些已得到救助的家庭获得的救助金额的多少有怎样的影响。在这一步中，我们选择 2015 年家庭获得的教育救助等值金额作为因变量。

2. 自变量

我们主要考察 3 个方面对于家庭是否获得教育救助以及获得金额多少的影响。

家庭基本情况。这部分变量主要包括家庭类型（农村困难家庭还是城市困难家庭），以及反映家庭结构的家庭成员数、家庭劳动人口数和家庭中正在接受教育的人数。

家庭经济水平。一个家庭的经济情况是最直接影响其能否获得以及获得多少救助的关键因素。在本研究中，我们构建了一个新的指标，通过计算家庭教育支出在其生活消费支出除去食物支出后所占的比例，衡

量该家庭因教育支出而承受的经济压力。此外，我们还加入了家庭总支出（不同于家庭生活消费支出）、家庭总收入、家庭储蓄和家庭欠债额作为待考察的变量。其中，我们对家庭总支出、家庭总收入、家庭储蓄和家庭欠债额做了加1取对数、并在1%的水平上缩尾的处理。

社会交往。我们还希望考察困难家庭的社会交往因素对其获取教育救助能力的影响。在这方面，我们选取了认识居委会人数、社区交往和社区活动参与3个变量来衡量。其中，社会交往通过对困难家庭在社区中与邻居交往的7个变量进行标准化并提取主成分的处理，以得到唯一的衡量其社区交往程度的变量。社会活动参与变量也使用类似的处理方法，整合了与社区活动有关的7个变量。

3. 控制变量

控制变量选取了与家庭所在地域有关的变量（分为东部、中部、西部），以避免各地区因经济水平差异而造成的影响。此外，还选择了与被访者有关的一系列变量，包括被访者年龄、被访者性别、被访者教育程度、被访者婚姻状况（已婚还是未婚）、被访者职业状况（在职还是失业）。

（二）影响困难家庭获得教育救助的因素

首先，通过构建多元逻辑斯蒂模型，考察影响困难家庭获得教育救助的因素。模型结果见表6—1。

表6—1　多元逻辑斯蒂模型结果

家庭基本情况	
家庭类型（1＝城市）	0.093
	(0.096)
家庭成员数	-0.194^{***}
	(0.045)

（续表）

家庭基本情况	
家庭劳动人口数	−0.115**
	(0.047)
家庭中正在接受教育的人数	0.803***
	(0.069)
家庭经济水平	
教育支出占比	2.116***
教育支出/（生活消费支出−食物支出）	(0.168)*
家庭总支出	0.180***
	(0.054)
家庭总收入	−0.008
	(0.023)
家庭储蓄	0.013
	(0.014)
家庭借债	0.109***
	(0.011)
社会交往	
认识的居委会人数	0.267***
	(0.082)
社区交往	−0.166**
	(0.074)
社区活动参与	0.153**
	(0.060)
是否在中部（1=是）	−0.235**
	(0.102)
是否在西部（1=是）	0.145
	(0.110)

（续表）

家庭基本情况	
被访者年龄	−0.011***
	（0.004）
被访者性别（1=男性）	−0.157*
	（0.089）
被访者教育水平	−0.001
	（0.012）
被访者婚姻状态（1=已婚）	0.214**
	（0.103）
被访者职业状态（1=在职）	−0.169*
	（0.089）
_ cons	−4.133***
	（0.617）
N	4718
df_ m	19.000
r2_ a	0.1821

资料来源：Standard errors in parentheses.

备注：*p<0.10，**p< 0.05，***p<0.01。

从结果中可以看出，在家庭的基本情况方面，城市困难家庭和农村困难家庭并未在是否获得教育救助的问题上表现出明显差异。同时，家庭成员以及家庭内有劳动能力的成员的数量越多，这些家庭获得教育救助的可能性就越少。有更多劳动力的家庭在收入等方面会有更好的表现，可以更好地满足其他家庭成员在教育消费方面的需要。同时也存在目前教育救助主要还是针对学校教育和在职业教育方面的普及程度仍然较低的因素。此外，受教育成员越多的家庭，更有可能得到教育救助。更多的受教育成员意味着更高的教育支出和经济方面的压力，因而给这部分人群教育救助十分合理。

在经济水平方面，教育支出占比对于困难家庭获得教育救助有明显的正向影响。该指标反映了家庭因教育支出而承受的经济压力，教育救助更多地给到了这些因教育花费而苦恼的家庭之中。同时，家庭负债越多，也会更可能得到教育救助。教育救助政策和实施的实际效果是符合该政策预期的。

同时，困难家庭的社会交往对于其获得教育救助也有明显的正向影响。具体表现在认识越多的居委会的人，越有可能得到教育救助。更多地参与社区内的日常交往和活动，也会对其获得教育救助提供帮助。

此外，我们发现位于中部地区的困难家庭获得的教育救助明显低于东部地区，这可能反映了地域上的一些政策不平衡。

（三）影响困难家庭获得教育救助的金额的因素

接下来，我们考察在得到了教育救助的这部分困难家庭中，同样的因素对其获得教育救助金额的多少会有怎样的影响。因此，我们以困难家庭 2015 年得到的教育救助金额作为因变量，构建多元线性回归模型。模型结果见表 6—2。

表 6—2　多元线性回归模型结果

家庭基本情况	
家庭类型(1=城市)	226. 302
	(195. 511)
家庭成员数	−332. 083***
	(95. 162)
家庭劳动人口数	347. 563***
	(86. 846)
家庭中正在接受教育的人数	153. 199
	(150. 028)

（续表）

家庭经济水平	
教育支出占比	2074.803***
教育支出/（生活消费支出-食物支出）	(339.641)*
家庭总支出	491.666***
	(117.350)
家庭总收入	68.911
	(48.845)
家庭储蓄	18.313
	(27.393)
家庭借债	65.641***
	(21.251)
社会交往	
认识的居委会人数	77.692
	(165.133)
社区交往	51.356
	(147.913)
社区活动参与	-225.579*
	(121.964)
是否在中部（1=是）	210.869
	(206.548)
是否在西部（1=是）	662.929***
	(215.990)
被访者年龄	21.541***
	(8.063)
被访者性别（1=男性）	-11.642
	(177.330)
被访者教育水平	55.359**
	(23.517)

（续表）

家庭基本情况	
被访者婚姻状态（1＝已婚）	−159.759
	（202.337）
被访者职业状态（1＝在职）	−364.056**
	（174.011）
＿cons	−6155.184***
	（1363.306）
N	844
df＿m	19.000
r2＿a	0.132

资料来源：Standard errors in parentheses.

备注：*$p<0.10$，**$p<0.05$，***$p<0.01$。

从模型分析的结果看，城乡在得到的教育救助金额方面并不存在明显差异。家庭成员数的增多依然会减少其教育救助金额的获得，但此时，劳动人口的增加，对其得到金额却产生了正向的影响，即有更多劳动人口的家庭得到了更多的教育救助。此外，家庭中有多少成员正在接受教育对其教育救助金额的获取不存在明显的影响。

困难家庭的经济水平对教育救助金额的影响与其对是否得到教育救助的影响类似。教育支出负担更重的家庭和负债更多的得到了更多的教育救助金额。获得教育救助以及获得更多教育救助金额的家庭，与预期大致相符。

社会交往对教育救助金额获得的多少没有明显的影响。结合模型分析结果可以发现，困难家庭的社会交往在其获得教育救助环节有重要的作用，但在其具体能得到多少教育救助金额上不是重要因素。

此外，我们通过数据发现，西部困难家庭与东部困难家庭相比，得到了更多的救助金。

（四）困难家庭教育救助数据分析小结

1. 教育救助准确性高

在对城乡困难家庭得到的教育救助进行分析时我们发现，农村困难家庭无论获得教育救助的比例还是在金额方面都明显低于城市困难家庭。但在模型分析中，当我们控制了描绘家庭经济、社会交往等方面特征的变量后，两个群体在得到教育救助的可能性及金额方面没有表现出明显差异。这说明城乡困难家庭在教育救助获取方面表现出的差异并不是由于政策实施过程中向某一群体倾斜的结果，而是出于各个家庭的特点来决定该家庭是否应该得到以及得到多少教育救助。

数据分析的结果进一步指出，城乡困难家庭中正在接受教育的人数、教育支出在消费支出中的占比以及家庭的负债情况都会对其获得教育救助产生明显的正向影响。更多子女在上学、承受更大的教育支出压力以及负债更多的家庭得到了教育救助，教育救助惠及的对象基本符合人们对于需要救助家庭特征的预期，在救助准确性方面有较好表现。

此外，中部地区获得的教育救助比东部地区获得的少，西部地区比中部地区得到的金额多，反映出教育救助在西部地区确实有更大的投入，对支持西部地区教育发展和教育扶贫的相关工作提供了一定保障。

2. 教育救助仍有需求

从数据可以发现，当前城乡困难家庭和贫困流动人口困难家庭对于教育救助的需求仍然较高，但实际情况尚不能很好地满足需要，特别是在学前教育阶段，家庭支出很高，但获得的教育救助却是各教育阶段中最少的。

具体而言，义务教育阶段是目前教育救助成果最明显的，该阶段家庭教育支出最少。同时，学校教育救助方面普及程度相对较高，救助力度较大，但针对职业救助的力度则比较小。值得注意的是，贫困流动人口困难家庭子女在金钱的救助之外还有其他如社会方面的需求。

3. 救助供给方多元化

在教育救助制度的供给侧，社会力量发挥了较大作用。在各教育阶段花费来源中，直接来自地方政府的补贴较少，各种社会慈善、学费减免、勤工俭学等支持了困难家庭。

此外，社区在承接政府救助职责方面发挥了重要作用。社区中的幼儿托护设施、图书馆、文化活动、职业培训等为困难家庭提供了很好的支持，但在社区的服务和设施的建设方面，城乡仍存在较大差异。

4. 社会交往影响明显

困难家庭的社会交往在获取教育救助方面发挥了重要作用。困难家庭认识越多的居委会成员、有更多的社区内交往和社区活动参与更能够获得教育救助。这一方面可能与获得教育救助的流程有关，各个环节和手续的办理需要困难家庭的成员更多地与居委会/村委会的工作人员和当地的居民打交道。此外，这一结果也说明困难家庭所拥有的社会关系为其获得教育救助发挥了巨大的作用，为其获取关于教育救助的信息和渠道等方面提供了帮助。

需要注意的是，这也揭露了救助发放过程中的一些潜在问题，例如利用关系之便弱化其他标准从而获得救助。这需要政府进一步完善教育救助的获取程序，规避不公平。

分析结果同时指出，在困难家庭能够获取教育救助的环节中，社会交往的因素不再产生大的影响，这说明困难家庭能获得多少教育救助金额还是更多地与该家庭经济情况联系在一起。

五、中国教育救助情况的总结与政策性建议

（一）教育救助体系的结构

作为社会救助和社会保障政策的一部分，教育救助政策和体系离不开供给侧和需求侧两个方面。中国经过在教育救助制度方面的长期探索，初步构建了以政府为服务提供主体，多元社会单位参与的教育救助供给格局和以分教育阶段为划分标准的需求侧格局，为促进教育扶贫和教育公平起到很好的保障。

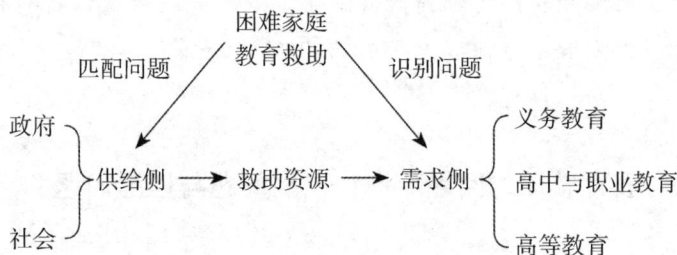

图6—35　教育救助体系的结构

具体而言，针对困难家庭的教育救助制度的供给侧主要由政府和社会两方面构成。政府在教育救助政策中发挥主要作用，政策主要由中央政府和地方政府互动产生。一方面中央政府出台总体规划和大政方针，地方政府负责政策落实；另一方面地方政府也可能在实践中遇到新的问题，对中央政府进行反馈，实现政策的良性调整。此外，在具体实践中，如特定群体的教育救助额度等，往往涉及多级政府参与。多元社会主体参与是现行教育救助体系得以良性运作的重要保障，因为政府很难针对特定地区的具体教育救助问题进行及时、灵敏和全面的考虑，多元社会主体的参与很好地弥补了政府在教育救助方面的诸多紧张，如缓解

资金压力、减少行政成本、增加补助覆盖面等。

在教育救助政策的需求侧，按照城乡困难家庭子女现今所处的教育阶段，相应的政策划分为义务教育阶段、高中和职业教育阶段以及高等教育阶段。这样的划分具有一定意义。不同教育阶段学生接受的教育类型对应个体不同的社会权益，义务教育是公民的基本权利和义务，是个体在社会中生存的基本权益，因此教育救助尽管个体花费较小，但是需要政府和社会各界广泛支持，确保在全社会中进行普及和全覆盖，这一点"两免一补"政策已经基本实现；高中和职业教育毕竟不属于义务教育的范畴，从某种意义上是个人的发展型权益，尤其在职业教育阶段，其学习中心往往直接和实用技术与就业直接挂钩，因此相关的教育救助政策也有侧重；高等教育同样属于个人发展的投资，政府和社会在补助城乡困难家庭子女接受高等教育也有了较为完备的体系，即"奖、贷、勤、补、免"体系。

（二）教育救助的问题导向：识别问题与匹配问题

1. 识别问题

针对教育救助的需求侧，识别问题主要考虑的是哪些群体真正在教育救助政策关心的范畴，他们又有怎样的需求。具体说，在现行的救助政策中还存在识别补助群体标准相对模糊问题，以至于在局部未能很敏锐地将资源补给最为需要的困难家庭子女。例如，现行的补助政策往往依据"家庭是否享有'低保'"作为划分是否为困难家庭的标准，并据此进行教育救助。这可能会忽视困难线边缘或者未获得"低保"但家庭教育负担沉重的困难家庭，减弱了教育救助政策的效果。

另外，现行的识别指标也缺乏对于不同程度贫困的精细划分。换言之，以是否获得"低保"为划分标准，忽视了许多不同程度的贫困类型，导致哪怕是享受了教育救助政策的家庭，也很难依据其需要程度享受更为合适的补助。尽管相对统一的国家或地区贫困线能够作为一定参照，然而在实际中，不同困难家庭的致贫原因不同，为子女教育的花费也不同，因而需要更精细灵敏的识别指标。

此外，学前教育阶段尚未得到较为系统的关注。义务教育阶段的"两免一补"政策并未惠及学前教育或幼儿教育的阶段，而后者对于个体的成长具有基础性的影响，困难家庭由于有限的预算和心理预期等约束，在没有外部支持的情况下往往将其忽视。其次是高中教育和职业教育阶段的补助相对较少。从教育救助的宗旨来看，是补助困难家庭的子女能够接受基本的教育，满足其在基础义务教育阶段的基本需求，尤其是经济上的开销。但是在实际扶贫和支持效果上，如若困难家庭子女能够进一步完成高中教育或者职业教育，往往能使教育救助的效果更为明显，因此有必要适当增加对困难家庭子女在高中和职业学校方面的教育救助支持。

最后，教育救助的需求侧还缺乏对于特殊群体特殊的关注政策。除了按照教育阶段对受救助家庭进行划分以外，还应该有所侧重地在困难家庭群体内部特别关注几类特殊群体的子女教育支持问题，即贫困流动人口子女、残障人士子女以及流浪儿童等处于社会边缘甚至更为底层的群体。这一群体的家庭除了需要面对一般困难家庭共同的问题以外，还有诸多更为严重的社交、心理层面问题，需要社会各界更多关怀，因此教育救助的政策有必要专门针对该类群体单独给予支持。

2. 匹配问题

针对教育救助的供给侧，匹配问题指的是怎样才能将合适的资源转移到合适或有需要的对象中。这可以被划分为"给予什么资源"和"如何给予资源"两方面的问题。

关于前者，从目前的制度设计看，教育救助的主要资源即是对困难家庭子女就学予以一定的资金补助，缺乏其他方面如医疗健康、心理咨询等系统性救助，因此教育救助制度和扶贫资金捐赠没有本质区别，对于困难家庭子女接受教育和健康成长的影响有限。

而关于后者，主要存在的矛盾在两方面，其一是在针对具体地区的具体救助项目问题上，中央政府和地方政府甚至同级政府的不同部门可能存在协调不善、难以统筹等问题，导致救助效果没有实现，针对这一问题可以部分通过"教育券"的形式加以改良；其二是"补贴"式的救助方法往往不利于提高受助人员的自助积极性，可能存在"越穷越补，越补越穷"的状态，无法跳脱出贫困的循环，针对这一问题，可以借鉴拉美"有条件转移支付计划"来加以改善。

（三）针对教育救助问题的政策性建议

1. 需求侧

（1）构建识别指标，区分受助程度

针对需求侧面对的识别问题，首先需要构建新的指标来刻画受助群体的基本状况。就本研究来看，困难家庭的教育支出在总支出中的占比是一个较为灵敏稳健的指标。它更能直接地反映教育的花费给该困难家庭带来怎样的负担。

其次，有必要针对现行划定的贫困人群内部进行更为细致的划分，这就需要综合多重指标来区分其需要受助的程度。比如除了考虑教育支出占总支出的比重以外，还有必要考察家庭的年收支情况、家庭结构（患大病人数、残障人数、子女数量等）以及是否领取"低保"等，通过综合这几类指标，能够筛选出不同层次的受助群体，并且结合社会现实状况，尤其注意如残障人士子女、贫困流动人口子女甚至流浪儿童的教育救助问题，必要时可以成立学生档案库，进行定期回访。

（2）覆盖学前教育，重视高中职校

在教育救助的需求侧所反映的问题中，学前教育救助的缺乏是一个明显的问题。许多困难家庭往往没有能力负担子女接受规范的学龄前教育的费用，因此在条件允许的情况下，教育救助的政策规定应该覆盖到困难家庭子女学龄前教育这一层次，鼓励困难家庭子女参加规范的幼儿园或托儿所，并且适当予以经费支持。

另外，教育救助的政策还应该尽量重视就读于高中或职业学校的困难家庭子女。就读高级中学的学费和生活费用更高，而来自社会的支持（如基金会奖学金等）又相对较少，因此存在一定的缺口，需要教育救助政策的扶持；而对于就读于职业技术学校的贫困家庭学生来说，这一供需缺口可能更大，并且教育救助如果能够和就业结合起来，则对其提高就业竞争力有很大帮助。

2. 供给侧

（1）推动教育救助资源多元化

在条件允许下，教育救助应该是资金、物资、设备、人才、技术、理念等资源共同实现的。换言之，教育救助资源的多元化对于真正帮扶困难家庭子女获得良好的教育支持，走上脱贫的道路是很有必要的。在这方面，相关政府部门可以联合社会力量，一方面拓展救助资金来源，另一方面除了日常给困难家庭补助以外，还可以通过定期举办活动，为困难家庭子女提供免费健康检查和心理咨询。

（2）实现教育救助过程规范化

教育救助过程规范化具体指的是在教育救助从政策制定到实际开展的过程，有一系列完备的法律法规和制度设计加以保障。这首先要求教育救助的过程合法化，通过订立法律法规的手段保障政策的推行，对阻碍救助实施的不良行为严格惩罚，例如根据数据结果，我们发现受助者与居委会、政府等的社会交往关系会明显影响其受助情况，因此在实践中应该更为注意教育救助执行监督的问题。

其次，规范化还需要有良好的制度设计以减少救助过程可能出现风险（如资金转移等），一方面可以适当借鉴和参考美国经济学家弗里德曼提出的"教育券"①做法，即政府通过发放教育券给各个家庭，家庭持有能够抵值的"教育券"给学校，学校为其子女减免相应价值的学费，并且政府依照学校所收集的"教育券"面额对学校予以补贴。在保证公立学校办学为主和户籍约束择校的情况下，我国政府可以采用"教育补助券"的方式将救助金发放给受助家庭，以确保救助金用于救助贫困子女的教育。

（3）保障教育救助效果可持续

针对"越穷越补，越补越穷"的难题，我们可以借鉴拉美国家的"有条件转移支付计划"，对困难家庭的教育开支加以补助。教育救助可以适当采取激励性的补助发放措施，困难家庭在一定时期内如果其适龄教育子女的入学率增加（或辍学率减少），则在原有补助水平的基础上增加一个档次；对某一贫困学生个体而言，在一定时期如果学业取得较大进步，或者在升学方面有突出表现，则同样应该增加对其补助支持。总之，通过动态的激励措施，能够提高受助人员接受教育的积极性，使得教育救助的效果更可持续。

---

① 文新华、鲁莉、张洪华、李锐利：《关于"教育券"的分析》，《教育发展研究》2003年第1期。

第七章　城乡困难家庭的住房政策支持分析

一、研究背景

　　住房政策是社会政策的重要组成部分。在新的历史阶段，进一步建立和完善中国城乡住房保障体系，加快解决城乡中低收入家庭及困难家庭的住房问题，对于增进人民福祉，实现全面建成小康社会的发展目标具有重要意义。我国住房政策经历了不同的调整阶段，其总的方向是从原有计划体制下的福利化住房分配制度向以市场化为基础的多元住房政策体系转型。1998 年 7 月，国务院下发《国务院关于进一步深化城镇住房制度改革加快住房建设的通知》，标志城市住房货币化分配体系正式形成。进入 21 世纪，在国家新型城市化规划战略的推动下，农村地区则逐渐探索土地市场流转和宅基地供给制度的改革。市场机制引入住房分配领域增加了个人家庭住房选择的自主权，带来住房供给的快速增长以及地方政府土地财政的增加，城乡家庭的住房需求得到较大满足。

　　伴随住房制度市场化的改革，从 20 世纪 90 年代初期开始，我国的住房保障政策也开始同步推进，住房保障对象范围逐渐扩大，保障力度日益加大。首先，在城市地区逐步推动建立以"廉租房""经济适用房"为主体的住房安居政策和以棚户区改造为补充、面向城市中低收入家庭及困难家庭的住房保障措施。住房公积金制度也于20世纪90年代在上海开始试点，并渐次推广到全国。这一制度是通过国家、单位和个人共同承担购房成本的住房货币化改革措施。其次，在农村地区大力推动面向"五保"户、贫困以及残障家庭的危房改造工程、灾后重建工程等。其中，农村危房改造从2009年开始实施以来，对于各类困难家庭的住房条件改善起到很大作用。据统计，截至2014年年底，全国一共改造危房1388万户，来自中央的补助资金达到1059.72亿元。此外，对于城市外来务工人员的住房保障也逐渐得到重视。从2005年开始，一些地区探索将有住房困难的农民工群体纳入城市住房保障体系。2012年，住房和城乡建设部发布《公共租赁住房管理办法》，首次明确将农民工纳入城市公共租赁住房保障体系，并在随后的廉租房、公租房等住房政策并轨推进中明确要求将外来务工人员纳入城市住房保障对象。

尽管住房保障政策在一定程度上满足了困难家庭的住房需求，但总的来说，住房保障在较大程度上滞后于住房市场化改革，住房的分层化趋势日益明显，中低收入家庭仍然面临较大的住房困难，住房不平等状况加剧，引起社会广泛关注。第六次全国人口普查显示，尽管2010年我国城镇住房面积相比10年前翻了一番，但仍然有近30%的家庭人均居住面积不足20平方米，住房资源的不均衡问题是一个突出问题。有学者指出，我国的住房政策体现出较强的剩余型或者简单社会政策的特征，这包括住房保障的层次和比例较低、住房政策与其他社会政策缺乏整合、住房政策的公共性和发展性不足等（李国敏、卢珂，2011；谭羚雁、娄成武，2012）。在传统福利国家体制内，公共住房等住房救助政策被认为是弥补低收入家庭的暂时福利损失，是一种收入—支持型的社会政策。而20世纪后期以来，伴随发展型或者积极社会政策的转型，住房政策对于促进困难家庭长期发展的福利效应以及促进经济的可持续发展等功能得到越来越多的强调。

从"收入—支持"到"资产—发展"的政策范式转型对于中国经济社会变迁背景下的住房政策发展具有积极的启示，住房政策应该与其他社会政策相结合，致力于满足城乡困难家庭的基本住房需求，同时促进城乡困难家庭摆脱贫困、实现长期的社会发展，这也与我国"十三五"期间对建立更加公平、可持续性的社会保障制度要求相一致。本研究基于问卷调查数据，试图描述城乡困难家庭的住房需求、住房状况以及政策支持特征，并从不同的家庭特征维度入手，分析家庭特征在住房政策支持获得上的差异性，最后提出建立和完善住房政策支持体系的建议。本研究所用数据来自民政部"2016 城乡困难家庭社会政策支持系统调查"。该数据分别反映了城市困难家庭、城市流动人口困难家庭以及农村困难家庭的住房条件、住房来源以及相关的家庭人口社会经济特征等信息，是分析城乡困难家庭的住房政策支持的可靠资料。

二、城乡困难家庭的住房基本状况

本研究首先基于城乡困难家庭住房状况统计分析。我们通过客观和主观两个维度来测量城乡困难家庭的住房状况，前者包括家庭的住房面积、房屋类别、是否为危房以及房屋基本设施等衡量居住条件的信息，后者则主要测量家庭受访人对于住房困难和住房需求的认知，也包括其住房消费支出以及住房可能产生的家庭负债等信息。城市困难家庭、城市流动人口困难家庭与农村困难家庭由于在居住方式和相关住房政策支持上存在很大差异，因此本研究对这三类家庭分别进行了描述统计和分析。

（一）城市困难家庭的住房状况

城市中低收入家庭在住房市场化的改革中面临较多的住房困难，表7—1 通过对城市困难家庭住房的不同维度测量，反映出样本家庭的住房状况。

表7—1 城市困难家庭的住房状况

相关类别		中位值/比例（%）
家庭住房面积（m²）（标准差）		65.0（46.0）
人均住房面积（m²）（标准差）		23.7（22.7）
房屋类别	楼房	60.3
	平房	27.6
	简易房	12.2
属于危房		23.4
无独立洗浴设施		37.8
无自来水设施		8.3

从表7—1可以看出，城市困难家庭住房面积的中位值为65平方米，人均住房面积为23.7平方米。其中人均住房面积比住房和城乡建设部公布的2015年人均住宅面积33平方米要少近10平方米。在房屋类别上，大部分家庭（60.3%）居住于楼房，但也有27.6%的家庭住在平房以及12.2%的家庭住在简易房。表7—1还显示，城市困难家庭住房中属于危房的比例很高，有接近1/4的家庭居住在危房中，住房中无独立洗浴设施的比例超过1/3，这也说明城市困难家庭的住房较为老旧，条件较差。

除了客观的住房条件测量外，问卷调查还直接询问家庭对于住房困难以及住房需求的认知，同时也了解了家庭在住房上的消费支出和负债情况。包括水电暖等费用的住房消费支出主要测量住房消费占生活消费总支出的比例。它在一定程度上反映了家庭住房消费的负担程度。数据同时呈现了被调查者对于与住房相关的家庭困难、需求等的认知排序，可以帮助我们了解住房在家庭不同类别需求中的位置。

表 7—2 数据显示，有 41.5% 的城市家庭认为居住条件差是目前面临的主要困难，在家庭困难认知排序中为第四，排在看病、劳动能力差、就业困难之后。另有约 1/3 的城市困难家庭需要帮助修建住房，这一需求也仅次于对医疗和生活金的需要。这也与表 7—1 所展示的危房比例较高的住房状况相对应。城市困难家庭的住房消费支出在家庭生活消费支出中占的比例约为 10.5%，排在食品支出（39.5%）和医疗支出（28.5%）之后。住房花费也成为城市困难家庭除看病、教育之外的主要借债原因。城市困难家庭的住房困难以及需求应该得到更多的重视。

表 7—2　城市困难家庭的住房困难与需求认知

相关类别	比例（%）/排序
家庭面临困难：居住条件差	41.5（4）
家庭需要的帮助：帮助修建住房	32.5（3）
住房消费支出占生活总支出比例	10.4（3）
家庭由于住房而负债	10.5（3）

（二）城市流动人口困难家庭的住房状况

城市流动人口困难家庭在居住地常常面临较多的住房困难，由于户籍的限制，难以获得面向城镇家庭的政府保障政策。应用同样的测量指标，我们了解了城市流动人口困难家庭的基本住房状况。

表 7—3 数据显示，城市流动人口困难家庭的住房面积与城市困难家庭相比更少，家庭住房面积和人均住房面积的中位值分别为 60 平方米和 20 平方米，家庭住房面积的内部差异很大。与城市困难家庭相比，居住简易房的城市流动人口困难家庭的比例非常高，接近 70% 的家庭居住在简易房中，居住在楼房的家庭只有 9.3%，这可能与较多流动人口困难家庭居住在城郊或 "城中村" 有关。城市流动人口困难家庭的

住房属于危房的比例比城市困难家庭略低，但也占到14.1%。无独立洗浴设施和无自来水设施的城市流动人口困难家庭住房比例分别为25.4%和5%，与城市困难家庭住房情况比较类似，城市流动人口困难家庭在住房基本条件上还存在许多需要改善的地方。表7—4反映了城市流动人口困难家庭对住房困难以及支出等相关方面的认知。

表7—3　城市流动人口困难家庭的住房状况

相关类别		中位值/比例（%）
家庭住房面积（m²）（标准差）		60.0（57.9）
人均住房面积（m²）（标准差）		20.0（19.4）
房屋类别	楼房	9.3
	平房	21.9
	简易房	68.9
属于危房		14.1
无独立洗浴设施		25.4
无自来水设施		5.0

从表7—4的数据统计结果可以看出，将近一半的城市流动人口困难家庭认为居住条件差是最大困难。城市流动人口困难家庭的住房消费支出是比较高的，住房支出占到生活总支出的19.4%，仅次于食品支出，远远高于城市困难家庭。这可能与较多城市流动人口困难家庭选择市场租房有关，需要支付租金、水电、维修等各种住房费用。他们在住房上面临较大经济负担。由于住房支出而负债的城市流动人口困难家庭也占到30.3%，是家庭负债的第二大原因。在家庭最需要的帮助中，住房补助排在第一位。应该说，住房支持是城市流动人口困难家庭在居住地面临的最迫切需求。

表7—4　城市流动人口困难家庭的住房困难与需求认知

相关类别	比例（％）/排序
家庭面临困难：居住条件差	49.8（1）
家庭需要的帮助：住房补助	23.1（1）
住房消费支出占生活总支出比例	19.4（2）
家庭由于住房而负债	30.3（2）

（三）农村困难家庭的住房状况

由于农村房屋的类型与城市地区有较大差异，在调查中，对于农村房屋类型在问卷中用棚屋、土房、瓦房和楼房几个指标来进行测量。表7—5反映了样本农村困难家庭的住房状况。

表7—5　农村困难家庭的住房状况

类别		中位值/比例（％）
家庭住房面积（m²）（标准差）		80.0（56.4）
人均住房面积（m²）（标准差）		25.0（28.2）
房屋类别	棚屋	2.2
	土房	20.2
	瓦房	46.2
	楼房	31.5
属于危房		35.6
无独立洗浴设施		63.9
无自来水设施		21.5

从表7—5的统计数据可以看出，农村困难家庭住房面积的中位值为80平方米，而人均住房面积约为25平方米。据统计，我国农村人均住房面积在2012年约为37.1平方米，样本家庭所反映出来的人均面积与全国平均水平相比存在较大的差距，少约12平方米。同时，农村困难家庭的房屋设施条件还存在许多问题。其中，有20.2%的农村困难家庭住房是土房结构，46.2%的家庭是瓦房结构，危房的比例达到35.6%。危房比例较高也说明目前农村危房改造还存在较大的需求。此外，大部分的农村困难家庭（63.9%）住房缺乏独立洗浴设施，还有21.5%的家庭住房没有自来水设施。

表7—6的统计数据显示，尽管居住条件差并非农村困难家庭面临的首要困难，但也仍然有45.2%的家庭提到这一问题，另有相似比例的家庭提出需要帮助修建住房。农村困难家庭住房消费支出占生活消费总支出的10.3%，也是最主要的三类生活支出之一，住房支出是农村困难家庭仅次于看病的第二大负债原因。

表7—6　农村困难家庭的住房困难与需求认知

相关类别	比例（%）/排序
家庭面临困难：居住条件差	45.2（4）
家庭需要的帮助：住房补助	45.3（3）
住房消费支出占生活总支出比例	10.3（3）
家庭由于住房而负债	13.0（2）

根据对样本家庭的住房基本状况统计可以看出，城乡困难家庭的住房状况整体来看不容乐观。无论城市还是农村困难家庭，其人均居住面积均低于全国平均水平。城乡困难家庭的危房比例都超过了20%，在住房基本条件如独立卫浴和自来水设施等方面还存在很大差距，农村很多困难家庭还居住在土房中，缺乏自来水等基本设施。城市流动人口困难

家庭在住房上面临较大困难，多数家庭居住于简易房内。同时，城市流动人口困难家庭面临较为沉重的住房支出负担，住房消费支出占生活支出的比例较高，居住条件差是城市流动人口困难家庭面临的最大困难。城乡困难家庭的住房状况表明其住房需求还应有更大力度的政策回应。

三、城乡困难家庭的住房政策支持特征

住房相关的政策支持对于缓解城乡困难家庭的住房压力十分重要。当前我国的住房政策包括住房公积金、经济适用房或安居工程、货币化补贴、廉租公租房等不同类型。在问卷调查中，我们用家庭住房的来源类别来测量城乡困难家庭的住房政策支持，根据这一问题的不同选项关系，又将其合并分成三类，包括购置自有产权住房、政策性/保障性住房和市场性租房或借房。其中，政策性/保障性住房主要呈现家庭是否获得住房政策相关的福利，包括经济适用房/限价房、廉租或公租房、政府补贴建房三种形式。

（一）城市困难家庭的住房政策支持特征

城市的住房保障政策启动较早，并逐渐形成以经济适用房、廉租房、棚户区改造等多层次的住房政策体系。表 7—7 反映了城市困难家庭住房相关的政策支持特征。

从表 7—7 统计结果可以看出，有约 2/3 的城市困难家庭通过不同的方式购置或拥有自有住房产权，其中自建房占 32%，拆迁安置房和自购商品房则分别占 15.6% 和 10.8%。住房所有权是家庭住房资产的一个重要指标，通过市场可交易的住房资产保值或增值对于家庭的资产积累具有重要意义。不过，城市困难家庭通过市场渠道自购房比例相对较低，多数家庭的住房产权是以自建或者拆迁安置等方式获得，后两者在住房市场上可能不具有较大优势。此外，表 7—7 数据也显示，有

16.5%的城市困难家庭住房问题是通过市场租房或借房产生的，市场租房或借房存在较大的居住不稳定性，其住房支出也相对比较高。

表7—7 城市困难家庭住房来源类别

类别	百分比（%）
购置自有产权住房	66.3
自建房	32.0
拆迁安置房	15.6
自购普通商品房	10.8
继承房	7.9
市场性租房或借房	16.5
借房	5.1
市场租房	5.9
租住单位住房	1.3
工作单位提供免费住房	4.2
政策性/保障性住房	17.0
廉租房或公租房	9.0
经济适用房或者限价商品房	5.8
政府补贴建房	2.2
总计（N/%）	3983/100

在住房保障上，城市困难家庭享受到的住房保障比例比较低，仅有17%的家庭能够享受到政策性/保障性住房。其中有9%的家庭获得廉租房或公租房，5.8%属于经济适用房或限价商品房，另有2.2%的家庭为政府补贴建房。廉租房、公租房及经济适用房是城市住房保障政策的主体，但是数据表明，城市困难家庭能够享受到这一住房保障福利的比例很低。结合表7—1关于城市困难家庭的住房状况数据可以看出，城市困难家庭住房属于危房的比例就有23.4%，住房条件也不容乐观。相对于家庭的住房需求来说，当前的住房保障政策应该说还存在不小的缺口。

（二）城市流动人口困难家庭的住房政策支持特征

城市流动人口困难家庭的住房保障问题在近年来逐渐得到重视，运用同样的指标，我们也对城市流动人口困难家庭的住房来源类别进行了统计分析。表7—8反映了这类家庭的住房来源情况。

表 7—8　城市流动人口困难家庭住房来源类别

类别	百分比（%）
购置自有产权住房	36.4
自建房	12.8
拆迁安置房	4.6
自购普通商品房	17.6
继承房	1.4
市场性租房或借房	50.5
借房	3.6
市场租房	38.3
租住单位住房	4.1
工作单位提供免费住房	4.5
政策性/保障性住房	13.1
廉租房或公租房	9.5
经济适用房或者限价商品房	3.3
政府补贴建房	0.3
总计（N/%）	1791/100

表7—8的数据统计结果显示，相对于城市困难家庭，城市流动人口困难家庭拥有住房所有权的比例明显偏低，只有36.4%的家庭住房属于自有产权住房，其中自购商品房的比例较高（17.6%），其次是自建

房（12.8%）和拆迁安置房（4.6%）。城市流动人口困难家庭拥有的住房受到户籍等政策的较大限制，通过市场化购置商品房仍是其获得住房所有权的主要渠道，但总的来说，能够自购商品房的城市流动人口困难家庭还是少数。有超过半数的城市流动人口困难家庭只能通过租房或借房来解决住房问题。其中市场租房的比例最高，达到38.3%，通过工作单位或其他方式来解决住房的渠道非常少。市场租房作为主要的家庭住房获得途径，直接增加了城市流动人口困难家庭的住房支出负担，如果没有一定的住房补助支持，城市流动人口困难家庭的住房压力非常大。

从表7—8的数据也可以看出，城市流动人口困难家庭能够获得政策性/保障性住房的比例较低，只占到城市流动人口困难家庭总数的13.1%。其中，享受到廉租房或公租房的家庭有9.5%，经济适用房或限价商品房的比例仅为3.3%。尽管城市流动人口困难家庭的住房保障比例仍然较低，但在廉租房/公租房的比例上已经接近甚至超过城市困难家庭。我国住房和城乡建设部从2012年开始逐渐将农民工纳入城市廉租房和公租房保障体系，表7—8的数据也说明相关保障措施已经得到初步落实。不过，在经济适用房和政府补贴建房等措施上，城市流动人口困难家庭所能获得的相关保障仍然很低，流动人口的住房保障供给形式比较单一，其住房需求仍然主要依靠市场满足。

（三）农村困难家庭的住房政策支持特征

农村困难家庭的住房来源与城市家庭相比有较大差异，其保障范围和保障方式都有限。表7—9反映了农村困难家庭的住房来源情况。

从表7—9可以看出，绝大多数农村困难家庭的住房属于自建房（78.1%），农村困难家庭也较少通过租房或借房来解决住房问题。在住房保障政策上，农村困难家庭能够获得相关的政策福利总体比例更少（5.9%），目前农村的住房保障政策也比较单一，主要以政府补贴建房为主。需要指出的是，农村住房政策的市场化改革相对滞后于城市，但农村困难家庭住房政策在新农村建设尤其是城镇规划战略、精准扶贫政策等启动之后得到较大推动，各类资金和政策的投入增长较快，近年来尤其是加强了对各地农村危房改造、灾后重建以及困难家庭的住房补贴等，对于农村住房条件的改善有较大的促进。不过，农村困难家庭仍然存在较高的危房比例、基本住房设施的缺乏等状况，农村住房政策仍然需要进一步加强。

表7—9　农村困难家庭住房来源类别

类别	百分比（%）
购置自有产权住房	88.6
自建房	78.1
拆迁安置房	4.0
自购普通商品房	0.9
继承房	5.6
市场性租房或借房	5.6
借房	3.7
市场租房	1.7
租住单位住房	0.1
工作单位提供免费住房	0.1
政策性/保障性住房	5.9
廉租房或公租房	0.3
经济适用房或者限价商品房	0.4
政府补贴建房	5.2
总计（N/%）	2858/100

目前，无论城市还是农村，住房保障政策覆盖的比例和范围都比较小。城市困难家庭能够享受到的住房政策支持相对比较多元，包括廉租房、公租房、经济适用房或限价商品房等，但住房保障力度仍然有待加强。部分城市流动人口困难家庭能够享受到廉租房、公租房的相关住房保障，但绝大多数城市流动人口困难家庭仍是通过市场化的途径来解决住房问题，城市流动人口困难家庭面临的住房困难最大，对于住房支持需求最为迫切，既有的研究也指出城市流动人口困难家庭住房保障供给形式的单一性和其多样化的居住需求存在较大的矛盾。农村困难家庭的住房以自建房为主，仅有较少的家庭获得政府危房改造补贴。从城乡困难家庭的住房支持状况来看，当前我国的住房保障政策支持还存在较为突出的城乡二元结构，住房政策支持的层次和范围需要更加扩展和均衡。

四、城乡困难家庭住房政策支持获得的差异分析

在城乡困难家庭住房政策支持特征的基础上，我们希望进一步了解不同类别家庭在政策支持获得上的差异性，这对于探析相关政策支持的选择性及其力度、了解以及有针对性地回应困难家庭的住房需求十分重要。城乡困难家庭具有不同的人口和社会经济特征，基于既有的研究，我们主要考察困难家庭所在地区、家庭社会救助资格以及家庭照顾负担三个方面的指标，试图通过交叉分类统计，分析在家庭住房政策支持获得上的差异性特点。家庭所在地区分为东北部地区、东部地区、中部地区和西部地区四种类型；家庭社会救助资格主要通过是否获得"低保"来进行测量，这一变量一方面反映了家庭经济状况，另一方面也反映住房政策支持与其他社会救助的关联性；家庭照顾负担则用家庭成员中是否有残疾人这一变量来进行测量。我们运用卡方检验来分析变量之间的相关性。同样，本研究对城市困难家庭、城市流动人口困难家庭和农村困难家庭状况分别进行统计和呈现。

（一）城市困难家庭住房政策支持的差异分析

城市困难家庭具有较大的内部差异性，其所在的地区、是否获得"低保"以及是否有家庭照顾负担等也会带来其住房政策支持获得上的差异。表7—10反映了在不同维度上，城市困难家庭的住房政策支持特征。

表7—10　城市困难家庭特征与住房政策支持的交互分类

类别		住房来源类别（%）		
		购置自有产权房	租房或借房	政策性/保障性住房
所在地区[a]	东北部地区	61.5	21.5	17.0
	东部地区	72.9	12.3	14.8
	中部地区	62.9	18.5	18.6
	西部地区	56.8	22.2	21.1
"低保"资格[b]	"低保"家庭	64.1	17.1	18.8
	低收入家庭	72.8	14.9	12.3
家庭照顾负担	有残疾家庭成员	65.6	16.6	17.8
	无残疾家庭成员	67.0	16.4	16.6

注：[ab] $P<0.001$。

从表7—10可以看出，不同的家庭所在地区，其住房来源的类别也有很大不同，获得的住房政策支持比例有较大差异。相对于其他经济更发达的省份，西部地区的城市困难家庭获得住房政策支持的比例最多，达到21.1%。其次是中部地区、东北部地区，最后是东部地区。可见，住房政策支持体现出一定的地区差异，经济越发达的地区，其困难家庭能够享受到的住房政策反而越少；相反，则更有可能获得住房救助的支持。这说明中西部地区的城市困难家庭在住房政策支持上有更大的需求，在住房保障上的压力也更大。

通过比较"低保"家庭与低收入家庭在住房政策支持上的差异，可以在一定程度上反映住房政策支持是否具有收入瞄准的特点。从表7—10中的数据可以看出，"低保"的获得与住房政策支持有明显的相关性。相对于低收入家庭来说，"低保"家庭更有可能获得住房政策支持，比前者要多出 6.5 个百分点。更进一步的分类数据显示（没有列入表7—10），拥有"低保"资格的城市困难家庭有更大可能获得廉租房、公租房以及住房补贴，但在经济适用房或限价商品房的政策支持中，"低保"家庭和低收入家庭没有明显差异。可以看出，在当前的住房保障政策中，廉租房、公租房以及政府补贴建房这几类住房政策支持较多瞄准"低保"家庭，带有更强的家计审查特征。经济适用房等政策则也包括了低收入家庭，"低保"家庭在获得经济适用房政策支持上并不具有优势。

表7—10 中的数据也显示，家庭照顾负担与住房政策支持并不存在明显的相关性。这说明，对于城市困难家庭的住房政策支持并未考虑到其家庭照顾的压力。住房政策支持主要基于收入瞄准而非照顾负担或其他家庭需要。

（二）城市流动人口困难家庭住房政策支持的差异分析

城市流动人口困难家庭在城市居住地常常难以获得面向城市户籍居民的相关住房政策支持，但随着城市住房保障体系的改革，也有越来越多的外来务工人员被允许申请以及获得如廉租房、公租房等住房保障。表7—11 反映了城市流动人口困难家庭住房政策支持在三类维度上的差异性。

表7—11 的数据显示，城市流动人口困难家庭的住房政策支持也因为其所在地区的不同而表现出差异性。东北部地区以及西部地区的城市流动人口困难家庭都有更多比例获得住房支持，在具体的住房类别上，主要表现在有更大比例的廉租房、公租房支持，但总的来说，能够获得

住房支持的城市流动人口困难家庭比例很低。获得"低保"的城市流动人口困难家庭在住房支持上也具有更大的优势,"低保"家庭在住房支持上的比例比低收入家庭高出 6 个百分点。不过,需要指出的是,由于城市流动人口困难家庭一般无法在非户籍地获得社会救助,其"低保"资格在更大程度上反映了其家庭的经济状况,也就是说,有可能是家庭经济状况较差的城市流动人口困难家庭更有可能获得住房政策支持。在家庭照顾负担上,与城市困难家庭类似,有无残疾家庭成员在住房政策支持上并没有体现出差异性。

表 7—11 城市流动人口困难家庭特征与住房政策支持的交互分类

类别		住房来源类别（%）		
		购置自有产权房	租房或借房	政策性/保障性住房
所在地区[a]	东北部地区	38.8	42.1	19.1
	东部地区	35.9	52.4	11.7
	中部地区	40.6	48.8	10.6
	西部地区	30.6	53.1	16.4
"低保"资格[b]	"低保"家庭	41.8	39.6	18.7
	低收入家庭	35.7	52.0	12.3
家庭照顾负担	有残疾家庭成员	41.4	45.3	13.3
	无残疾家庭成员	35.8	51.1	13.0

注:[a] $P<0.05$;[b] $P<0.01$。

（三）农村困难家庭住房政策支持的差异分析

在农村困难家庭群体内部,不同的地区以及家庭社会经济特征的差异,也会在住房政策支持获得上体现出差异性。表 7—12 统计了农村困难家庭在不同维度上住房政策支持获得情况。

表 7—12　农村困难家庭特征与住房政策支持的交互分类

类别		住房来源类别（%）		
		购置自有产权房	租房或借房	政策性/保障性住房
所在地区[a]	东北部地区	82.3	12.2	5.5
	东部地区	90.1	5.5	4.4
	中部地区	87.1	5.6	7.3
	西部地区	88.5	3.7	7.8
"低保"资格[b]	"低保"家庭	85.6	6.5	8.0
	低收入家庭	91.7	4.7	3.7
家庭照顾负担	有残疾家庭成员	88.6	5.0	6.8
	无残疾家庭成员	88.9	5.9	5.2

注：[ab]$P<0.001$。

从表 7—12 的统计结果可以看出，不同地区的农村困难家庭在住房支持获得上呈现出一定的差异性，中部和西部地区的农村困难家庭更多地获得住房支持，东部地区则较少。是否获得"低保"在住房支持上也体现出差异性，获得"低保"的农村困难家庭更有可能获得住房政策支持。具体类别的统计发现，有 7.5% 的农村"低保"家庭获得建房补贴，而农村低收入家庭中只有 3% 获得补贴。这也说明，当前农村的住房政策支持主要面向的是"低保"家庭。此外，尽管有残疾人成员的农村困难家庭在获得住房支持上会多一些优势，但基本上家庭照顾负担并非住房支持差异性的一个来源，两者不存在明显的相关性。

从对住房政策支持的差异性分析结果来看，城乡困难家庭的地区、社会救助以及家庭照顾等特征会在一定程度上导致住房支持的获得差异。由于不同区域的经济发展水平不同，住房政策也体现出适应当地困难家庭需求的差异性，中西部地区的困难家庭获得住房保障的比例要比东部地区更高，但也说明中西部地区的住房保障可能面临更多的压力。家庭的"低保"资格无论在城市还是农村都是其住房政策支持获得的一个重要影响变量，说明住房保障政策紧密地与社会救助的其他政策联系在一起，住房保障的对象更偏向于获得"低保"救助的家庭。这种现象一方面与"低保"家庭在住房上面临更大的困难和需求有关；另一方面也使得住房政策带有较强的社会救济色彩，有可能在应对非"低保"的中低收入家庭住房需求上存在很大不足，住房保障的层次和覆盖面都比较有限。

五、基本结论与政策讨论

本研究运用城乡困难家庭的调研数据，对其住房状况以及住房政策支持获得的情况进行了描述和分析。不同类别的困难家庭在住房的基本状况上存在较大的差异，其住房政策支持的程度与特征也有很大不同。

首先，我国城乡困难家庭的住房状况整体来说不容乐观，住房面积较小，危房比例较高，住房设施和条件存在不足，城乡困难家庭的人均住房面积均低于全国平均住房面积，且居住条件面临较大差距。其中，农村困难家庭的危房比例最高，其次是城市困难家庭和城市流动人口困难家庭。城乡困难家庭的住房基本设施都存在较大不足，大量的农村家庭住房缺乏自来水、洗浴等基本设施。城市流动人口困难家庭有较大比例居住在简易房，居住条件较差是城市流动人口困难家庭面临的最大困难。

其次，城乡困难家庭的住房支出负担较重，住房补助等政策支持是城乡困难家庭十分迫切的需求。对于城市和农村困难家庭来说，住房困难是主要生活困难之一。住房导致的经济支出也是许多城乡困难家庭主要的负债原因。而城市流动人口困难家庭的住房面临更加特殊的困难，多数的城市流动人口困难家庭依靠市场化解决住房问题，无论购房还是租房，其承担的住房支出压力很大，城市流动人口困难家庭对于住房补助的需求最高。

再次，我国住房保障政策的覆盖面小，大量城乡困难家庭未能享受到住房政策支持，住房政策比较单一，并有较强的城乡二元结构特征。城市困难家庭的住房政策支持以廉租房、公租房以及经济适用房为主。城市流动人口困难家庭能够享受到部分廉租房或公租房政策的支持，但经济适用房及其他的住房支持获得的比例很低。农村困难家庭的住房政策支持仅集中于政府的补贴建房，且能够获得补贴的家庭较少。我国的住房政策支持还存在地区差异，中西部地区困难家庭获得住房支持的比例稍高。

最后，我国的住房政策目的总体上以救济而非发展为主，带有较强的家计审查和身份隶属特征。城乡困难家庭的住房保障政策以廉租房和公租房或者危房改造补贴等为主，但对于更具有资产保障性经济适用房/限价商品房等的可及比例很低。在三类困难家庭中，城市困难家庭的住房政策支持相对多样，但仍然更加偏向于"低保"家庭，以收入标准作为主要的住房政策发放依据。农村的危改房补贴则主要面向最低收入或残疾人家庭，带有较强的救济偏向。这种以救助为主的住房政策对于困难家庭来说，不能够成为家庭摆脱贫困、实现长期发展的依靠。

住房兼具福利和发展双重属性，既能使家庭成员获得基本居住和生活保障，又是家庭获得长期发展和社会保护的重要资产。合理的住房政策应当朝向一种具有发展性的、积极的社会政策转型。基于"资产—发展"的住房政策视角以及本研究的发现，我们提出进一步完善住房政策支持的几点建议。

首先，进一步扩大基本住房保障的覆盖面，完善分类、多层次的住房政策体系，尤其应该加大对于城市流动人口困难家庭的住房政策支持。当前城乡困难家庭仍然面临基本的住房需求，如对危房的改造、对自来水及洗浴设施等基本住房条件的改善需求等，城市流动人口困难家庭在居住地还常常面临较为沉重的住房支出负担。然而我国现有住房保障的相关政策还比较单一，覆盖面很窄，住房政策常常成为其他社会救助政策的补充，住房的保障功能并未充分体现出来。应当继续加强对城市棚户区改造、农村的危房改造的财政投入，加快将城市流动人口困难家庭纳入城市住房保障体系的进程，住房保障也应当成为社会政策兜底的基础构成。

其次，住房政策还应当体现积极的发展性功能，促进发挥住房政策支持对于低收入家庭的积极社会福利效应。住房是家庭资产拥有的重要体现，住房政策除了社会救济的功能之外，还可以成为家庭资产积累的重要途径。在住房政策上，应当扩大具有资产保障性的经济适用房和住房公积金覆盖范围，作为一种资产积累的住房拥有能够协助家庭打破贫困陷阱、实现长期发展，住房政策应当创造让困难家庭获得住房所有权的制度机会。此外，住房还通过其稳定而安全的居住环境，发挥对包括儿童在内的家庭成员的积极社会心理发展效应，建立良好的社区互动和支持网络，促进居民的社会融入。住房相关的政策应当纳入对于困难家庭的发展考量，在廉租房、公租房等的选址、配套设施建设等方面进行相应的规划投入。

再次，应当加强住房政策与其他相关社会保障及服务政策的统筹衔接，强化为城乡住房困难家庭提供社会服务，建立住房保障与其他社会政策项目之间的信息共享系统。由于家庭的住房困难常常与其他的家庭需要紧密联系在一起，对于面临特殊困难的家庭如残疾或重病家庭、照顾负担沉重的家庭等，住房相关的政策支持应当具有更大的灵活性，包括完善困难家庭的住房需求评估、采取有针对性的住房补贴方式、加强安置房以及棚户区的社区改造等。本研究发现，当前住房政策支持仍然以收入标准为主，未能考虑到城乡困难家庭的照顾负担和照顾需求。住房政策一方面应当激励摆脱贫困，另一方面也应通过改进住房支持的瞄准机制，更加合理、全面地评估住房需求。住房政策需要与经济政策、其他社会政策具有更好的目标融合。

最后，本研究提出，我国应当重视建立并完善发展型的住房政策体系，包括明确政府在城乡困难家庭住房保障中的主导性作用、拓展住房保障的层次与范围、统筹衔接住房保障与就业、扶贫、医疗以及其他社会服务的关联，以及进一步完善经济适用房和住房公积金的运行机制等。随着我国向中等收入国家迈进，社会政策对于经济社会发展的重要性日益凸显，合理的、具有发展性的社会政策可以促进反贫困、提升人力资本、激励社会参与以及实现积极的就业。住房是一种重要的资产保障，对于城乡困难家庭而言，通过完善多层次、兼具保障与发展功能的住房政策体系能够对困难家庭形成更加有效的支持及其产生更为积极的福利效应。

第八章　城乡困难家庭社会服务政策分析

　　社会服务是人类工业化、现代化发展进程中的制度产物，也是现代国家为应对巨大的社会变迁和社会转型中产生的社会问题而采取的具体措施。具体而言，社会服务是在现代化进程中，政府为了维护和保障全体公民，尤其是社会困难群体和特殊群体的生存发展权益和尊严生活需求，主导并实施向其家庭或个人提供必要的日常劳务帮助和照顾服务支持的一项政策体系和制度安排①。社会服务制度是我国城乡困难家庭社会政策支持系统建设的重要组成部分。在现阶段，社会服务主要通过建设社区服务的方式加强②。本研究对于社会服务的调查主要涉及两个维度：一个是涉及社区社会服务设施的建设，即考察社区托老所、养老院、医疗服务站、康复保健中心、社区治安站、社区文化站、公共体育健身设施及场所、便民利民服务点、计划生育服务站、流动人口服务站、物业服务站以及幼儿园等社区硬件设施的建设；另一个是通过考察社区养老服务、幼儿托护、社区治安、卫生环境、办理社会保障服务、

---

　　①　民政部政策研究中心课题组：《关于社会服务发展演进与概念定义的探析》，《中国民政》2011 年第 6 期。

　　②　民政部政策研究中心课题组：《社会服务于民政》，《中国民政》2011 年第 5 期；民政部政策研究中心课题组：《关于社会服务发展演进与概念定义的探析》，《中国民政》2011 年第 6 期。

劳动就业服务、医疗卫生保健服务、文化娱乐服务、家政服务、法律服务、物业服务、紧急救援、计划生育服务、心理咨询等服务项目的建设情况实现对社会服务的评估。

本章希望通过对研究中涉及的社会服务设施建设、社会服务项目建设等维度问题进行量化分析的基础上，评估当前的社会服务政策及其政策实施，并为进一步推动社会服务政策的发展，改善城乡社会服务质量提出政策建议。

一、城乡社会服务政策总述

自 1601 年《伊丽莎白济贫法》颁行，西方经历了一个国家福利发展的过程。1942 年伦敦政治经济学院院长贝弗里奇向英国战时内阁提交了著名的《贝弗里奇报告》，全面阐述了英国在第二次世界大战后社会保障的重建方案。1948 年，工党首相艾德礼宣布国民保险法、国民救助法、国家健康服务法开始实施，由此被视为福利国家的开端。20世纪 50 年代，英国学者蒂特姆斯提出政府不仅要提供国家福利，而且应该提供普遍而非残补性的社会福利。他进一步明确了"社会服务"概念，具体而言社会服务是指通过将创造国民收入的一部分人的收入分配给值得同情和救济的另一部分人，而进行的对普遍的福利有贡献的一系列集体的干预行动。在西方的福利建设实践中，社会服务的范围从少部分社会弱势群体扩展到全社会成员，社会服务的内容在不断增加并以普遍性原则加以实施，社会服务成为全面提升社会福祉的主要途径和手段。随着人口老龄化速度的加快，特别是家庭结构的变化和经济产业结构的调整，社会服务进入到快速发展的时期，福利国家出现了"社会服务化"的趋向①。

就中国而言，传统上主要有家庭与社区为个体提供相应的照顾，并未发展出成体系的社会服务。中华人民共和国成立以后，在大约 10 年的时间里，建立了一个以城市企事业单位、基层社区街居组织、农村人民公社等为组织单位的社会管理体制。单位社会体制下的基本社会政策模式是通过户籍制度分割呈现居民的身份，农村通过合作组织解决基本生活和福利保障问题。由此形成了中国计划经济时期城乡二元、单位有别的双二元社会福利体系②。

新时期社会条件发生了新的变化。一方面，20 世纪 80 年代城市单位制改革以来，单位的功能转移到社会，具体来说就是落实到街道上③。相应的社会服务也相当程度上落到了基层的街道居委会。农村则在集体经济解体以后，农村的社会照顾长期以家庭照顾为主。另一方面，伴随着我国经济的发展，一些结构性问题开始显现：城市单位改制与市场经济发展滋生大量贫困与弱势群体；人口结构迅速老龄化，养老问题凸显；伴随着人口老龄化而来的是对医疗服务需求的增加；流动人口增加使得流动人口的管理与服务成为社会治理中产生的新课题。

社会条件的新变化都对社会服务的发展提出了新的要求。2011 年颁布的"十二五"规划纲要明确提出要"逐步完善符合国情、比较完整、覆盖城乡、可持续的基本公共服务体系，提高政府保障能力，推进基本公共服务均等化。"依据"十二五"规划纲要，针对社区服务体系建设问题，国务院在 2011 年印发《社区服务体系建设规划（2011—

---

①　林闽钢、梁誉：《社会服务国家：何以可能与何以可为》，《公共行政评论》2016 年第 5 期，转引自王刚、姜维：《比较视角下的中国社会服务模式重构》，《学术界》2014 年第 7 期。

②　王思斌主编：《社会政策》，中央广播电视大学出版社 2010 年版。

③　朱健刚：《城市街区的权力变迁：强国家与强社会模式——对一个街区权力结构的分析》，《战略与管理》1997 年第 4 期。

2015 年）》。"规划"涉及社区服务设施、社区服务内容、社区服务队伍建设以及继续开展农村社区服务试点等方面内容。针对"十二五"规划纲要涉及的公共服务体系建设问题，国务院 2012 年 7 月印发《国家基本公共服务体系"十二五"规划》的通知，细化、明确了各项公共服务建设的任务、标准、政策与工程。针对社会服务建设，提出要建立国家基本社会服务制度，为城乡居民尤其是困难群体的基本生活提供物质帮助，保障老年人、残疾人、孤儿等特殊群体有尊严地生活和平等参与社会发展。具体内容涉及城乡困难群体最低生活保障制度和专项救助、农村"五保"对象的吃穿住医葬方面的生活照顾和物质帮助、自然灾害受灾人员救助、城市流浪乞讨人员救助、残疾人孤儿、精神病人等特殊群体的福利服务、老年人基本养老服务、优抚安置对象优待抚恤和安置服务、城乡免费婚姻登记服务，并将基本社会服务列为单独门类，独立规划编制，纳入民生指数指标体系和统计指标体系。全面将"基本社会服务"作为国家基本公共服务的一个重要领域①。《国家基本公共服务体系"十二五"规划》还涉及对促进城乡、区域基本公共服务均等化的内容。针对城乡公共服务发展的不平衡，"规划"指出，应当加强城乡基本公共服务一体化、推进城乡基本公共服务制度衔接、加大对农村基本公共服务支持力度。近年来，为了加强农村社区建设，中共中央办公厅、国务院办公厅于 2015 年 5 月印发《关于深入推进农村社区建设试点工作的指导意见》。意见指出，要提升农村社区公共服务供给水平，健全农村社区服务设施和服务体系，整合利用村级组织活动场所、文化室、卫生室、计划生育服务室、农民体育健身工程等现有场地、设施和资源，推进农村基层综合性公共服务设施建设，提升农村基层公共服务信息化水平，逐步构建县（市、区）、乡（镇）、村三级联

---

① 林闽钢：《我国社会服务管理体制和机制研究》，《华中师范大学学报》（人文社会科学版）2013 年第 3 期。

动互补的基本公共服务网络。积极推动基本公共服务项目向农村社区延伸，探索建立公共服务事项全程委托代理机制，促进城乡基本公共服务均等化。加强农村社区教育，鼓励各级各类学校教育资源向周边农村居民开放，用好县级职教中心、乡（镇）成人文化技术学校和农村社区教育教学点。改善农村社区医疗卫生条件，加大对乡（镇）、村卫生和计划生育服务机构设施改造、设备更新、人员培训等方面的支持力度。做好农村社区扶贫、社会救助、社会福利和优抚安置服务，推进农村社区养老、助残服务，组织引导农村居民积极参加城乡居民养老保险，全面实施城乡居民大病保险制度和"救急难"工作试点。2015年颁布的《中共中央关于制定国民经济和社会发展第十三个五年规划的建议》以及2016年颁布的《城乡社区服务体系建设规划（2016—2020年）》再次强调要提高基本公共服务均等化的水平，就业、教育、文化、社保、医疗、住房等公共服务体系发展更加健全。

伴随社会服务的发展，社会服务的提供方式在近年也出现多元化的趋势。2006年国务院发布了《国务院关于加强和改进社区服务工作的意见》，提出要不断改进政府公共服务方式，"积极探索通过政府'购买'、项目化管理等多种形式，调动社会组织参与社区服务的积极性，促进公共服务社会化"。2012年《民政部、财政部关于政府购买社会工作服务的指导意见》针对政府购买社会服务，从指导思想到对象、范围、程序与监督进行了制度方面的规定，指出要加大政府购买社会工作服务经费投入，并且中央财政安排专项资金，支持社会组织参与社会工作服务，引导社会工作专业人才为困难群体、特殊人群以及中西部地区和老少边穷地区提供专业服务。2013年，《国务院办公厅关于政府向社会力量购买服务的指导意见》出台，进一步规范了政府购买社会服务政策。2015年印发的《民政部、中央组织部关于进一步开展社区减负工作的通知》和2016年民政部发布的《关于通过政府购买服务支持社会组织培育发展的指导意见》进一步规定，建立健全基层政府购买服务机制，逐步扩大购买服务资金来源和数量，拓展购买服务领域和范围，规范购买服务程序和方式，将适合采用市场化方式提供的公益性、专业性、技术性服务交由社会组织、企业等社会力量承担。

近年针对我国越来越严重的人口老龄化问题，相关部门集中出台了一系列政策文件指导养老服务的发展。2013 年国务院《关于加快发展养老服务业的若干意见》指出，面对我国人口老龄化快速发展的现实，应当加快发展养老服务……应当统筹规划发展城市养老服务设施、大力发展居家养老服务网络、大力加强养老机构建设、切实加强农村养老服务、繁荣养老服务消费市场以及积极推进医疗卫生与养老服务相结合。2014 年民政部、国土资源部、财政部以及住房和城乡建设部针对国务院《关于加快发展养老服务业的若干意见》涉及的养老服务设施建设联合发文《关于推进城镇养老服务设施建设工作的通知》，对城镇养老服务设施的规划、用地、社区养老服务设施以及养老机构建设进行了更为细致的规划。针对医疗卫生与养老服务相结合的问题，2015 年国务院办公厅转发卫生计划生育委、民政部等部委《关于推进医疗卫生与养老服务相结合的指导意见》，对医养结合的合作机制、政府和社会资本合作的投融模式等方面进行了规定。2016 年民政部等部委陆续针对养老服务出台了一系列政策：《民政部　卫生计划生育委　关于做好医养结合服务机构许可工作的通知》《民政部　财政部关于中央财政支持开展居家和社区养老服务改革试点工作的通知》《关于确定 2016 年中央财政支持开展居家和社区养老服务改革试点地区的通知》《民政部办公厅　发展改革委办公厅关于开展以公建民营为重点的第二批公办养老机构改革试点工作的通知》《国务院办公厅关于全面放开养老服务市场提升养老服务质量的若干意见》。从程序与实践上进一步发展了养老服务。

二、农村社会服务建设政策分析

（一）农村社会服务设施建设情况

根据城乡困难家庭调查数据显示（见表8—1），调查所涉及社区社会服务设施建设相对完善，调查所涉及医疗、卫生、保健、物业等服务设施在被调查家庭所在社区多有建设，但是还是有8.29%的家庭反映调查所涉及社会服务设施在其居住的社区均未提供，进一步来说各项服务设施的建设情况也存在一定程度的差距。

1. 医疗卫生、文化、体育设施建设较好，医疗服务站覆盖达至七成以上

现阶段农村社区医疗卫生、文化、体育设施得到较好发展，其中70%以上的家庭认为社区有医疗卫生服务站，50%以上的家庭则认为社区设有计划生育服务站；社区文化站以及公共体育健身设施则均达到50%以上。这表明现阶段农村居民在社区能够享受到基本的医疗服务以及计划生育服务，并且半数以上的农村社区居民能够享受社区文化服务以及体育健身设施。社区服务在为居民提供基本公共服务设施的同时，也丰富了农村居民的精神文化生活。

2. 社区治安站等服务设施建设达三成以上，养老服务设施建设亟待加强

在对便民利民服务点、社区治安站、幼儿园/托儿所、物业服务站有需求时，分别有39.47%、39.3%、37.7%、34.88%被访者选择社区存在相关设施。相当一部分农村社区建立了便民利民服务点、社区治安站、幼儿园/托儿所以及物业服务站，居民能够享受到相应的服务。但是农村社区流动人口服务站、养老院以及康复保健中心的建设却相对落后，认为社区存在上述服务机构的家庭分别占 22.21%、14.16%、10.29%。这表明，农村社区流动人口服务站、养老站以及康复保健中心发展并不发达。

表 8—1　农村困难家庭所在社区服务设施建设情况（多重响应）

服务设施	选择家庭户数（户）	百分比（%）
托老所/养老院	417	14.16
医疗卫生服务站	2067	70.21
康复保健中心	303	10.29
社区治安站	1157	39.30
社区文化站	1516	51.49
公共体育健身设施	1480	50.27
便民利民服务点	1162	39.47
计划生育服务站	1487	50.51
农村社区流动人口服务站	654	22.21
物业服务站	1027	34.88
幼儿园/托儿所	1110	37.70
以上都没有	244	8.29
N	2944	

（二）农村社会服务成效分析

本研究涉及对环境、医疗卫生、治安、养老、物业等多项农村社区社会服务项目的调查（见表 8—2），数据显示各项社会服务项目建设差距较大。

表 8—2　农村困难家庭所在社区社会服务提供情况（多重响应）

服务项目	选择家庭户数（户）	百分比（%）
社区养老服务	280	9.51
幼儿托护	122	4.14
社区治安	1384	47.01
环境卫生	1930	65.56
办理社会保障服务	1143	38.82
劳动就业服务	231	7.85
医疗卫生保健服务	1392	47.28
文化娱乐服务	788	26.77
家政服务	42	1.43
法律服务	143	4.86
物业服务	163	5.54
紧急救援	103	3.50
计划生育服务	550	18.68
心理咨询	45	1.53
N	2944	

1. 环境卫生服务覆盖最好，医疗卫生、治安服务获得较好发展

超过半数以上的居民选择享受过社区环境卫生服务项目（65.56%）；农村社区的医疗卫生保健服务以及社区治安服务也获得了较好的发展，分别有 47.28%、47.01% 的家庭享受过这两项社会服务。农村医疗卫生保健服务的发展离不开农村医疗卫生设施的建设，如表 8—1 表明的，医疗卫生服务站建设在各项社会服务设施建设中最为完备。

2. 应当加快农村文化、计划生育服务建设，加大文化、计划生育方面服务投入

另外，分别有 38.82%、26.77%、18.68% 的农村居民享受过社区办理社会保障服务、文化娱乐服务以及计划生育服务。这一方面表明应当进一步加快上述三项服务在农村社区的普及，尤其是加快文化娱乐、计划生育服务方面的投入，进一步改善居民的精神文化生活以及计划生育服务质量；另一方面需要注意的是，享受办理社会保障服务的之所以在被调查数据中占有较高比例，与数据结构存在一定的关系，66.58% 的被访个案曾经享受过"低保"待遇。

3. 为应对老龄化社会的到来，应当加强养老、幼儿托护方面服务的发展

选择享受过社区提供的养老服务、劳动就业服务、物业服务、法律服务、幼儿托护服务、紧急救援服务、心理咨询服务以及家政服务的家庭比例均低于10%。农村养老服务长期由家庭提供，但是随着人口老龄化以及大量农村青壮年人口流出农村，对社区养老的需求增加，但是现阶段农村养老服务的建设仍然处于起步阶段。法律、心理咨询等服务为较为专业化的服务，其建设需要经历相当长的时期。

4. 农村社会工作建设处在起步阶段

关于农村社会工作发展方面（见表8—3），仅有不及5%的被访家庭选择社区提供社会工作服务；大部分被访家庭（63.39%）认为，社区并未提供社会工作服务，相当一部分被访家庭对于社区是否提供社会工作服务并不知晓。这表明，农村社会工作服务工作还处在起步阶段，今后必须加快工作步伐。

表8—3 农村困难家庭所在社区社会工作服务情况

社区是否有社会工作服务	选择家庭户数（户）	百分比（%）
有	136	4.63
没有	1863	63.39
不知道	940	31.98
N	2939	100

（三）农村社会服务满意度分析

1. 社区服务项目满意度与社区服务享受比例呈正相关

表8—4 为对"您所在的社区第一位的社会服务为何"这一题目进行的描述性统计。排在前四位的分别是环境卫生服务、社区治安服务、办理社会保障服务以及医疗卫生保健服务，四者分别占到34.9%、17.42%、10.79%以及9.67%，合计占到70%以上。调查中农村居民享受到的社会服务前三位分别是社区环境卫生服务（65.56%）、医疗保健服务（47.28%）以及社区治安服务（47.01%）。研究表明，农民对社区办理社会保障服务能够有相当高的满意度，"低保"家庭切实享受到了社区的社会保障服务[1]。

表8—4 农村困难家庭所在社区最好的社会服务项目

社会最好的服务项目	选择家庭户数（户）	百分比（%）
社区养老服务	203	7.09
幼儿托护	36	1.26
社区治安	499	17.42

---

[1] "低保"户以及"低保"边缘户占66.58%。

社会最好的服务项目	选择家庭户数（户）	百分比（%）
环境卫生	1000	34.90
办理社会保障服务	309	10.79
劳动就业服务	11	0.38
医疗卫生保健服务	277	9.67
文化娱乐服务	87	3.04
家政服务	3	0.10
法律服务	20	0.70
物业服务	9	0.31
紧急救援	14	0.49
计划生育服务	54	1.88
心理咨询	1	0.03
其他	342	11.94
N	2865	100

2. 农村社区社会服务总体满意度较高

表8—5表明农村居民对社区社会服务总体满意度较高，达到67.69%，不满意度低于5%。在绿化、环境卫生、交通便利、治安方面的满意度高于60%以上，但是居民对社区生活服务设施的满意度较低，为56.95%。在看到社区各项服务获得较高的满意度的同时还应当指出社区单项服务不满意的评价低于总体满意度。这表明农村社会服务还有相当大的改进空间。

表8—5　农村困难家庭所在社区社会服务满意度

社会服务满意度	总体满意程度	绿化状况	环境卫生状况	交通便利状况	治安状况	生活服务设施
很不满意	2.26	6.39	4.96	6.00	3.33	3.92
不太满意	2.15	6.56	5.21	7.05	4.17	6.73
一般	27.91	23.95	23.22	19.75	22.42	32.38
较满意	30.06	31.41	32.63	32.87	34.99	30.54
非常满意	37.63	31.69	33.98	34.33	35.09	26.41
N	2881					

三、城市社会服务建设政策分析

（一）城市社会服务设施建设情况

城市困难家庭调查数据显示（见表8—6），调查涉及社区社会服务设施建设相对完善，调查涉及医疗、卫生、保健、物业等服务设施在被调查家庭所在社区较为完备，仅有3.21%的受访家庭反映上述社会服务设施在其居住的社区未提供，但是各项服务设施的建设情况也存在一定程度的差异。

1. 城市医疗、卫生、治安、文化等设施建设相对完善

现阶段城市社区医疗卫生服务、计划生育服务、社区治安、社区文化以及物业服务设施得到较好的发展。70%以上的被访家庭认为社区建有医疗卫生服务站；六成以上的被访家庭认为社区建有计划生育服务站、社区治安站、公共体育健身设施、社区文化站以及物业服务站。

2. 城市便民设施、幼儿园以及流动人口服务设施覆盖率达五成以上

调查数据表明，一半以上的城市社区建设有便民利民服务点、幼儿

园/托儿所以及流动人口服务站，为城市社区居民提供便民利民服务、儿童教育服务以及为流动人口提供相应的社会服务。但是这三项设施在城市之中还需要进一步普及。

3. 城市社区养老、保健设施建设覆盖率较低，仅两成左右

城市社会服务设施建设最为落后的两项是康复保健中心的建设以及养老机构的建设，认为社区之中存在上述两项机构的被访家庭分别占24.06%和23.94%。虽然近年面临人口老龄化的状况，民政部等相关部门密集出台养老政策，但是养老设施普及还需要相当长一段时间的建设。

表8—6　城市困难家庭所在社区服务设施建设情况（多重响应）

服务设施	选择家庭户数（户）	百分比（%）
托老所/养老院	1008	23.94
医疗卫生服务站	2977	70.71
康复保健中心	1013	24.06
社区治安站	2797	66.44
社区文化站	2717	64.54
公共体育健身设施	2737	65.01
便民利民服务点	2291	54.42
计划生育服务站	2834	67.32
流动人口服务站	2118	50.31
物业服务站	2543	60.40
幼儿园/托儿所	2223	52.80
以上都没有	135	3.21
N	4210	

（二）城市社会服务成效分析

研究涉及对城市环境、治安、医疗、养老服务等多项城市社区社会服务项目的调查（见表8—7），各项社会服务项目建设差距较大。

1. 城市社区卫生、治安以及医疗保健服务发展较好，环境卫生服务覆盖率达七成

六成以上的被访家庭选择享受过社区环境卫生服务项目（74.85%）以及社区治安服务项目（62.14%）。城市社区办理社会保障服务以及医疗卫生保健服务也获得了一定程度的发展，分别有46.25%、46.1%的被访家庭享受过这两项社会服务。但是需要指出的是，因为样本中的个案为城市"低保"户以及城市"低保"边缘户，较多的被访者选择享受过办理社会保障服务在一定程度上与样本中个案的特殊性有关[1]。

表8—7　城市困难家庭所在社区社会服务提供情况（多重响应）

服务项目	选择家庭户数（户）	百分比（%）
社区养老服务	628	14.92
幼儿托护	160	3.80
社区治安	2616	62.14
环境卫生	3151	74.85
办理社会保障服务	1947	46.25
劳动就业服务	733	17.41
医疗卫生保健服务	1941	46.10
文化娱乐服务	1274	30.26
家政服务	242	5.75

①　样本之中72.63%的个案曾经接受过"低保"救济服务。

（续表）

服务项目	选择家庭户数（户）	百分比（%）
法律服务	316	7.51
物业服务	915	21.73
紧急救援	286	6.79
计划生育服务	734	17.43
心理咨询	232	5.51
N	4210	

2. 城市社区提供一定程度的文化、物业服务，计划生育、劳动就业以及社区养老服务较差，法律、心理咨询服务覆盖率不足一成

社区提供一定程度的文化娱乐服务以及物业服务，分别有30.26%、21.73%的被访家庭选择享受过社区文化娱乐服务、物业服务。城市社区之中计划生育服务、劳动就业服务以及社区养老服务发展较差，被访家庭认为自己享受过上述服务的比例均不超过20%；与之相比，法律服务、紧急救援、家政服务、心理咨询，由于服务较为专业化且服务建设需要一定的时间，四者的服务享受比率均低于一成。

3. 七成以上城市社区不存在社会工作服务

在城市社区社会工作发展方面（见表8—8），75.01%的被访家庭表示其所在的社会没有社会工作服务，仅两成的被访家庭认为社区存在社会工作服务，较农村社区高出将近17%。这说明城市社区社会工作依然处于起步阶段。

表 8—8　城市困难家庭所在社区社会工作服务情况

社区是否有社会工作服务	选择家庭户数（户）	百分比（%）
有	915	21.61
没有	3176	75.01
不知道	143	3.38
总数	4234	

4. 社区养老服务为城市居民认为最应改善的社会服务项目

表 8—9 的数据显示，城市居民认为最应改善的服务项目前三位分别为：社区养老服务（18.09%）、环境卫生服务（12.6%）以及医疗卫生保障服务（10.47%）。数据中涉及养老服务的数据值得进一步分析，养老服务设施建设、养老服务方面是建设最差的项目，仅有 23.94% 的被访者认为自己的社区有托老所/养老院（见表 8—6），只有 14.92% 的被访者所在的社会存在社区养老服务（见表 8—7）。但是，也有将近 10.7% 的被访者认为养老服务是自己社区提供的最好的社会服务项目，占各项服务项目中的第四位（见表 8—10），在养老服务设施提供比率相当低的情况下，这样的满意率间接说明了城市居民对于社区养老服务的需求。而表 8—9 的数据则直接证明社区养老服务是城市社区居民现阶段最为需要的社会服务项目。

表 8—9　城市困难家庭所在社区需要改善的服务项目

社区需要改善的服务项目	选择家庭户数（户）	百分比（%）
社区养老服务	738	18.09
幼儿托护	88	2.16
社区治安	235	5.76
环境卫生服务	514	12.60

（续表）

社区需要改善的服务项目	选择家庭户数（户）	百分比（%）
办理社会保障服务	253	6.20
劳动就业服务	219	5.37
医疗卫生保健服务	427	10.47
文化娱乐服务	206	5.05
家政服务	59	1.45
法律服务	66	1.62
物业服务	179	4.39
紧急救援	63	1.54
计划生育服务	11	0.27
心理咨询	73	1.79
其他	948	23.24
N	4079	

（三）城市社会服务满意度分析

1. 社会服务满意度与社会服务覆盖比例存在较大重合

表8—10对"您所在的社区第一位的社会服务为何？"这一题目进行了描述性统计。排在前四位的分别是环境卫生服务、社区治安服务、办理社会保障服务以及社区养老服务，分别占到27.99%、26.65%、12.52%以及10.7%，合计占到75%以上。

表8—10 城市困难家庭所在社区最好的社会服务项目

社区最好的服务项目	选择家庭户数（户）	百分比（%）
社区养老服务	441	10.70

（续表）

社区最好的服务项目	选择家庭户数（户）	百分比（%）
幼儿托护	27	0.66
社区治安	1098	26.65
环境卫生	1153	27.99
办理社会保障服务	516	12.52
劳动就业服务	34	0.83
医疗卫生保健服务	268	6.50
文化娱乐服务	108	2.62
家政服务	20	0.49
法律服务	11	0.27
物业服务	59	1.43
紧急救援	29	0.70
计划生育服务	65	1.58
心理咨询	11	0.27
其他	280	6.80
N	4120	

2. 城市居民社会服务总体满意度较高，达七成以上

表8—11表明城市居民对其所在社区社会服务总体满意度较高，达到70%。其中"非常满意"达到41.96%，不满意度低于5%。细分来看，环境卫生、交通便利、治安均获得了高于60%的满意度，稍稍低于总体满意度，但是居民对社区绿化状况、生活服务设施的满意度较低，分别为56.86%、57.73%。在看到社区各项服务获得较高的满意度的同时，还应当指出的是对社区各项服务不满意的评价总体而言低于总体满意度，绿化、环境卫生两项的不满意度均高于10%，不满意度最低的治

安一项为 8.85%，高出整体 4.83 个百分点。城市社区绿化、环境卫生、交通便利等社会服务还有相当的改进空间。

表8—11　城市困难家庭所在社区社会服务满意度（%）

	总体满意程度	绿化状况	环境卫生状况	交通便利状况	治安状况	生活服务设施
很不满意	2.02	7.24	5.15	4.83	3.92	4.09
不太满意	2.00	8.46	6.76	5.07	4.93	5.89
一般	24.67	27.43	27.10	22.89	23.71	32.29
较满意	29.36	27.60	30.06	33.40	34.00	30.73
非常满意	41.96	29.26	30.94	33.81	33.45	27.00
N	4159					

四、流动人口社会服务建设政策分析

（一）流动人口社会服务设施建设情况

流动人口所在社区社会服务设施建设相对较好（见表8—12）。六成以上的被访家庭表示其所生活的小区设有社区治安站、医疗卫生服务站、公共体育健身设施、计划生育服务站以及社区文化站。分别有 57.14%、55.32%、54.74%以及 52.11%的被访家庭所在的社区有便民利民服务点、流动人口服务站、物业服务站以及幼儿园/托儿所服务设施。但是，托老所/养老院以及康复保健中心的建设在流动人口所处的小区建设较差，分别有 22.53%、22.36%的被访家庭选择社区建设有上述两项服务设施。

表 8—12　流动人口所在社区服务设施建设情况（多重响应）

服务设施	选择家庭户数（户）	百分比（%）
托老所/养老院	421	22.53
医疗卫生服务	1,248	66.77
康复保健中心	418	22.36
社区治安站	1,272	68.06
社区文化站	1,137	60.83
公共体育健身设施	1,195	63.94
便民利民服务点	1,068	57.14
计划生育服务站	1,176	62.92
流动人口服务站	1,034	55.32
物业服务站	1,023	54.74
幼儿园/托儿所	974	52.11
以上都没有	83	4.44
N	1869	

（二）流动人口社会服务成效分析

1. 近五成流动人口不了解社区社会服务项目和信息

表 8—13 显示，流动人口对社区服务项目和信息的了解度并不理想，将近一半的流动人口选择对社区的服务项目与信息不了解，而选择非常了解社区服务项目的家庭则比例更低，仅有超过一成的家庭选择。应加强对社区服务项目的宣传工作。

表 8—13　流动人口了解社区服务项目与信息程度

您是否了解社区服务项目和信息	选择家庭户数（户）	百分比（%）
非常了解	242	12.96
一般	722	38.65
不了解	904	48.39
总数	1868	

2. 社区宣传、社区工作人员上门宣讲是社区服务宣传的主要手段

对了解社区服务信息的流动人口进行再调查（见表 8—14），能够发现社区宣传、社区工作人员上门宣讲政策是流动人口了解社区服务信息的主要途径，居民在有需要的时候进入社区服务中心进行咨询也是非常重要的渠道，但是网络等现代化的宣传手段发挥的作用较小。

表 8—14　流动人口了解社区服务信息途径（多重响应）

了解社区服务信息途径	选择家庭户数（户）	百分比（%）
邻居议论	80	33.06
社区宣传	195	80.58
社区网站	73	30.17
到社区服务中心咨询	110	45.45
社区工作人员上门宣讲	147	60.74
其他	12	4.96
N	242	

3. 流动人口社区活动参与率低，仅一成流动人口困难家庭经常参加社区活动

城市流动人口接受社区服务或者参加社区活动的情况更加不容乐观（见表8—15），仅有12.15%的流动人口困难家庭经常参加社区活动；三成左右的家庭偶尔参与社区活动；超过半数的家庭没有参与社区活动。这从另一个侧面显示流动人口融入社区较差。

表8—15　流动人口接受社区服务情况

您是否曾参加或接受社区相关活动或服务	选择家庭户数（户）	百分比（%）
经常参与	227	12.15
偶尔参与	584	31.25
没有参与	1058	56.61
总数	1869	

研究还涉及对城市环境、治安、医疗、养老服务等多项流动人口社区社会服务项目的调查（见表8—16），但是各项社会服务项目建设差距较大。

4. 流动人口在社区接受到较好的环境、治安服务，办理社会保障服务、医疗服务受社区融合等方面影响覆盖率低于城市居民

超过六成以上的被访家庭选择享受过社区环境卫生服务项目（73.46%）以及社区治安服务项目（64.31%）。流动人口享受到的医疗卫生保健服务相对较低（33.71%），办理社会保障服务的比例为25.04%。流动人口办理社会保障服务、医疗保健服务均低于城市居民享受这两项服务的比例，其中办理社会保障服务较城市居民低21.21个百分点，医疗卫生保健服务较城市居民低12.39个百分点。这一定程度上是由城市人口在城市社区较差的社会融合造成的，城市社会政策主要

针对城市居民设计，流动人口由于户籍制度等方面的限制难以真正地融入城市社区，享受与城市社区居民相同的福利。

5. 流动人口文化娱乐、物业、心理咨询等服务享受程度较低，但整体上与城市社区数据持平

文化娱乐服务、物业服务、计划生育服务以及劳动就业服务等社区服务流动人口享受到的社会服务较低，分别为 29.86%、23.54%、19.9%、13.96%；而流动人口在法律服务、社区养老服务、心理咨询服务、紧急救援、幼儿托护以及家政服务方面享受到的服务更少，均低于 10%。但是，上述各项服务整体上与城市社区数据持平。究其原因，一方面文化娱乐服务、物业服务、计划生育服务以及劳动就业服务为基本的社会服务，不存在制度隔离等方面的问题；另一方面，法律、心理咨询等服务为专业化、小众服务，且均处在起步阶段，还需要相当长时间的积累。

表8—16 流动人口所在社区服务项目

服务项目	选择家庭户数（户）	百分比（%）
社区养老服务	97	5.19
幼儿托护	68	3.64
社区治安	1202	64.31
环境卫生	1373	73.46
办理社会保障服务	468	25.04
劳动就业服务	261	13.96
医疗卫生保健服务	630	33.71
文化娱乐服务	558	29.86
家政服务	63	3.37
法律服务	132	7.06

（续表）

服务项目	选择家庭户数（户）	百分比（%）
物业服务	440	23.54
紧急救援	75	4.01
计划生育服务	372	19.90
心理咨询	88	4.71
N	1869	

6. 流动人口计划生育服务整体有待提高

表8—17涉及流动人口计划生育服务情况，计划生育法规政策宣传、生殖健康知识宣传以及便捷办理计划生育证件流动人口困难家庭获得比例分别为31.14%、27.66%、20.71%；而具体的计划生育服务如免费提供药具、母婴保健服务流动人口困难家庭获得比例分别为22.04%、9.2%。两者比例较低，这一方面与社区融入与隔离有关，另一方面与计划生育服务涉及特殊人群有关，调查中46.17%的受访家庭认为自己不需要任何计划生育服务。

表8—17　流动人口计划生育服务情况

计划生育方面的服务	选择家庭户数（户）	百分比（%）
生殖健康知识宣传	517	27.66
计划生育法规政策知识	582	31.14
便捷办理计划生育证件	387	20.71
免费提供药具	412	22.04
母婴保健服务	172	9.20
其他	172	9.20
不需要	863	46.17
N	1869	

（三）流动人口社会服务满意度分析

流动人口社会服务满意度与服务覆盖程度成正比，流动人口对社会总体满意度达到六成以上。

调查还涉及流动人口对社区提供社会服务的评价（见表 8—18），其中流动人口社区治安服务（33.98%）、环境卫生服务（28.83%）所占比例最高，其余社会服务所占比例均低于 10%。对比社区服务项目建设情况（见表 8—16），可发现流动人口社会服务满意度与社会服务覆盖程度成正比。

表 8—19 则显示，流动人口对社区服务的总体满意度较高，在 60%以上，不满意度在 4%以下。

表 8—18　流动人口所在社区最好的服务项目

社区最好的服务项目	选择家庭户数（户）	百分比（%）
社区养老服务	95	5.26
幼儿托护	20	1.11
社区治安	614	33.98
环境卫生	521	28.83
办理社会保障服务	74	4.10
劳动就业服务	24	1.33
医疗卫生保健服务	98	5.42
文化娱乐服务	63	3.49
家政服务	4	0.22
法律服务	11	0.61
物业服务	49	2.71

（续表）

社区最好的服务项目	选择家庭户数（户）	百分比（%）
紧急救援	8	0.44
计划生育服务	87	4.81
心理咨询	6	0.33
其他	133	7.36
N	1807	

表 8—19　流动人口社区服务总体满意度

社区服务总体满意度	选择家庭户数（户）	百分比（%）
非常满意	499	26.80
较满意	694	37.27
一般	598	32.12
较不满意	39	2.09
很不满意	32	1.72
N	1862	

五、社会服务建设城乡政策比较分析

（一）城乡社会服务设施建设比较分析

下文将对城乡社会服务设施建设进行比较分析[1]。表 8—20 显示，城市社区服务设施建设整体好于农村，如上文所述流动人口所在社区与城市居民所在社区社会服务设施建设基本持平。具体而言：

---

[1]　在此需要说明的是，中国流动人口大体而言是从农村流向城市，因此可以将流动人口所在社区的情况看作城市社区建设的子项。

表 8—20 城乡社会服务设施建设

服务设施	农村		城市		流动人口	
	选择家庭户数（户）	百分比（%）	选择家庭户数（户）	百分比（%）	选择家庭户数（户）	百分比（%）
托老所/养老院	417	14.16	1008	23.94	421	22.53
医疗卫生服务站	2067	70.21	2977	70.71	1248	66.77
康复保健中心	303	10.29	1013	24.06	418	22.36
社区治安站	1157	39.30	2797	66.44	1272	68.06
社区文化站	1516	51.49	2717	64.54	1137	60.83
公共体育健身设施	1480	50.27	2737	65.01	1195	63.94
便民利民服务点	1162	39.47	2291	54.42	1068	57.14
计划生育服务站	1487	50.51	2834	67.32	1176	62.92
流动人口服务站	654	22.21	2118	50.31	1034	55.32
物业服务站	1027	34.88	2543	60.40	1023	54.74
幼儿园/托儿所	1110	37.70	2223	52.80	974	52.11
以上都没有	244	8.29	135	3.21	83	4.44
N	2944		4210		1869	

　　医疗卫生服务站建设农村与城市基本持平，70%以上的被访家庭指出自己所在的社区建设有医疗卫生服务站，调查中流动人口的比例相对较低为66.77%。关于社区文化站、公共体育健身设施、计划生育服务

站，调查中50%以上的被访家庭选择自己所在的社区建设有上述服务设施，而三项社会服务设施在城市社区调查之中的比例均达到60%以上。调查中农村仅有不到40%的被访者指出自己所在的社区建设有治安站；城市居民这一比例较高，达到了66.44%；流动人口选择有的比例达到了68.06%。调查中不到40%的农村被访家庭选择社区建设有便民利民服务点、幼儿园/托儿所建设，城市的数据比农村高出10个百分点以上，分别达54.42%、52.80%。流动人口服务站城市社区较农村社区高出将近30个百分点，达50.31%，且流动人口社区数据高于普通城市社区。这主要是由于中国流动人口主要是从农村流往城市。物业服务站城市社区数据较农村社区高出将近30个百分点，达60.4%，但是流动人口社区较城市社区只低了将近6个百分点。托老所/养老院的建设，农村较城市低10个百分点左右，城市覆盖率也较低，仅有不到24%的被访家庭选择自己所在的社区建设有托老院/养老院。城乡社区的康复保健中心的建设较差，调查中农村仅有10.29%的被访家庭选择其所在的社区建设有康复保健中心，城市所占比例较高达到24.06%。

（二）城乡社会服务成效比较分析

城乡社会服务进行对比（见表8—21），总体而言城市社会服务优于农村社会服务，从城市内部来看，城市居民较流动人口享受到更好的社会服务。

城乡享受社区治安服务的比例存在一定的差距，城市享受社区治安服务的比例达到62.14%，流动人口数据与城市数据大致持平，为64.31%；这项数据农村的比例为47.01%。环境卫生数据城市社区较农村社区高出将近10个百分点，达74.85%，流动人口数据与城市数据大致持平。办理社会保障服务数据城市较农村高出将近10个百分点，达46.25%，城市数据高出流动人口数据20多个百分点。农村与城市的医

表8—21 城乡社会服务项目建设

服务项目	农村		城市		流动人口	
	选择家庭户数（户）	百分比（%）	选择家庭户数（户）	百分比（%）	选择家庭户数（户）	百分比（%）
社区养老服务	280	9.51	628	14.92	97	5.19
幼儿托护	122	4.14	160	3.80	68	3.64
社区治安	1384	47.01	2616	62.14	1202	64.31
环境卫生	1930	65.56	3151	74.85	1373	73.46
办理社会保障服务	1143	38.82	1947	46.25	468	25.04
劳动就业服务	231	7.85	733	17.41	261	13.96
医疗卫生保健服务	1392	47.28	1941	46.10	630	33.71
文化娱乐服务	788	26.77	1274	30.26	558	29.86
家政服务	42	1.43	242	5.75	63	3.37
法律服务	143	4.86	316	7.51	132	7.06
物业服务	163	5.54	915	21.73	440	23.54
紧急救援	103	3.50	286	6.79	75	4.01
计划生育服务	550	18.68	734	17.43	372	19.90
心理咨询	45	1.53	232	5.51	88	4.71
N	2944		4210		1869	

疗卫生保健服务数据持平分别为 47.28%、46.10%，均未达到半数。另一方面流动人口自社区之中享受医疗卫生保健服务的比例较低，仅为 33.71%。劳动就业服务提供整体较差，但是城乡对比城市劳动就业服务较农村高出 10 个百分点左右，达 17.41%。流动人口劳动就业服务比城市低，但是高于农村社区，这说明流动人口在城市能够享受到优于农村的劳动就业服务。城乡以及流动人口享受到的文化娱乐服务情况差别不大，服务覆盖情况也较差，仅有不到三成的城乡居民享受到这项社会服务。享受法律服务、幼儿托护、紧急救援、心理咨询以及家政服务的城乡家庭都较低，低于 10%，说明上述社会服务在城乡都相对较差。社区养老服务的覆盖情况较差，覆盖情况分别为 9.51%、14.92%、5.19%。

上述数据表明，一方面，社会服务建设城乡存在明显差距，应当有针对性地增加农村社区建设投入，加强农村社会服务建设；另一方面，在社会保障服务、医疗保健服务等核心社会服务覆盖的流动人口均低于城市人口，这在一定程度上是由城市人口在城市社区较差的社会融合造成的。城市社会政策主要针对城市居民设计，流动人口由于户籍制度等方面的限制难以真正融入城市社区，享受与城市社区居民相同的福利。另外，社区养老等社会服务有相当一部分在城乡均处于起步阶段，提供系统的社会服务，还需要相当长一段时间的积累。

（三）城乡社会服务满意度比较分析

总体来看，城乡社会服务满意度与城乡社会服务供应存在正相关，环境卫生、社区治安服务城乡虽有不同，但是均处于满意度排名的前两位；医疗卫生服务虽城乡均有较高的服务覆盖，但是满意率较低；养老服务建设虽然还处于起步阶段，但是获得了与其服务覆盖不相称的高满意率。

表 8—22 显示环境卫生、社区治安，在社会服务中满意度最高，其中农村环境卫生服务满意度达到 34.9%，城市为 27.99%。社区治安满意

表8—22 城乡最好的社区服务项目比较

社区最好的服务项目	农村		城市		流动人口	
	选择家庭户数（户）	百分比（%）	选择家庭户数（户）	百分比（%）	选择家庭户数（户）	百分比（%）
社区养老服务	203	7.09	441	10.70	95	5.26
幼儿托护	36	1.26	27	0.66	20	1.11
社区治安	499	17.42	1098	26.65	614	33.98
环境卫生	1000	34.90	1153	27.99	521	28.83
办理社会保障服务	309	10.79	516	12.52	74	4.10
劳动就业服务	11	0.38	34	0.83	24	1.33
医疗卫生保健服务	277	9.67	268	6.50	98	5.42
文化娱乐服务	87	3.04	108	2.62	63	3.49
家政服务	3	0.10	20	0.49	4	0.22
法律服务	20	0.70	11	0.27	11	0.61
物业服务	9	0.31	59	1.43	49	2.71
紧急救援	14	0.49	29	0.70	8	0.44
计划生育服务	54	1.88	65	1.58	87	4.81
心理咨询	1	0.03	11	0.27	6	0.33
其他	342	11.94	280	6.80	133	7.36
N	2865	100	4120	100	1807	100

度，农村为 17.42%，城市为 26.65%，城市中的流动人口比例为
33.98%。从社区治安满意度来看，农村治安满意低于城市满意度达
10 个百分点，流动人口从农村进入城市社区后与农村社区进行对比对
社区治安的满意度明显提高，达到 33.98%。

办理社会保障服务满意度相对较高，农村、城市分别达 10.79%、
12.52%，这在很大程度上是由于数据中的个案是城乡"低保"户以及
城乡"低保"边缘户，享受到了办理社会保障服务。从数据上看，流
动人口（4.1%）在城市享受到较少的社会服务。

医疗卫生保健服务虽然提供了较高的服务比例，但是仅仅能够满足
基本的社区卫生服务，因此获得的满意度较低（农村 9.67%；城市
6.5%）。与社区医疗保健服务不同，社区养老服务虽然提供比例较低，
但是由于人口老龄化等原因，居民对社区养老服务需求较高，相应的社
区养老服务获得了与其覆盖度不相符的满意度评价。农村达到 7.09%，
城市达到 10.7% 的比例。其余社会服务满意度相对都较低，全部低于
5%，这在很大程度上是由于各项服务提供情况较差。

表 8—23 显示，城乡社会服务总体满意度较高，其中表示不满意的
不及 5%；城市、农村以及流动人口选择较满意、非常满意的比例分别
占 71.32%、67.69%、64.07%。这一方面与城乡社会服务的覆盖有关，
另一方面与流动人口在城市社区的融入有相当的关系。

表 8—23　城乡社会服务满意度比较（%）

社会服务满意度	总体满意程度：农村：N=2881	总体满意程度：城市：N=4195	总体满意程度：流动：N=1862
很不满意	2.26	2.02	1.72
不太满意	2.15	2.00	2.09
一般	27.91	24.67	32.12
较满意	30.06	29.36	37.27
非常满意	37.63	41.96	26.80

六、社会服务建设区域比较分析

（一）区域社会服务设施建设比较分析

2016 年中国城乡困难家庭社会政策支持系统调查项目在全国 29 个省、自治区、直辖市进行了抽样调查。本研究首先将农村、城市、流动人口数据库进行数据合并，然后根据国家统计局标准建构东、中、西区域变量进行交互分析。其中东部地区包括北京、天津、河北、辽宁、上海、江苏、浙江、福建、山东、广东、海南 11 个省、直辖市；中部地区包括山西、吉林、黑龙江、安徽、江西、河南、湖北、湖南 8 个省份；西部地区包括内蒙古、广西、重庆、四川、贵州、云南、陕西、甘肃、青海以及宁夏 10 个省、自治区、直辖市。

表 8—24 的数据显示，总体而言社会服务设施建设，东部优于中、西部。具体而言，社区医疗卫生服务站是在东、中、西三个区域覆盖率最高的社区设施，分别达 70.96%、71.49%、63.55%，并且三个区域差异较小。计划生育服务站、社区文化站、社区治安站的覆盖率均达六成左右，且三个区域差异较小。公共体育健身设施建设在三个区域均达五成以上，但是差异较大，东部地区覆盖率达到 66.18%，较中部的 54.34%以及西部的 51.04%高出 10 个百分点以上。社区物业服务站三个地区也相差较大，东部地区达到 58.08%，中、西部分别为 43.41%、42.05%。东、中、西部的社区幼儿园/托儿所、便民利民服务点、流动人口服务站差距较小，尤其是便民利民服务点以及流动人口服务站。三个区域的托老所/养老院以及康复保健中心的覆盖率则同样较差，仅在两成左右。随着我国人口老龄化的推进，城乡居民对于社区设施需求增加，应当加快社区养老服务设施的建设。

表8—24　东、中、西部社区服务设施建设（%）

服务设施	东部	中部	西部
托老所/养老院	20.42	20.44	20.61
医疗卫生服务站	70.96	71.49	63.55
康复保健中心	19.41	20.13	17.27
社区治安站	57.18	61.17	55.03
社区文化站	61.18	56.48	59.44
公共体育健身设施	66.18	54.34	51.04
便民利民服务点	50.02	50.81	49.26
计划生育服务站	62.36	61.13	56.52
流动人口服务站	42.99	41.97	40.20
物业服务站	58.08	43.41	42.05
幼儿园/托儿所	51.43	44.18	42.70
以上都没有	4.51	5.70	5.96
N	4766	2578	1679

（二）区域社会服务成效比较分析

表8—25提供了区域社会服务项目的数据对比，区域社会服务成效比较表明，东、中部社会服务建设优于西部社会服务建设。

环境卫生、社区治安为各区域居民享受最多的社会服务。东部超过七成（75.4%）的社区居民能够享受到环境卫生服务，较西部地区居民高出11个百分点。社区治安方面，东部（60.25%）与西部（51.46%）差距也在10个百分点左右。医疗卫生保健服务、办理社会保障服务两者的服务覆盖率均在四成左右，并且两项服务数据显示中部服务覆盖率最高。其中，医疗卫生保健服务的中部地区覆盖率达47.9%，西部最低，为36.37%；办理社会保障服务中、西部数据相当，西部最低，中部覆盖率为41.84%，西部为33.51%。文化娱乐服务、计划生育服务、劳动就业服务以及养老服务在三个区域都有一定程度的发展，但是居民享受到上述服务的比率相对较低；而法律服务、紧急救援、心理咨询、幼儿托护、家政服务，在东中西部差异较小，且享受比例都较低。这一方面是由于上述服务仅为特定的人群需要，另一方面则由于上述服务未能在社区提供高质、有效的服务。

表8—25 东、中、西部社会服务项目对比（%）

服务项目	东部	中部	西部
社区养老服务	13.37	9.52	7.27
幼儿托护	4.15	4.04	2.86
社区治安	60.25	56.88	51.46
环境卫生	75.40	69.00	64.40
办理社会保障服务	40.21	41.84	33.51
劳动就业服务	13.26	13.52	14.55
医疗卫生保健服务	44.43	47.90	36.37
文化娱乐服务	30.43	28.83	25.40
家政服务	4.00	4.27	2.74
法律服务	5.53	8.08	7.10
物业服务	20.28	14.14	11.09
紧急救援	4.15	6.88	5.31
计划生育服务	18.86	19.27	15.50
心理咨询	3.65	4.70	4.17
N	4772	2574	1677

（三）区域社会服务满意度比较分析

表8—26显示东、中、西三个地区各项社会服务未有明显差异。环境卫生、社区治安两项服务在三个区域均被评为最好的社会服务，且差异不大，环境卫生服务在东、中、西三个地区分别有32.26%、26.98%以及30.45%的社区居民选择其为社区最好的公共服务；社区治安在三个地区的比例分别为24.51%、26.74%以及24.48%。办理社会保障服务、社区养老服务以及医疗卫生保健服务三者相对其他社会服务获得了较高的满意度①。社区养老服务设施在三个地区均为两成左右，养老服务的覆盖率仅在10%左右，西部地区尤其低，仅为7.27%，但是却获得了较高的服务满意率。这一方面由于人口老龄化对于社会养老服务需求增加；另一方面则是由于已往主要由家庭进行养老，社区能够提供养老服务也容易获得较高的评价。

表8—26　东、中、西比较社区最好的社会服务（%）

服务项目	东部	中部	西部
社区养老服务	8.81	7.96	7.91
幼儿托护	0.88	0.83	1.32
社区治安	24.51	26.74	24.48
环境卫生	32.26	26.98	30.45
办理社会保障服务	10.78	10.14	8.73
劳动就业服务	0.53	0.91	1.32
医疗卫生保健服务	6.99	8.24	6.78
文化娱乐服务	2.91	3.09	2.76

---

①　社会保障服务的满意度较高，在很大程度上受数据个案均为"低保"边缘户或者"低保"户的影响。

（续表）

服务项目	东部	中部	西部
家政服务	0.43	0.16	0.19
法律服务	0.39	0.59	0.56
物业服务	1.60	1.03	1.00
紧急救援	0.39	0.83	0.75
计划生育服务	2.05	3.41	1.51
心理咨询	0.15	0.40	0.06
N	4675	2524	1593

区域社会服务总体满意度的比较显示（见表8—27），东部地区满意度最高，达到70.91%，中、西部地区稍低分别为66.91%、64.42%，进一步来讲东部地区不满意比例为3.21%、中部地区为4.58%、西部地区为6.03%。总体来说，东、中、西三个地区的社区服务满意度差别不大，但还是呈现出东部地区的满意度高于中、西部地区的趋势。这在很大程度上与东部地区的社会服务设施建设较好、社会服务覆盖比例较大有关。

表8—27 东、中、西社区服务满意度评价（%）

区域	很满意	较满意	一般	较不满意	很不满意	总计
东部	1922	1454	1232	80	73	4761
	40.37	30.54	25.88	1.68	1.53	100
中部	874	851	735	59	59	2578
	33.90	33.01	28.51	2.29	2.29	100
西部	577	502	495	48	53	1675
	34.45	29.97	29.55	2.87	3.16	100

（续表）

区域		很满意	较满意	一般	较不满意	很不满意	总计
总计		3373	2807	2462	187	185	9014
		37.42	31.14	27.31	2.07	2.05	100

七、社会服务满意度的相关因素分析

在对城乡社区社会服务建设进行描述性统计的基础之上，为进一步加深对社会服务的理解，下面分析影响社会服务满意度的相关因素。根据既有研究，本研究将受访者特征、受访者所在家庭收入、家庭类型、家庭接受社会救济情况[①]、家庭社会服务享受情况[②]等变量纳入回归方程，分析其与社会服务满意度的关系（见表8—28）。

表8—28　社会服务满意度相关因素 Logistic 回归分析

变量	(1) 模型1	(2) 模型2	(3) 模型3
受访者特征			
性别（参照：女性）	0.152* (0.060)	0.161** (0.061)	0.206*** (0.062)
年龄（参照：15—30岁）			
30—40岁	0.187 (0.209)	0.251 (0.210)	0.232 (0.212)

———————

① 城市问卷题目 C8 涉及"您家 2015 年享受以下哪些救助项目?"共涉及 13 项救助项目，剔除"低保"金项目后对剩余项目再处理，统计接受社会救助的数量生成本变量。

② 对城市问卷问题 D3.1 进行再处理，统计家庭享受社会服务数量生成本变量。

（续表）

变量	（1） 模型 1	（2） 模型 2	（3） 模型 3
40—50 岁	0.168 （0.193）	0.205 （0.194）	0.196 （0.195）
50—60 岁	0.338[+] （0.195）	0.397[*] （0.197）	0.383[+] （0.198）
60 岁及以上	0.357[+] （0.196）	0.419[*] （0.197）	0.388[+] （0.198）
已婚（参照：其他）	0.044 （0.064）	0.056 （0.064）	0.005 （0.065）
党员（参照：其他）	0.097 （0.108）	0.110 （0.108）	0.063 （0.110）
汉族（参照：其他）	−0.110 （0.158）	−0.084 （0.159）	−0.227 （0.162）
健康情况（参照：很差）			
较差	−0.372[***] （0.082）	−0.365[***] （0.082）	−0.413[***] （0.083）
一般	−0.284[***] （0.081）	−0.264[**] （0.081）	−0.298[***] （0.082）
较好	−0.129 （0.124）	−0.111 （0.125）	−0.205 （0.127）
很好	0.364[**] （0.135）	0.420[**] （0.136）	0.363[**] （0.138）
教育（参照：未接受任何教育）			
小学	−0.133 （0.090）	−0.130 （0.091）	−0.192[*] （0.092）
初中	−0.298[***] （0.089）	−0.316[***] （0.089）	−0.372[***] （0.091）

（续表）

变量	（1）模型 1	（2）模型 2	（3）模型 3
高中或中专	−0.396*** （0.103）	−0.414*** （0.104）	−0.492*** （0.105）
大专	−0.325+ （0.182）	−0.356+ （0.182）	−0.567** （0.186）
本科	−0.607* （0.237）	−0.645** （0.238）	−0.760** （0.242）
硕士及以上	−2.161* （0.961）	−2.236* （0.962）	−2.256* （0.971）
年收入分组（参照：5000 元及以下）			
5000—10000 元	0.227* （0.098）	0.224* （0.099）	0.259** （0.100）
10000—20000 元	0.284** （0.092）	0.262** （0.092）	0.266** （0.094）
20000—40000 元	0.079 （0.087）	0.054 （0.088）	0.054 （0.089）
40000 元及以上	−0.067 （0.099）	−0.088 （0.100）	−0.142 （0.102）
家庭"低保"户 （参照："低保"边缘户）	0.209*** （0.059）	0.147* （0.061）	0.120+ （0.062）
接受社会救助 项目数量		0.102*** （0.025）	0.065** （0.025）
接受社会服务 项目数量			0.184*** （0.012）
观察结果	4218	4193	4170
ll	−5102.8	−5063.1	−4904.5

（续表）

变量	(1) 模型 1	(2) 模型 2	(3) 模型 3
LR chi2	141.94	159.01	415.32
Prob > chi2	0.000	0.000	0.000
Pseudo R^2	0.0137	0.0155	0.0406

Standard errors in parentheses $^+p< 0.1$, $^*p< 0.05$, $^{**}p< 0.01$, $^{***}p< 0.001$。

表 8—28 的数据显示，模型总体明显。从各个变量来看，在控制其他变量不变的情况下，从受访者特征来看，男性受访者更容易对社会服务有积极的评价。受访者年龄对社会服务的评价无明显影响，但是在模型 2 中显示，相比 15—30 岁年龄组，50—60 岁及 60 岁及以上年龄组的人更容易对社会服务满意。受访者在健康状况方面对社会服务的满意度较为复杂，在与参照组健康状况较差的情况进行对比中，健康状况较好、一般两组更容易对社会评价作出负面评价，而健康状况很好的人则更容易对社会服务作出正面评价。当然，其中的原因需要进一步分析。针对受访者受教育状况的分析显示，同参照组"未接受任何教育"相比较，各组受教育者均容易对社会服务进行负面评价。对数据之中家庭收入的分析显示，同 5000 元及以下的组相比较，整体上收入 5000—10000 元、10000—20000 元的两组更容易对社会服务给出满意的评价。

进一步来看，调查期间家庭为"低保"家庭的受访者相较于"低保"边缘户更容易对社会服务作出好的评价；而享受过更多社会救助项目的家庭容易对社会服务作出较好的评价。值得注意的是，模型 3 中加入的"接受社会服务项目数量"这一变量，对"社会服务满意度"有符合理论假设的明显影响，并且提升了模型整体的解释能力。这表明社会服务的供给与瞄准是影响社会服务满意度的重要维度。需要指出的是，由于数据结构所限，研究难以对影响社会服务满意度的因素与原因进行进一步分析。

八、研究发现与政策建议

总体而言，现阶段城乡困难家庭社会服务总体满意度较高且在包括社区卫生、社区治安以及社区基本医疗卫生服务等基础服务项目建设上取得了较大的成绩。但是较为专业化、满足特定人群、需要的服务则发展较慢，例如社区养老服务、法律服务以及心理咨询服务。社会服务工作发展仍处于起步阶段。从对比上看，城乡服务结构相似，但是城市社会服务整体优于农村，城乡社会服务差距明显。流动人口在城市中由于社会融合等原因的影响，在社会保障、医疗保障方面的服务覆盖率较差。总体而言，社会服务建设东部优于中部、西部。有以下三个问题值得进一步讨论。

（一）养老等社会服务供需不平衡

现阶段我国随着人口老龄化的加剧，家庭和社会面临越来越大的人口老龄化的压力。以往通过家庭以及单位实现老年人照顾的模式，在现阶段单位、家庭的养老功能逐渐丧失。社区虽然提供一定的养老服务，但难以满足社区居民的需要。城乡仅有10%左右的家庭能够享受到社区养老服务，城市调查问卷之中"居民认为社区最需要改善的社会服务"的数据显示，社区养老服务需求以将近20%的比例居于第一位。

针对养老等社会服务供需不平衡的问题，现阶段可以借鉴西方社会政府购买社会服务的模式，通过市场增加社会服务主体，提供专业化的社会服务。西方社会自20世纪70年代以来，政府购买服务成为社会服务提供的主流方式。通过政府购买服务的方式能够在一定程度上克服政府难以解决公共服务高度复杂性、专业性的问题①。现阶段，我国在实施社会服务体系建设规划的同时注重服务主体多元化，并且出台一系列文件，提供了一系列制度、程序方面的支持，为此开展了一系列试点工作，以保证服务质量。

（二）城乡、区域发展不平衡

由于经济发展原因，现阶段社会服务发展呈现出城乡、区域发展不平衡的特点。城市社会服务建设整体优于农村，东、中部地区社会服务建设整体优于西部地区。

针对社会服务发展不平衡的问题，国家必须加大对社会服务发展较差地区的投入。除采用政府直接提供服务、政府购买服务的方法之外，可以动员与培训农村社区居民进行自我服务，促进城乡社会服务均等化。

（三）社会工作发展仍处于起步阶段

社会工作是社会服务的重要组成部分，对于社会服务的发展尤其是养老、心理咨询等发展起相当重要的作用。至 2017 年，我国共有社会工作专业队伍 76 万人。其中持证社工 28 万多人；相关事业单位、群团组织、社区和社会组织社会工作专业岗位超过 27 万个②。本研究发现，现阶段城乡社会工作服务仍处于起步阶段，社会工作普及度较差。75%以上的城市被访者表示所在的社区没有社会工作服务，而农村社区仅有

---

① 吴玉霞：《公共服务链：一个政府购买服务的分析框架》，《经济社会体制比较》2014 年第 5 期。

② 参见 http://www.mca.gov.cn/article/yw/shgzyzyfw/mtgz/201703/20170300003853.shtml。

不到 5%的受访者表示所在的社区提供社会工作服务，60%以上的被访者表示所在社区没有社会工作服务，30%以上的被访者对社会工作情况不知晓。

针对社会工作专业人才队伍建设问题，近几年民政部联合中央有关部门和群团组织先后印发了《关于加强社会工作专业人才队伍建设的意见》《社会工作专业人才队伍建设中长期规划（2011—2020 年）》《关于加强社会工作专业岗位开发与人才激励保障的意见》等文件，围绕社区、灾害、青少年、社会救助、工会、禁毒等领域出台专项政策，完善了社会工作专业人才队伍建设的顶层设计①。但是现阶段，社会工作岗位并不明确，薪酬待遇低、职业地位低等问题没有得到有效的解决。为进一步发展社会服务工作，应当尽快解决社工岗位、薪酬待遇与职业地位的问题，加快社会服务发展。

---

① 参见 http://www.mca.gov.cn/article/yw/shgzyzyfw/mtgz/201703/20170300003853.shtml。

第九章　城乡困难群体的社会支持政策衔接分析

　　我国本来有一整套的社会服务制度体系，但是在较大程度上依托于当时的计划经济体制。改革开放以后，这套社会服务体系失去了制度基础，无法继续运行。因此逐渐建立起新的社会政策体系。建立新型社会政策体系的过程是一种"渐进式"的改革，即所谓"摸着石头过河"。这种方式的优点是对眼前的问题有较强的针对性，在满足民众需要和解决社会问题方面立竿见影。但其缺点是缺乏整体性设计，各自为政，各个部门"自扫门前雪"，出现社会福利漏洞、福利重叠、不同群体福利水平的差异严重以及社会服务各个方面发展的不均衡。

　　这种情况的负面影响在社会政策发展水平较低时还不太明显，但随着社会政策的发展和总体福利水平不断提高，其负面影响越来越大，并且阻碍社会政策有效运行和充分发挥作用。为此，本章将对当前我国反贫困社会政策行动体系中的制度协调情况加以分析。本章先从城乡困难群体各个方面基本需要入手，分析各项社会政策在反贫困方面发挥的作用，然后分析社会救助制度体系内部的衔接关系，最后分析社会救助与其他社会政策的衔接问题，并提出政策建议。

一、当前城乡困难群体困难情况及社会政策体系

（一）城乡困难群体的多元化需求分析

仅以收入低下为标准，以单纯的经济救助扶贫，解决不了问题，贫困问题研究往往用单一的指标衡量贫困。例如，我国一般以"收入低下"作为衡量贫困的标准。只有收入低于政府规定的标准（如"低保"标准或扶贫标准）的家庭才会被当成贫困者，成为政府救助或扶持的对象，获得相应的福利待遇。但事实上当代社会中的贫困现象是相当多样化的。这不仅是导致贫困的原因多样化，而且困难家庭的困难多种多样，因而测量贫困的标准和解决贫困问题的手段也应该多样化，社会政策要针对性强，要解决具体问题。为此，本章依托实际调查数据，对困难家庭的需要加以分析，一是看当前城乡困难家庭的多维度困难情况，二是看困难家庭的多种特殊困难情况，三是看困难家庭多层次的需要。

1. 当前城乡困难家庭的多维度困难情况

（1）城乡困难家庭的基本生活困难情况

城乡困难家庭首先在基本生活方面存在着困难。在我国目前有城乡"低保"标准和农村扶贫标准，同时还有一些其他标准（如"特困供养"的标准）。由于我国的标准偏低，导致目前官方界定的贫困者（"低保"对象、扶贫对象）比较少，而这些困难群体的收入和实际生活水平很低。

分析城乡困难家庭的收入和基本生活困难情况有两个层级的标准：一是他们在获得救助之前的收入和实际生活状况，二是他们在获得救助之后的收入和实际生活状况。本章研究主要进行后一层级的分

析，即分析城乡困难群众在获得社会救助（"低保"）和其他基本生活帮助（如扶贫）之后的收入和实际生活情况。

根据 2016 年民政部城乡困难家庭社会政策支持系统在 10 省（自治区、直辖市）的调查，当年城市困难家庭在获得救助后的月人均收入仅为 726.4 元，为当年全国城市月人均可支配收入的 27.9%。农村困难家庭在获得救助和扶贫待遇后的人均月收入仅为 398.1 元/人，仅占当年农村月人均纯收入的 41.8%。①从家庭生活用品的市场价格看，这样的收入水平最多能够维持基本的温饱，而难以使这些家庭维持一种较为体面的生活，或者说是达到基本"社会性标准"的生活。从调查数据看，被访者中有相当多的人认为他们在获得了救助和扶贫待遇后仍然生活很困难。这些情况说明，即使在获得了"低保"和扶贫待遇后，我国城乡困难家庭的基本生活还存在很大的困难。

（2）城乡困难家庭的健康状况及其未满足的需要

不论在农村还是在城市，贫和病总是连在一起的。疾病会导致贫困，贫困也会导致疾病。因此在反贫困行动中也应该将这两个方面连在一起解决：治病要济贫、济贫先治病。2016 年 10 省（自治区、直辖市）调查发现，城市和农村的困难家庭中有大病患者的家庭分别达到 26.6%和 24.8%，有慢性病患者的家庭分别达到 59.5%和 60.7%，远远高出减少普通家庭的比例。与此同时，在困难家庭中还有较高比例的残疾人。疾病和残疾会使困难家庭的基本生活更加困难，因而需要更多的帮助。同时，疾病和残疾还会是导致贫困的原因，或者说是阻碍困难家庭脱贫的因素。因此，反贫困行动应该将困难家庭的健康状况放到重要位置。

---

① 城乡居民的人均收入数据来自：国家统计局，《中国统计年鉴》（2016），表6—6 和表6—11，国家统计局网站，http://www.stats.gov.cn/tjsj/ndsj/2016/indexch.htm。

（3）困难家庭在子女接受教育方面的需要

在我国，经过多年的努力已经建立了义务教育制度和非义务教育阶段的教育资助制度体系。这些制度对保障困难家庭孩子接受正规教育发挥了重要作用。但是调查表明，困难家庭孩子在接受教育方面仍然存在问题。表9—1中的数据来自10省（自治区、直辖市）2016年的调查，反映了当前城乡困难家庭为子女接受正规教育需要的支出的数额情况。

表 9—1 2016 年城乡困难家庭孩子受教育需要支付的数额

教育层级	城市困难家庭			农村困难家庭		
	有接受该层级教育孩子的家庭比例（%）	平均教育花费（元）	课外辅导平均花费（元）	有接受该层级教育孩子的家庭比例（%）	平均教育花费（元）	课外辅导平均花费（元）
学前教育	6.3	4888.23	248.23	10.1	3290.59	78.91
义务教育	23.1	2606.21	1559.36	24.8	2437.82	360.21
高中教育	10.2	6447.45	1176.14	7.6	9178.72	525.74
大学教育	11.6	13857.17	134.61	6.7	16092.84	85.49

数据来源：10 省（自治区、直辖市）调查（2016 年）。

从表9—1的数据可以看出：首先，城乡困难家庭孩子受教育需要花费较大的金额，其中既有正规的教育收费和孩子在学校中的必要支出，也包括课外补习方面的支出。这些花费对非困难家庭来说还能够承受，但对困难家庭来说是一项很大的支出。其次，各个教育阶段所需要的花费水平有较大的不同。其中，义务教育阶段花费最少，这主要是得益于我国义务教育方面的公共支出水平较高，在很大程度上缓解了家庭的支出压力。但是，在义务教育阶段上仍然给学校留下较大的收费空间，因此对学生家长来说，义务教育阶段也不是全免费的，仍然需要有一定的支出。相比之下，非义务教育阶段的支出要求会高得多，对困难家庭无疑造成很大的经济压力。再有，目前包括困难家庭在内的所有家庭对教育的需要已经远远超出了义务教育，而且对困难家庭来说，孩子接受非义务教育阶段是阻断贫困代际传递的重要条件。但我国免费教育的政策仍然主要停留在义务教育阶段，显然已经不能满足困难家庭的实际需要。为此，应该积极地更新教育方面的社会政策，或者及早扩大义务教育或免费教育的范围，或者在非义务教育阶段大幅度增加对困难家庭孩子的资助力度。

（4）城乡困难家庭在住房方面的需要

达到一定的住房条件是所有家庭的基本权利。但是，目前我国城乡困难家庭的住房条件仍然存在一定的困难。根据 10 省（自治区、直辖市）调查（2016）的数据，城市困难家庭住房户均面积 74.12 平方米，人均 24.8 平方米，低于全国城市人均住房建筑面积 33 平方米的水平。[①]农村困难家庭的户均住房面积 87.55 平方米，人均 27.5 平方米，也低于全国农村人均住房建筑面积 33.52 平方米的水平[②]。此外，在城市和农村困难家庭中都有较高比例的家庭住房质量较为低下。城市和农村困难家庭的平均房龄为 22 年和 23 年，分别有 23.4% 和 35.5% 的家庭报告他们的住房属于危房。再有，城市困难家庭中自有住房的比例为 70%（包括自建房、自购经济适用房或限价商品房、自购普通商品房、拆迁安置房、政府补贴建房和继承房），另外 30% 靠租房、借房和其他方式解决住房问题。农村困难家庭的住房自有率比较高，达到 91.2%，但仍

---

① 城镇人均住房面积的数据来自陈政高：《住建部部长陈政高：中国城镇人均住房建筑面积已超 33 平米》，网易财经频道，2016－10－19，http://money.163.com/16/1019/16/C3OKQLMA002581PP.html。

② 农村人均建筑面积的数据来自住房和城乡建设部：《2015 年城乡建设统计公报》，住房和城乡建设部网站，http://www.mohurd.gov.cn/xytj/tjzljsxytjgb/tjxxtjgb/201607/t20160713_228085.html。

有部分困难家庭没有属于自己的住房。在目前家庭生活中，自有住房和租借住房对家庭生活的影响和意义有较大的差别。与自有住房相比，租借住房一方面会导致居住不稳定；另一方面会在较大程度上影响综合性的居住条件，如室内装修和设施用具配套等方面的条件；再一方面，是否拥有自己的住房还会全面影响一个家庭的经济地位和社会声望，城乡困难家庭没有自己的住房会使他们进一步加剧在财务信用、社会交往、子女婚姻等方面的困难。

（5）困难家庭在就业方面的需要

"就业是民生之本"，也是许多困难家庭摆脱贫困的重要途径，但是许多困难家庭在就业方面存在着很大的困难。据10省区调查（2016），城市和农村困难家庭中主要成员没有就业的比例分别达28.9%和28.4%。当前我国城乡的贫困标准都较低，因而导致现阶段我国的贫困问题主要是无业型贫困，在业型贫困并不明显。因此，帮助困难家庭获得一份工作在现阶段对于他们摆脱贫困尤为重要。困难家庭的就业难分几个层面。一是许多困难家庭因病因残而缺乏基本的就业能力，10省区调查（2016）的数据揭示，城市和农村困难家庭中分别有51.0%和55.3%的家庭存在这方面的困难；二是许多有基本就业能力的困难家庭成员因能力低下而缺乏就业机会；三是一些有基本能力的困难家庭成员缺乏就业动机。由于存在这些困难，他们需要通过公共服务的帮助才能克服就业方面的严重困难。

除了以上方面的主要困难和基本需要之外，城乡困难家庭还有其他一些困难和需要。如家庭照料（对儿童、老人、残疾人等的照料）方面的困难及相关服务的需要，因各种突发事件或疾病导致的临时重大困难及其对相关临时救助的需要。

2. 城乡困难家庭的多种特殊困难情况

（1）失业者的特殊困难

贫困和失业问题常常互相伴随，失业会导致贫困，而城乡困难家庭的人往往也更容易失业。因此，防止失业和失业后获得相应的帮助应该是城乡困难家庭的基本需要之一。根据 10 省区调查（2016）的数据，城乡困难家庭中分别有 20.0% 和 14.8% 的家庭报告曾经遭遇短期失业。这一比例明显高于非困难家庭的情况。由于技术素质低下，困难家庭成员失业后再就业的难度更大，因此更加需要来自社会的帮助。

（2）老年人贫困问题

在我国，当前和未来一定时期中老年贫困问题将会比较严重。一是因为我国已经进入老龄化加速的时期，未来 10—20 年里我国老年人口比例将大幅度提高，老年人贫困问题也更加严重。二是我国未来 10—20 年有很多老年人没有积累较多的资产，并且还有一些老年人甚至没有缴纳养老保险，或者选择的居民养老保险层级太低，不足以应对老年阶段的需要。三是我国从 20 世纪 80 年代以后实行的独生子女政策使进入老年阶段的人面临子女提供保障和服务的能力严重不足。10 省区调查（2016）发现，城市和农村中分别有 23.0% 和 22.6% 的困难家庭被访者表示赡养老人对他们来说是较重的负担。

（3）儿童贫困问题

当前我国儿童的贫困和其他困难表现在多个方面。一是生活在困难家庭中的儿童不仅基本生活条件受到很大影响，而且其生理发育、教育、心理健康、社会交往等方面都会受到很大的影响。二是缺乏家庭关怀的特殊困境儿童面临的困境往往更加严重，包括孤儿（含事实孤儿）、流浪儿童等缺乏家庭监护和关怀的儿童。三是因残疾、重大疾病而导致特殊困难的儿童。这些儿童生活在困难家庭或缺乏家庭监护，往往陷入更加严重的困境。四是部分处于困难中的流动儿童和留守儿童，难以得到足够的照料和关怀，常常遇到各种各样的困难。

（4）残疾人的困难问题

残疾人是容易陷入贫困的人员。由于残疾人生理或精神方面存在障碍，他们在获得各种生存与发展条件方面存在着比普通人更大的困难，因此贫困常常与残疾相伴，他们更容易陷入贫困。10省区调查（2016）的资料显示，城市和农村困难家庭中有残疾人的分别占到了40.3%和37.8%，远高于非困难家庭中有残疾人的比例。残疾人贫困不是必然的，他们中大多数人只是在某一方面存在生理功能缺陷，只要我们能够采取措施，通过一定的硬件和服务帮助他们克服残疾方面的生理缺陷，就有可能使他们改变贫困状态。但是，我们迄今还难以做到全面帮助残疾人去除障碍，因而许多残疾人不得不面临残疾和贫困的双重困扰。

除了上述特殊困难者之外，社会中还有一些个人、家庭和群体长期性或临时性地面临比别人更大的困难，包括一些流动人口、受自然灾害影响的人口、部分单亲家庭或其他特殊家庭（如部分祖孙家庭、失独家庭等）。这些特殊困难人员面临的困难各不一样，其导致困难的原因也不一样，因此需要根据他们的需要而提供相应的福利保障和社会服务。

3. 当前城乡困难家庭多层次的需要

（1）城乡困难家庭成员基本生存的需要

由于我国目前的贫困标准定得很低，凡能够靠自己努力而维持基本生存条件（温饱）的家庭都被排除贫困救济范围，我国的反贫困行动的主要目标仍然停留在帮助那些最困难家庭维持基本生存。

（2）改善生活的需要

但事实上，贫困的概念不次于基本生存方面，那只是经济极为困难时期的贫困概念。随着我国经济实力的不断壮大，国家有能力在更大程度上救助贫困者，因此救助贫困者不能够只是停留在维持他们的基本生存的状况，还应该有计划、有步骤地帮助贫困者改善生活条件。这是社会进步的表现，是党和国家扶贫政策的要求。但是国家和社会在目前条件许可的范围帮助贫困者改善哪些生活条件？应该以何种方式帮助他们改善生活条件？目前还在探讨？

（3）社会平等与社会融入的需要

除了物质生活条件之外，贫困者在社会方面也具有越来越强的需要。贫困者生活在社会中，需要社会交往和社会融入。但是，许多贫困者由于经济方面的困难而影响了他们与人交往和参与各类社会活动，常常遭遇他人的误解和歧视，甚至还会"贫困污名化"，受到社会排斥，生存条件进一步恶化，形成恶性循环，使他们摆脱贫困的难度更大。因此要帮助贫困者摆脱贫困，除了要帮助他们改善一般生活条件之外，还要帮助他们的社会交往和社会参与。

贫困者在交往和社会参与方面的不足，更多的是由于他们经济困难而导致的，因为交往和参与都是需要付出成本的，这会使他们在交往和社会参与方面产生一定的心理障碍。促进贫困者的社会交往和社会参与是否也是政府和社会的责任？是否也应该纳入政府反贫困行动之中？对这些问题社会还没有达成共识。

（4）贫困者发展与增能的需要

许多研究指出，贫困者不能完全依赖政府的福利和社会的帮助，而应该在政府和社会的帮助下通过自己的努力摆脱贫困。这是正确的。但这是一个相当复杂的问题。许多贫困者具有发展的愿望和需要，也想靠自己的努力去摆脱贫困并获得发展，但力不从心，或者因为生理条件的限制，或者因为知识技能的不足，或者因为资本不够而无法满足其发展的需要，还有一些是因为动机不足。在这种情况下，政府和社会的帮助就相当重要。根据 10 省区（2016）调查，在城市和农村困难家庭中分别有 67.6% 和 61.7% 的家庭具有一定的劳动能力的家庭成员，因而具备发展的潜能。但社会目前对他们提供的帮助只局限在保障基本生存，而没有把对他们提供增能和发展方面的援助纳入社会救助，因而使他们长期难以提高发展的能力。如果社会不给贫困者提供这些方面的援助，看上去可以节约财政投入，但会使更多的人长期依赖政府救助。

本研究认为，随着经济与社会的发展，我国的社会救助和反贫困行动也应该逐渐深化和提高水平。在要全面建成小康社会的背景下，需要进一步加大反贫困行动的力度。要建立多样化的社会政策体系，从各个方面去帮助贫困者并促进其发展。这样一来，社会政策体系中各个制度和项目的衔接就变得更加重要。

（二）当前我国反贫困社会政策体系及其衔接问题

1. 预防贫困的社会政策层次

通过预防性的制度体系去帮助普通劳动者抵御经济与社会生活方面的风险，防止他们因各种风险事件而陷入贫困。在这一层次的社会政策主要是建立健全各种社会保险制度，包括养老保险、医疗保险、工伤保险、失业保险和生育保险。目前，我国已经建立了较为完整的"五大"保险制度体系（在生育保险与医疗保险并轨后称为"四大"保险）。其中在养老保险和医疗保险方面经过多年的发展与整合，已经形成针对职工和居民的两大类社会保险制度体系，前者包括职工基本养老保险和基本医疗保险，后者包括城乡居民养老保险和城乡居民医疗保险。目前我国在养老和医疗两大社会保险体系上都做到了制度全覆盖，医疗保险方面基本上做到了人群全覆盖。总体上我国的社会保险在预防贫困方面已经发挥了重要的作用。但目前还存在以下问题。一是养老保险方面还没有做到人群全覆盖，表面上由于运行过程中的一些障碍导致，但事实上是制度设计还存在一些问题，需要进一步的改革；二是社会保险的制度中个人责任和待遇权利方面还存在一定的不公平，尽管过去几年的

"并轨"改革已经使这一问题有了较大的改善，但目前在居民和职工之间还存在较大的差距；三是社会保险，尤其是职工基本养老保险和职工基本医疗保险在可持续性方面还存在一定的风险，需要通过制度改革进一步增大其可持续性。

2. 普惠性的社会服务层次

第二个层次是通过普惠型的社会服务项目向群众提供各个方面的社会服务，以满足包括困难家庭在内的所有群众在健康、教育等方面获得必要服务的需要。从反贫困的长期社会效果看，普惠型社会福利服务的效果是最好的。改革开放前我国依托普惠型的社会福利体系在反贫困方面发挥了重要的作用，使得我国在当时经济发展相当落后、资源严重短缺的情况下仍然较好地保证了群众的基本生存，并且还取得了较好的社会发展效果。但是，改革开放以后我国的普惠型社会服务也是退化最严重的领域。近年来我国在此层次上的福利供应有所提高，其中做得最好的是在教育方面，尤其是在义务教育阶段基本上实现了全民免费教育（免交学杂费），在高中教育阶段和大学教育阶段中也由于有大量的财政性投入而有效地降低了学生的缴费率。这一制度惠及了全体国民，但受益最大的是困难家庭。除此之外，近年来我国在医疗卫生、住房保障、老年福利、儿童福利、残疾人福利等领域也提高了普惠型水平或在不同程度上扩大了福利服务的惠及面，使这些方面在反贫困方面发挥越来越大的作用。但是，总体上我国普惠型社会服务的水平还很低，离群众的需要和发达国家的水平还有较大的差距。

3. 专门针对贫困群体的特惠型保障和服务层次

第三个层次是通过转移支付等特惠型的保障和服务项目，为贫困、低收入和其他特殊困难人群提供必要的托底性保障，以构筑起坚实的社会安全网，使绝大多数人免除陷入贫困的风险和恐惧。在这方面的制度和政策主要是社会救助制度体系和农村扶贫开发项目。这两套制度都是改革开放以后建立和发展起来的，是我国社会政策体系中直接针对贫困者的救助和帮扶行动，也可以说是最直接的反贫困行动。经过 20 多年的发展，我国已经形成较为完整的社会救助制度体系，从基本生活、教育、医疗、住房、就业等方面向困难家庭提供救助，并且针对城乡特困家庭、受灾群众、流浪乞讨人员和临时困难人员提供必要的帮助。而农村扶贫开发原本是一套贫困地区经济与社会发展援助计划，重点在帮助贫困地区和困难家庭恢复和提升发展能力。但近年来由于越来越强调"精准扶贫"，农村扶贫的功能越来越接近社会救助制度了。

上述三个层次的制度体系在反贫困行动中发挥重要作用，并各有其优缺点。社会保险的主要作用是预防贫困，主要优点是将权利和义务结合较好，避免"贫困烙印"和"福利依赖"，使参与者获得更多的尊严，但缺点是靠难以惠及已经陷入贫困的家庭和个人，因此在帮助摆脱贫困方面的作用不大。普惠型福利的优点一是操作简单，不需要花很大力气研究"谁应该受益"，也不需要采取很多措施提高对象瞄准性；二是因为贫困者和其他人一起受益，也就没有"贫困烙印"问题。缺点是花费较大，对政府的社会福利意愿和财政能力都有很高的要求。特惠型的转移支付和相关服务的最大好处是直接针对有困难的家庭和个人，因此可以相对节约资源，并且能够取得较好的短期效果。缺点一是容易导致"贫困烙印"，严重时还可能出现贫困者的"贫困污名化"；二是容易导致"福利依赖"；三是在提升贫困者能力、动机和社会融入方面的难度较大。

4. 反贫困社会政策行动体系相互衔接的含义与意义

综上所述，三个层级的社会政策相互补充，形成了庞大的反贫困社会政策体系，在我国的反贫困行动中发挥了重要的作用。但是，要让我国反贫困社会政策体系更好地发挥作用，还需要进一步加强和优化这套社会政策体系。一是需要进一步完善社会政策体系，二是要进一步提升社会政策的水平，三是还需要进一步加强各项社会政策的衔接，以便使其更好地发挥作用，更高效地完成反贫困的任务。本章后面的内容主要就上述第三个方面的要求展开分析，重点关注我国反贫困社会政策体系中各项制度和政策的有效衔接问题。

社会政策体系中各项制度有效衔接的基本含义是指，各项制度和政策要相互配套。一是各项制度、政策和项目综合在一起要能够满足贫困者的多种需要并覆盖所有类型的困难人员，不留漏洞；二是各项制度、政策和项目要能够较为精确地对接，不产生重复救助和福利叠加；三是各项制度、政策和项目的运行要能够相互协调，避免矛盾和冲突；四是各项制度、政策和项目能够相互支持配合，取长补短，使各自的优点能够更加充分地发挥，从而更好地提高社会政策体系的综合效益。

提高各项社会政策有效衔接是当前我国反贫困行动和社会政策发展的重点任务，因而既是反贫困行动高效率运行和有效达到目标的要求，也是社会政策改革与发展的重点要求。为此，本章后面的两节将从两个层次分析：一是分析社会救助制度体系内各个项目的衔接；二是分析社会救助与其他社会政策的有效衔接。

二、社会救助制度体系内的政策衔接分析

（一）当前我国城乡"低保"制度的特点及与其他社会救助项目衔接的分析

1. 我国"低保"制度的基本特点

概括起来，我国的"低保"制度是一种直接向最贫困的家庭提供现金救助的方式来达到维持困难家庭基本生活目标的社会救助制度。它具有低水平、窄覆盖、高瞄准性的特点。我国城乡"低保"制度之所以会形成这几个特点，主要是为了集中有限的资源以保障最困难家庭的

基本生活，是典型的选择型福利模式。为了要达到高瞄准的要求，城乡"低保"制度都建立了以家庭人均收入为基本测量手段的最低生活标准，并且通过严格的统计调查而保证这套标准在贫困者识别中的有效性。其结果只有很小一部分家庭能够享受"低保"，而仍有许多困难的人因为达不到非常严苛的"低保"标准而难以享受"低保"。近年来，"低保"制度的这些特征越发突出，导致"低保"对象人数逐年下降。到 2016 年年底，全国城乡"低保"对象总数降到 6056.4 万人，约占全国总人口的 4.4%。其中城市"低保"对象降到 1479.9 万人，约占城镇常住人口的 1.9%；农村"低保"对象降到 4576.5 万人，约占农村常住人口的 7.8%。

2. "低保"制度在社会救助体系中的基础性作用分析

我国的"低保"制度是整个社会救助制度的基础。首先，当前我国社会救助制度体系中的大部分制度（项目）都是在"低保"制度的基础上建立起来的。其次，大部分社会救助制度都是依托"低保"制度而建立和运行的。换言之，"低保"制度为其他大部分社会救助制度（项目）提供了基础。再次，"低保"制度主要解决基本生活保障，这与其他大多数社会救助项目的功能是区分开的，但同时也为其他项目在各个方面提供专项救助打下了基础。因为许多困难家庭的"贫、病、愚、弱"等特点往往是联系在一起的，因此需要有综合性的反贫困措施，首先需要保障困难家庭的基本生活，然后才能从各个方面开展救助。最后，因为"低保"制度建构了较为严格的标准体系和贫困瞄准机制，并通过复杂的操作而将贫困者识别了出来，不仅为"低保"制度提供了救助对象，而且还可以直接为其他多项社会救助制度（项目）提供救助对象，从而避免每个社会救助制度（项目）都要去识别救助对象的复杂体系。

（二）当前我国城乡"低保"制度与其他社会救助制度衔接的总体分析

1. 目标衔接问题

"低保"制度与其他社会救助制度的衔接首先表现在制度目标的衔接上。在这方面，我国的"低保"制度与其他社会救助制度的衔接总体上比较正常。因为当前我国综合性的社会救助制度体系是以"渐进式改革"的方式逐步发展起来的，每项制度（项目）都是基于原来制度体系的不足，针对特定目标而设计和建构的，因此发展到现在基本上能够满足困难家庭绝大多数需要。存在的问题：一是各个项目的水平不足，有可能导致各个项目待遇的"功能替代"，即在某项救助水平较低的情况下，受益家庭有可能用其他方面的待遇去替代，从而使其他救助项目的目标受到一定程度的影响。二是各个社会救助项目普遍存在"重现金救助，轻服务救助"的倾向，因而可能导致总体救助效果的低下，救助对象福利依赖较重的问题。

2. 体制机制衔接问题

体制机制衔接是指各项社会救助制度（项目）和组织体系达成衔接。与我国的社会政策整体特点一样，我国的社会救助制度带有"碎片化"特征。社会救助的碎片化也是表现在体制碎片化和地方水平差异两个方面。影响最大的是体制碎片化。目前我国的社会救助制度体系不仅是逐步建立起来的，而且是由不同的政府部门主导下逐步建立起来的。其中，多项社会救助制度的建立是依托其主管部门原有的主要业务工作而建立的，适应主管部门主要业务体系的要求，并且在名称上都是不统一的。例如，教育救助是由教育行政部门管理，主要依托教育制度而建立和管理，在教育部门叫"学生资助"，是属于"学生资助"制度体系中的几个项目。就业救助是由人力资源和社会保障部门建立和管理的，主要依托就业服务体系而建立和管理。在其部门被称为"就业援助"。住房救助是由住房和城乡建设部门建立和管理，在其领域中被称为"住房保障"或更加具体的"公租房制度""住房租金补贴项目""危房改造项目"等。同样，法律援助由司法部门建立和管理，司法救助由法院系统建立和管理。

由各个部门分别建立和管理各个社会救助项目有其优点的一面。这种做法有利于各个专门的社会救助项目与其相关的政策更好地衔接。如教育救助与教育政策更好地衔接；医疗救助与医疗卫生政策更好地衔接，等等。但是，这种"碎片化"体制的缺点是不利于社会救助总体的整合和各个项目的衔接。

针对这一问题，2014年国务院制定和颁布《社会救助暂行办法》时，将上述各个社会救助项目统一到总体的"社会救助"制度体系中，并按社会救助制度的要求给各个项目赋予规范称谓。同时规定了由民政部门协调各项社会救助制度和项目。国务院的规定对于加强社会救助制度的整合和各个项目的衔接具有重要意义。但是，仅靠《社会救助暂行办法》还难以做到在实质上构建一套整合的社会救助制度，也难以使社会救助制度各个项目有效衔接。要达到实质性整合和有效衔接，就需要对现有的体制进行彻底改革。

3. 对象衔接问题：福利叠加及悬崖效应

对象衔接是指各项社会救助制度（项目）在其对象方面衔接，使各个项目达到较高水平的瞄准。对象衔接是各项社会救助制度（项目）衔接的又一重要方面。对象衔接如果做得不好，容易发生福利叠加或者福利漏洞。前者是指各类救助集中在部分个人和家庭，使受益者获得超待遇；后者是指有一部分确实有需要的人难以获得社会救助。要通过加大社会政策的一体化以减少福利叠加和福利漏洞。

我国的社会救助制度体系目前存在较为明显的福利叠加和福利漏洞问题，主要原因在于制度碎片化。我国其他各项社会救助制度（项目）

在很大程度上以"低保"对象作为主要对象；即只有获得"低保"待遇的个人和家庭才能申请其他一些社会救助待遇。这就导致"低保"对象（获得"低保"待遇的个人和家庭）能够享受其他许多待遇，导致福利叠加；而非"低保"对象（没有获得"低保"待遇的个人和家庭），不仅不能享受"低保"，而且即使真正存在相关的困难也难以获得其他社会救助待遇，因而导致福利漏洞。一方面，"低保"因为是现金救助，因而需要控制受益者规模，所以采用了相当严格的程序和手段去瞄准和识别其受益者。一般说来，进入"低保"的都确实是经济非常困难的个人和家庭。另一方面，其他各个社会救助项目针对一些特殊贫困者的需要或贫困者不同方面的需要，但是这些项目不具备再专门建立一套瞄准和识别的行动体系，或者说如果每个项目都去建立一套贫困识别系统的话，那整个社会救助制度的运行成本和受益者申请各项救助待遇的成本都会相当高。因此，其他各项社会救助直接以"低保"对象为其救助对象是一种相对比较简单的做法。但由于"低保"的覆盖面很小，因此整个社会救助体系的覆盖面都很小。各个社会救助项目投入的资源都不得不集中在很小一部分个人和家庭，导致福利叠加；而其他很多人难以获得需要的救助，造成较为严重的系统性福利漏洞。

（三）当前我国城乡"低保"制度与其他社会救助制度衔接的单项分析

1. "低保"制度与特困人员供养制度的衔接分析

特困人员供养（以前称农村"五保"供养）是针对城乡"三无"人员的特殊救助待遇。它高度瞄准于"三无"人员，将多种救助待遇集中在其瞄准的对象上，并且在各个方面都提供较高水平的待遇。按照过去农村"五保"供养的标准，其待遇水平要保障其对象维持不低于当地居民平均生活水平。这已经超出了社会救助制度的特点，具有较高水平社会福利项目的特点。因此，这一项目是集社会救助（高瞄准）和社会福利（高待遇水平）为一体的项目。目前特困人员供养的福利待遇水平已经大幅度降低了，但仍然明显高于"低保"等其他社会救助项目。

特困人员供养制度的高水平特点来源于20世纪50年代农村"五保"供养制度，并非基于对贫困者的救助，较大程度基于农村集体化过程中，缺乏劳动能力的"三无"人员将自己的土地交给集体，因而换取集体对其供养。农村"五保"制度从一开始就是基于社会关照和社会交换的结合，可以理解这是当时给予福利对象的高水平待遇。目前，特困人员供养制度不再基于社会交换，因此其待遇水平也就下降了。但是，由于特困人员供养的对象都是"三无"人员，因此对他们的福利待遇仍然高于对一般"低保"对象的标准。

目前，仍然有必要对城乡"三无"人员提供高于其他贫困者的待遇水平，但维持两套制度不是最佳的方式。因为这种做法一方面导致运行成本高；另一方面也会引发一些新的社会不公平。目前"特困供养人员"与"低保"对象的识别标准和特征差异已经明显缩小，尤其是边界处常常很难区分。因此可以考虑将两套制度合并实施。具体做法可以是将特困人员供养制度合并到"低保"制度，但同时在"低保"、医疗救助、住房救助、教育救助等社会救助制度的基本制度框架下对其中的"三无"人员给予更加全面的保障。

2. "低保"制度与医疗救助的衔接分析

"低保"制度与医疗救助针对困难者不同的需要，分别满足他们基本生活的需要和医疗费用的需要。这两套制度的衔接主要是在对象衔接方面。过去长期以来医疗救助主要提供给"低保"对象，导致福利叠加和福利漏洞。目前许多地方逐步扩大医疗救助的对象范围，一部分低收入家庭中的特殊困难者也能获得一定的医疗救助。但目前我国城乡医疗救助仍然主要针对"低保"对象，"低保"对象之外的困难家庭成员较少能够获得，而且资金额度也较低。

为此，建议取消医疗救助与"低保"制度的捆绑，进一步扩大医疗救助的覆盖范围。具体的做法可以是，首先在"低保"制度之外建立"低收入家庭"的体系，可按"低保"标准的150%—200%确定各地的低收入家庭标准，并按此标准识别低收入家庭。其次，凡是低收入家庭的，都可以申请医疗救助，并按同等的规则和标准享受医疗救助。这样一来，医疗救助的范围可大大扩展，社会效益会大幅度提高。

3. "低保"制度与教育救助的衔接分析

教育救助目前已经多样化，在除了学前教育的各个教育阶段都有教育救助，并且在各个阶段上的教育救助方式、来源和水平都各不相同。"低保"制度与教育救助的关系比与医疗救助的关系更复杂一些，管理难度更大一些。一方面教育救助可以从多种渠道获得，包括学校提供的救助和生源地提供的救助。在学校提供的教育救助往往更加依赖与"低保"制度的捆绑。因为学校的教育救助管理机构往往难以识别学生家庭困难，因而就更加依赖申请人的外在特征，而"低保"对象家庭则是最有效的外在特征。因此，来自"低保"家庭的学生较为容易得到教育救助，而来自非"低保"家庭的学生这样的机会就少得多。好在目前许多学校提供的"学生资助"项目比较多，覆盖面比较大，因此一些非"低保"家庭的困难学生还能够获得一些救助。但是相对于"低保"家庭的学生来说，非"低保"家庭学生获得教育救助的可能性要低很多。再一方面，由于许多困难家庭不了解学校里的各项"学生资助"项目，因此难以申请和获得救助。

因此，建议将目前"学生资助"体系中具有教育救助功能的项目合并到生源地民政部门办理。这样，民政部门可以根据学生家庭的实际困难情况给予其救助。这样既可避免学校因无法把握学生家庭困难情况而难以救助，同时也能够避免困难家庭因不了解学校学生资助体系的情况而难以申请的问题。

4."低保"制度与住房救助的衔接分析

"低保"制度与住房救助需要从对象和待遇两个方面加以衔接。在对象方面，目前的基本制度仍要求为"低保"对象提供住房救助。虽然有些城市已经突破了这一限制，向"低保"之外的困难家庭也提供了住房救助，但这还不是一项正式的全国性制度安排，并且非"低保"家庭获得的住房救助待遇一般也低于"低保"家庭的待遇。此外，目前住房救助已经转向现金救助为主。在城市里是以住房租赁现金救助为主，在农村中则是以危房改造补贴为主，其待遇形式都是现金性补贴。尽管现金性的住房补贴也对其用途加以规范，如城市中的住房租金补贴要求只能用来支付租金，但事实上住房救助管理机构很难对受益者的使用补贴的行为加以有效管理。

由于住房救助对申请者有严格审核，因此一般不会出现冒领。获得住房救助待遇的家庭一般都是基本生活和住房条件的"双困户"，因此他们当中一部分人没有将或者没有完全将住房租金补贴用作租房，但这不是欺诈行为，而主要是由于他们确实存在更加急需解决的困难，如生活水平太低、子女上学、家人看病、婚丧嫁娶等。尽管这些家庭的住房条件确实也很差，但他们为了解决更加急需的问题而不得不牺牲住房条件。因此可以说，住房救助受益者中存在的偏差行为在较大程度上是由于"低保"和其他社会救助待遇水平太低。

基于上述分析，我们建议，一是扩大住房救助对象的覆盖面，全面取消目前救助对象与"低保"捆绑的做法，将其扩大到低收入家庭（前提是要正式确立低收入家庭制度）。二是进一步提高"低保"待遇水平和其他各项社会救助待遇的水平，使"双困户"不再为了弥补其他方面的不足而牺牲其基本的住房条件。

综上所述，在社会救助体系内部还有一些制度衔接不够的地方。为了进一步提高社会救助制度体系的运行效益，应该通过进一步的改革而加强各个制度（项目）的衔接。

三、社会救助与社会保险、就业促进和扶贫开发政策衔接分析

（一）当前我国社会救助与社会保险制度的衔接分析

1. 我国社会保险制度在反贫困中的作用

（1）社会保险预防贫困功能

社会保险具有很强的预防贫困功能。许多贫困者并不是一开始就贫困，而是由于遭遇各种特殊困难而陷于贫困的。因此，社会保险以其较为强大的抵御风险能力而可以在很大程度上避免许多个人和家庭因遭遇年老、疾病、失业、工伤和生育而陷入贫困。

（2）社会保险再分配功能的反贫困意义

我国社会保险以其再分配和社会互济的特点而发挥反贫困功能。与一般商业保险不同的是，社会保险不仅要实现自然风险的再分配，而且具有社会风险再分配。困难群体成员很容易遭遇健康、失业、工伤风险，因此更需要社会保险对他们的保护。同时，社会保险在一定程度上具有社会财富再分配的功能，即困难群体在社会保险缴费中承担的责任更少些，但在受益并不降低，至少不会成比例地降低，反而在有些项目中还可能受益更多些。

（3）社会保险直接帮助贫困者的功能

过去，社会保险是排斥贫困者的，贫困和低收入者因无法缴纳社会保险费而无法参与社会保险，但是，如果能够采用某种办法去解决他们

缴费能力的问题，则可以使很多的困难家庭参与社会保险。实践证明，社会保险可以以某种方式直接介入反贫困行动。其基本方式是将贫困者纳入社会保险，使之能够受到社会保险的保护。需要通过一定的改革而实现社会保险与社会救助的制度衔接。

因为社会保险能够在反贫困行动中发挥积极作用，因此社会救助制度应该加强与社会保险制度的衔接，共同提高反贫困行动的效益。这一问题涉及很多方面，本研究仅对社会救助与养老保险和医疗保险的制度衔接加以分析。

2. 当前我国"低保"制度与养老保险的制度衔接分析

（1）"低保"制度与养老保险的制度衔接问题分析

随着我国人口老龄化加速，未来一二十年里我国老年人的数量和人口比例都会大幅度提升。目前我国即将进入老年阶段的人中有较多的处于经济困难状况，个人和家庭储蓄不够，子女赡养能力较低，并且没有缴纳养老保险。因此这部分人进入老年阶段后陷入贫困的可能性较大。这是未来一段时间里我国城乡贫困问题潜在的重大风险之一。

但另一方面我们最近的调查显示，近年来城市"低保"家庭中出现了一种"退休脱贫"的现象，原来"低保"家庭中有较大比例由于达到了退休年龄享受退休金而退出"低保"：一是我国的养老保险制度确实可以发挥保障贫困者的作用。二是我国"低保"标准确实偏低，一个家庭成员享受养老金待遇后就可以使全家脱贫。但是，不少人虽然领取了养老金，而生活水平仍然很低。三是"退休脱贫"的现象可以从反面提醒我们，缴纳养老保险的个人可以在年老后获得退休金，进而可以保障其老年阶段的生活，但没有缴纳养老保险的个人则会在其老年生活阶段遇到更大的经济困难。如何帮助困难群体缴纳养老保险，应该是社会保险制度和社会救助制度共同关心的问题。目前的情况是养老保险只管缴纳养老保险的，而社会救助只管没有缴纳养老保险的。换言之，养老保险制度不管贫困者，而社会救助只为贫困者提供帮助。两项制度的共同问题是，都没有推动贫困者参加养老保险。

（2）进一步加强"低保"与养老保险制度衔接的建议

根据上述分析，我们建议进一步加强社会救助与社会保险的衔接。我们的一个基本思想是，应该从"治未贫"出发，积极推动社会救助与养老保险的衔接。所谓"治未贫"，是指对贫困的治理要延伸到贫困预防方面，因此应该研究如何积极推动潜在的贫困者缴纳社会保险，以便缓解他们年老后的贫困。

3. 当前我国社会救助与医疗保险制度的衔接分析

（1）我国医疗救助与医疗保险衔接的成功与问题

医疗救助与医疗保险在提供保障的对象和方式上有所不同，但两者都面临同样的两难问题：既要合理保障城乡困难家庭成员的医疗需求，又要不发生不合理的医疗费用。我国医疗救助采取与医疗保险衔接的方式，即医疗救助首先不是直接向有需要的城乡困难家庭成员报销医疗费，而是向所有纳入医疗救助的城乡困难家庭成员提供其缴纳医疗保险的资助，将他们纳入医疗保险体系。当他们发生了医疗费用时，首先由医疗保险给予报销，而不是一上来就由医疗救助给予报销。这样一来，医疗救助体系就可以借助医疗保险机制省掉一大笔成本。这说明，不同的制度的衔接与合作，可以降低成本，使效率提高。

但是，医疗救助在目标上与医疗保险有所不同。医疗保险在履行了应该承担的报销责任之后，剩下的自费部分个人和家庭能否负担以及如何负担不在其考虑之列。但是社会救助的对象是贫困者，他们中的许多人在经过医疗保险的报销后仍然难以负担其自费部分的医疗费用，并会因为其难以负担自费部分的费用而导致其完全难以获得医疗保险的保障，因此医疗救助就不得不进一步帮助贫困者解决其自费部分的医疗费用。这里会遇到一个两难的问题，即医疗救助是否应该承担向贫困者报销全额医疗费用？如果医疗救助不给贫困者报销全额医疗费用的话，那总会有部分贫困者因难以负担自费部分而难以获得必要的医疗保障；但如果承诺给贫困者报销全额医疗费用的话，那目前的医疗费用机制就会失效，医疗救助将面临费用难以控制难题。

（2）通过医疗救助与医疗保险和医疗服务的三方合作而破解"医疗救助困局"

要解决上述问题，我们不得不进一步拓展制度衔接与合作的范围，将医疗服务方也纳入进来，形成医疗救助与医疗保险和医疗服务三方衔接合作的机制。其中，医疗救助应该出资帮助城乡困难家庭成员缴纳基本医疗保险和大病医疗保险，并根据实际需要而报销其基本医疗保险和大病保险报销之后的自费医疗费用；医疗保险部门应在制度框架内保障贫困患者的医疗费用，并进一步研究给城乡困难家庭成员提供降低起付线和自付比例等特殊优惠的政策；而医疗服务机构则应该研究向城乡困难家庭成员提供更加优惠实用的医疗服务，如探讨建立专门针对城乡困难家庭成员的无利润或微利医疗服务，研究建立无患者及家属自我控制条件下的合理医疗及费用控制机制，以便既能合理满足贫困者的医疗保障需求，又能较好地控制费用。

（二）当前我国社会救助与就业促进的制度衔接

1. 我国"低保"制度与就业政策之间的问题分析

（1）社会救助与就业政策衔接的主要表现

首先，在过去，社会救助与针对贫困者的就业援助政策属于两类不同的社会政策体系，有明确的分工。就业援助政策是提供培训、就业辅导、职业介绍以及直接安排就业岗位等方式对有劳动能力的人提供就业方面的帮助。2014 年《社会救助暂行办法》颁布以后，原有的就业援助被纳入就业救助，属于社会救助体系之中的一类项目。因此，原来的两套不同政策体系目前在社会救助体系中是不同项目的关系。但是，由于两者分属不同的部门在运行和管理，因此仍然在制度衔接方面需要进一步理顺关系。

其次，就业救助（以前的就业援助）体系主要针对就业困难家庭。从理论上，就业救助应该对缓解贫困起到积极的作用，其主要表现之一是通过就业救助而使许多有劳动能力的人能够获得一份稳定的工作，从而退出"低保"。但实际上，就业救助没有达到理想的效果，各地每年退出"低保"的人数仍然较少，而且因家庭成员获得就业而退出"低保"的人数就更少，甚至远少于因达到退休年龄而退出"低保"的。

再次，"低保"对象家庭是就业救助重要的对象群体。在这里，就业救助沿用了"低保"制度对受益者的界定，直接将其服务对象定位于"低保"家庭。这一方面简化了就业救助在对象选择方面的制度和措施，但另一方面也由于"低保"对象面很窄而使就业救助对象面也偏窄，这一政策的社会效益大打折扣。

（2）社会救助对就业者的制度性排斥

针对上述问题作进一步的制度分析，可以从中看出，尽管就业救助理论上可以对脱贫和退出"低保"作出贡献，但由于"低保"制度（以及与其绑定的其他一些社会救助制度）中存在的一些制度性问题，使这两套制度之间的衔接受到一定的阻碍。

首先，社会救助对就业存在一般性的排斥。在制度设计上"低保"制度并不排斥就业，有工作的人也可以申请"低保"。但是，由于两个方面的原因，使得"低保"制度对就业产生了明显的排斥。一是由于"低保"标准很低，许多人一旦有了工作，其家庭人均收入就会超过"低保"标准，从而会被要求退出"低保"。二是在许多地方对就业者申请"低保"设置了更加严苛的标准，使就业者很难进入"低保"门槛。因此，一些"低保"对象或"低保"申请者倾向于找各种理由不就业。

其次，进一步看，"低保"制度及其绑定的其他社会救助项目对正规就业的排斥更大。其原理与上述对一般性就业的排斥一样，但其排斥的强度和制度化程度更高。从操作上看，正规就业的一般收入更高些，因此其家庭更容易被"低保"所排斥。从制度上看，一些地方甚至规定有正规就业、缴纳了社会保险的就不能再被纳入"低保"。还有一些地方将家庭成员中有公务员而享受"低保"当作"腐败"。"低保"制度对正规就业的更高强度排斥反映的是其对就业质量的排斥。也就是说，在现有低水平的"低保"制度下，获得"低保"的人很难产生强烈的就业意愿，尤其是难在就业质量方面有较大的提升，而贫困者如果没有就业意愿或没有在就业质量上的提升，则很难靠自己的力量摆脱贫困。"低保"制度实际不是鼓励贫困者靠自己的力量摆脱贫困，而是在鼓励贫困者持续性地依赖"低保"。这就是中国当前福利依赖的实质：不是由于福利待遇太高，而恰恰是由于福利待遇太低造成了严重的福利依赖。

（3）社会救助对贫困者就业能力和就业动机的关心严重不足

贫困者就业面临三个方面的障碍：一是就业机会不足；二是就业能力不足（包括生理能力和知识技能）；三是就业意愿（动机）不足。要全面促进贫困者的就业，应该从这三个方面入手。但是，从上面的分析看，目前的社会救助体系中，"低保"制度基本不关心其救助对象的就业问题，反而排斥就业。如果说"低保"制度对促进就业有一些作用的话，那也是通过很低的"低保"标准及待遇水平去推动更多的人就业。但这种做法既不合理也没有理想的实际效果。就业救助虽然针对就业问题，但主要为贫困者提供就业机会，以及在一定程度上提供一些知识技能服务（职业培训），而基本上没有涉及如何提高贫困者的就业动机。这说明这两大类社会救助制度的制度衔接出现了严重问题，形成了很大的福利漏洞。

2. 进一步加强"低保"制度和促进贫困者就业的政策建议

（1）提升"低保"制度对就业者的包容性

应该积极改变过去"低保"制度"排斥性动力"思路，改为通过增强人力资本和提高就业愿望去促进就业的思路。一种做法是提高"低保"标准，使就业的人也能进入和停留在"低保"。另一种做法是对积极寻找就业的"低保"对象设立"待遇保留期"。当他们找到工作后，其"低保"待遇仍保留一定的时期，在其就业稳定和就业质量进一步提升后逐步取消。这些做法会使一些有劳动能力的"低保"对象愿意主动就业，最终通过自己的能力摆脱贫困、离开"低保"。

（2）扩大就业救助的对象范围

在就业救助方面应该大幅度扩大就业救助服务的对象范围，将其目前仅针对"低保"家庭的就业服务扩展到全部低收入家庭，甚至更宽的范围。

（3）采取以提升就业质量为目标的更加积极的就业政策

最关键的一点是，就业救助的目标需从目前"解决基本就业困难"转变为全面提升困难家庭成员的就业质量。一方面，从未来反相对贫困的目标看，提升贫困者的就业质量是缩小他们的收入与社会平均收入差距的重要条件；另一方面，提升就业质量是提升其就业意愿的前提条件，只有具备了这个条件，有劳动能力的贫困者才可能产生较为强烈的就业意愿。为此，一方面需要将对贫困者的就业服务纳入更广泛的就业政策体系，使贫困者能够获得高质量的就业，实现更好的社会融入；另一方面，在此过程中需要"低保"制度与就业政策相互配合。"低保"制度要解除贫困者积极寻求就业的后顾之忧，就业政策应该在其能力和动机提升方面提供更多的服务。

（三）　当前我国社会救助与扶贫开发的政策衔接分析

1. 当前我国农村扶贫开发特点及其在反贫困行动体系中的作用分析

（1）当前我国农村扶贫开发的特点

我国农村扶贫开发有以下特点：首先，农村扶贫开发行动是一个以培养贫困地区发展能力为目标的体系。它从一开始就强调对贫困地区不能只靠"输血式"的帮助，而是重点要采用"造血式"的发展援助模式。其次，农村扶贫开发最初是以区域性经济发展为目标，而不是直接针对贫困者家庭和个人。当时采用"增长极"理论，希望通过非均衡的投入，以若干点的发展带动区域经济发展，进而使所有的家庭都能够获益。但是，"增长极"理论带来的区域经济社会发展效果并不理想，这种发展模式没有有效地惠及最为贫困的家庭和个人，导致了更大的贫富差距。为此，采用了"精准扶贫"的模式，更加注重将有限的资源集中地提供给最为需要帮助的家庭和个人。

（2）农村扶贫开发在反贫困行动体系中的作用

毫无疑问，农村扶贫开发是我国反贫困行动体系中的重要方面之一，尤其是在农村全面建立"低保"制度之前，扶贫开发项目在农村反贫困中扮演了重要的角色。应该说，过去30年里这套行动体系在贫困地区农村的基础设施建设、就业与经济发展，以及生活水平的改善方面发挥了重要作用。但是它在两个重要的方面没有达到理想的目标：一方面是贫困地区的发展能力提升不够明显。主要原因是其对人力资本和社会发展的重视不足。另一方面是大量的基础设施建设没有很好地转化为科技发展带动跨越式的经济发展，因而贫困地区仍然有大量人口处于很低的收入水平。1986 年我国按 206 元/年的标准有 1.25 亿贫困人口，到了 2011 年我国按 2300 元/年的标准仍然有 1.22 亿贫困人口。如果按对基本生活资料的实际购买力算，1986 年的 206 元与 2011 年的 2300 元基本上是差不多的。也就是说，在实际贫困标准没有明显变化的情况下，25 年以后我国的农村贫困人口规模基本上没有改变。

目前，我国确定了要在 2020 年全面消除贫困的目标。而扶贫开发行动在达到这一目标的行动体系中承担了更加重要的责任。目前的行动已经进入了"脱贫攻坚"阶段，扶贫开发越来越受到中央和地方各级政府的重视，各种资源的投入不断增大。在改变了策略，采用"精准扶贫"模式之后，近年来农村扶贫对象急剧减少。到 2016 年已经减少到了 4335 万人。[①]但是，这是在近年来大规模采用政治动员、不断增大投入和采用"精准扶贫"的背景下达到的，并且主要是解决了绝对贫困问题。如果我们将来要将反绝对贫困行动提升到反相对贫困，以及要将主要目标放到全面缩小贫困地区的发展能力与全国平均水平的差距，目前的行动还远远不够。

2. 当前我国农村扶贫开发与社会救助之间政策衔接存在的问题分析

（1）"低保"标准与扶贫标准衔接中的问题

社会救助与扶贫开发的制度衔接问题首先表现在两套制度对贫困标准的界定上。在我国，迄今官方没有一般性的"贫困标准"。由于这两套制度的目标和运行体系不同，因而长期以来对贫困的界定标准不同，甚至存在较大差距。首先，迄今扶贫标准有全国统一的基础性标准，以及各地在此基础上制定的地方性标准，而"低保"没有全国性标准，都是地方政府（县市级）自行制定的地方性标准。其次，"低保"标准与扶贫标准不一致，甚至存在较大的差距。多数地区农村"低保"标准长期低于扶贫标准。

---

① 《中华人民共和国 2016 年国民经济和社会发展统计公报》，国家统计局网站，http://www.stats.gov.cn/tjsj/zxfb/201702/t20170228_1467424.html。

（2）"低保"与扶贫在目标、对象、行动方式等方面存在衔接不佳问题

"低保"与扶贫标准衔接不上反映出两套标准之前在目标、对象、行动方式等方面的制度不衔接。目前两套标准的目标界限逐渐模糊，有越来越多的重合。两套标准不一致的情况过去较长时期中并没有出现较大的问题。主要原因是两套标准各有指向。扶贫标准在过去主要是区域性贫困的界定标准，用来界定贫困地区（县乡村）没有用来确定应该受益的家庭及个人，因此与以界定困难家庭为目标，以家庭人均收入为衡量的"低保"标准并不发生冲突。但是，扶贫开发从带动区域发展转向"精准扶贫"策略以后，两套标准的矛盾开始产生。一是两套标准应该以哪一个为基本的农村贫困标准发生了争论；二是应该以哪套标准作为测算我国农村贫困人口及贫困发生率的标准出现了争论；三是两套标准在基层造成了两类困难家庭户的区别："低保"户和扶贫户。两类困难家庭户有一定的交叉，但又不完全重合。两类困难家庭户获得的待遇不同，待遇水平也不同。更关键的是，对两类贫困户分别有两套行动体系在帮助，而其后又是两套不同的部门和工作班子，以及两套不同的制度体系。这实际上反映了两套制度体系和工作体系衔接不佳的问题。

（3）当前加强社会救助与扶贫开发制度衔接的努力及其问题

近年来，在国务院的要求下，民政部门和扶贫开发积极努力协调社会救助与扶贫开发的衔接。一是通过调整农村"低保"标准而逐步缩小直至最终消除两套标准的差距，实现"两线合一"；二是积极努力推动将越来越多的"低保"户纳入扶贫开发户之中，逐步实现"低保"对象全部成为扶贫对象，属于扶贫对象中需要通过"低保"兜底的部分。目前这些做法确实有助于消除两套制度的矛盾，但还不足以增大两套制度的互补互助。因此，它并不是一种最佳的选择。

3. 进一步提升社会救助与扶贫开发政策衔接的建议

（1）优化扶贫开发与社会救助的分工

应该更加清楚地认识到扶贫开发与社会救助的目标差异。扶贫开发的主要任务是盯住促进区域性产业发展（尤其是科技类产业），增大就业岗位（尤其是高质量的就业岗位），继续改善贫困地区的基础设施建设（尤其要针对当前和未来"互联网+"时代的高科技含量的基础设施），大幅度提升地区性的教育质量和医疗卫生服务质量。而社会救助主要盯住个人和家庭，满足困难家庭的基本生活需要，帮助贫困者获得就业机会、增强就业动机和提升就业质量，保障贫困者的医疗卫生需要，以及保证困难家庭孩子能够平等地接受各级教育等。如果扶贫开发与社会救助做到了合理分工，则目前许多制度衔接问题就会迎刃而解，包括标准衔接、对象衔接和任务衔接等方面的问题。

（2）进一步加强和优化社会救助与扶贫的相互支持

在扶贫开发和社会救助明确分工的情况下，应该进一步探讨如何使这两套体系相互支持。一方面，扶贫开发应该为区域经济与社会发展提供条件，包括好的宏观经济环境、更多更好的就业机会、更好的基础设施，以及更高质量的教育和医疗卫生服务等，为实施积极的社会救助创造宏观的经济与社会条件。而社会救助制度则应该更加积极地帮助困难家庭与个人，提升贫困者的就业动机和人力资本，使他们能够参与到区域经济社会发展之中，将他们从"负担"转变为"贡献"。

第十章　城乡困难群体的社会心态及社会参与分析

　　贫困首先是指经济上的贫乏困窘，个人或家庭缺乏必要的资源，无法达到基本生活水准，具体是指物质上衣食住行等方面的匮乏，其次也反映在情感心理和社会文化等层面的欠缺。美国学者刘易斯（O. Lewis）的"贫困文化"理论指出，在社会中，穷人因为贫困而在社会心态和居住等方面具有独特性，并形成特有的生活方式。穷人的独特的心态和居住方式促进了穷人间的集体互动，从而使得与其他人在社会生活中相对隔离，这样就产生出一种脱离社会主流文化的贫困亚文化。处于贫困亚文化之中的人有独特的文化观念和生活方式，这种亚文化通过"圈内"交往而得到加强，并且被制度化，进而维持着贫困的生活。在这种环境中长成的下一代会自然地习得贫困文化，于是贫困文化发生世代传递。贫困文化塑造着在贫困中长大的人的基本特点和人格，使得他们即使遇到摆脱贫困的机会也难以利用它走出贫困。这一理论有一定的普遍意义。

　　因此对于贫困人群，不仅要对其家庭状况尤其是经济状况进行调查和监测，也要加强对其社会心态、社会参与等主观维度指标的分析，以掌握困难人群的社会文化和心理特征。贫困心理或贫困人群的社会心态是指一段时间内弥散在这个特定社会群体中的社会认知、社会情绪和感受，以及社会价值取向共同构成的一种社会的心境状态。社会心态是对社会认知的主观反映，是一定时期内社会是否和谐稳定的"方向标"和反映政府治理绩效的"晴雨表"，因而构成观察社会保障政策效果的重要维度。

在经济飞速发展、物质极大丰富而贫富差距不断拉大，社会不公平、不公正程度加深的大背景下，对社会心态尤其是生活困难群众的社会心态收入分配公平性认知、社会交往心理与社会参与状况进行分析，有重大的现实意义。

对于群体成员尤其是贫困群体成员而言，社会心态会明显影响个体应对外界环境的能力。持有积极社会心态的成员，对周围的生活和工作环境往往采取积极的应对方式，聚集于解决问题和调动所拥有的社会资源以实现其目标，展现出较强的社会适应性。在面对阻碍自身发展的外部环境时，持有积极社会心态的个体能够将命运归结为环境的束缚，对自我葆有正向的观念，相信即便无法摆脱这些束缚，仍可发挥个人的能动性，通过其他方式改变命运，改善工作和生活环境。相反，消极社会心态会给成员带来负面的心理体验和认知，对周遭环境适应不良，并陷于无望沮丧和意志消沉的泥潭而无法自拔。

社会参与是社会成员以某种方式介入国家的政治经济、社会文化生活及社区共同事务，影响社会发展的过程。在一个发展完善和稳定的公民社会中，民众的各项社会参与具有重要意义。第一，它能够使社会公众真正成为处理与自己相关的事务、推动社会发展的主体。通过积极有效的社会参与，可以强化公共意识，提高人们在社会生活中的自主意识并扩展自主空间。第二，可以动员、组织、支持和推动公民解决相关发展问题，形成自治机制和补充政府机制。第三，社会参与可以发挥渠道作用，让民众进入宏观决策领域，促进政府职能转变，形成和塑造新型生活方式和价值观念。对于城乡困难人群，社会公共事务和社区活动参与是自主意识的展现，也是和社区共同体融入的重要体现。在对其社会心态、社会交往展开分析的同时，也不应忽略了对其社会公共参与状况的考察和分析。

一、积极与消极社会心态

（一）社会心态基本区分

在城乡和流动人口调查问卷中均设置了一组对困难人群社会心态进行测量的问题，对"与人交往时感到自卑""感到自己和家庭的未来没有希望""感到情绪沮丧、心情焦虑"的选项分别进行重新赋值：从未有过为1，很少有为2，有时有为3，经常有为4；后三个问题"个人应该承担更多的责任来养活自己""只有努力工作，才能够带来好生活""自己可以掌握自己的命运"选项赋值：不同意为1，不太同意为2，比较同意为3，很同意为4。之后对这6个社会心态变量进行因子分析（采用主成分，正交旋转法），可以从6个原始变量中析出2个因子，2个因子总的方差贡献率为64.4%。

根据各变量在2个因子上的载荷，可以明确两大因子的具体含义，其中因子1主要对应"交往自卑""未来无望感""沮丧焦虑感"等内容，因此可以定义为消极社会心态因子。因子2主要对应于"个体生活责任观""自致努力""命运控制感"等内容，可以定义为积极社会心态因子。

表 10—1　旋转后析出的两大因子

	因子1：消极心态	因子2：积极心态
与人交往时感到自卑	0.824	−0.061
感到自己和家庭的未来没有希望	0.855	−0.101
感到情绪沮丧、心情焦虑	0.844	−0.068
个人应该承担更多的责任来养活自己	−0.011	0.798

（续表）

	因子1：消极心态	因子2：积极心态
只有努力工作，才能够带来好生活	0.006	0.810
自己可以掌握自己的命运	−0.213	0.619

我们看到两大社会心态因子对不同类型困难群体有较强的区分能力，根据样本的因子得分，可以对两大因子在各类困难人群中的均值差异进行比较。数据显示，城市和农村"低保"户、农村"低保"边缘户在消极心态因子上的得分明显高，而流动人口、城市"低保"边缘户两类人群在积极社会心态因子上的得分稍高。这表明，"低保"户尤其是农村的"低保"户的社会心态更趋消极，家庭经济生活状况越差，成员的社会心态也由之发生波动，在自卑、无望感、沮丧焦虑等方面呈现得越发明显。

表10—2　因子得分均值比较

	消极心态因子	积极心态因子
城市"低保"户	0.154	−0.032
城市"低保"边缘户	−0.003	0.031
农村"低保"户	0.145	−0.105
农村"低保"边缘户	0.088	−0.062
流动人口	−0.368	0.136
	F=81.1***	F=13.3***

（二）消极社会心态及其群体差异

对于城乡困难人群总体而言，有近三成的受访者表达出经常有或者有时有自卑情绪和对于未来生活的无望感，而经常或有时感到焦虑、沮丧的受访者比例更高，近半数，只有三成左右的受访者表示从未有过焦虑、沮丧。

表 10—3　过去一年出现下列社会心态的频率（N=9042）（%）

	自卑情绪	未来无望感	焦虑沮丧
经常有	11.9	14.2	22.1
有时有	16.7	17.0	28.3
很少有	14.2	13.4	16.2
从未有过	53.5	52.3	32.1
说不清楚	3.7	3.1	1.3
合计	100.0	100.0	100.0

　　我们对自卑情绪、生活无望感和焦虑沮丧统合考察，把从未有过消极的社会心态作为一类，将经常有、有时有和很少有消极的社会心态作为另一类，来考察困难家庭成员至少呈现出一种以上消极的社会心态的状况。数据显示，有73.5%的受访者在平时生活中至少出现过一种以上消极的生活情绪，这一比例接近3/4，而总体中只有1/4的受访者从未

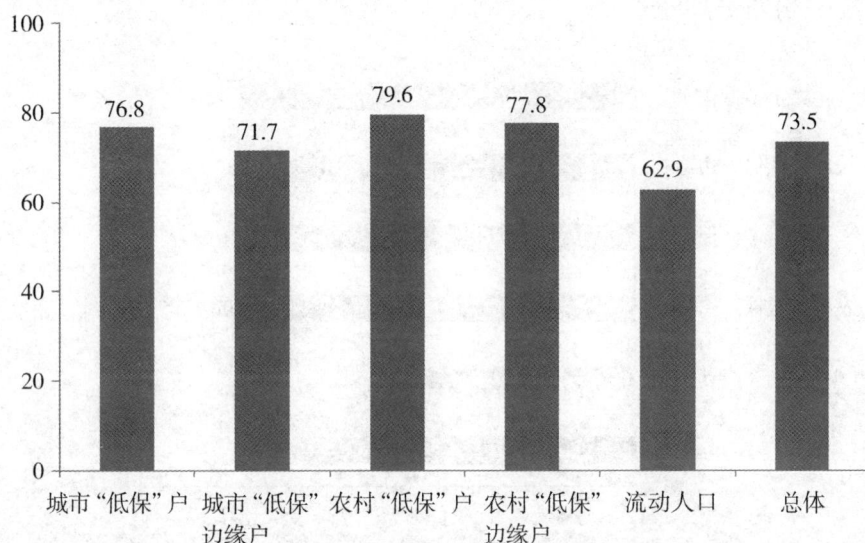

图 10—1　不同困难群体中至少有一种负面情绪体验的比例（%）

有过负面情绪的体验。分人群来看，流动人口、城市"低保"边缘家庭的成员感受到负面情绪的比例相对低一些，而其他三类经济生活状况较差者的负面情绪和心态体验明显。

总之，结合上述数据分析可以看出，负面和消极的社会心态在城乡困难人群中有较大的弥漫，家庭经济状况越差，其成员的消极情绪体验越频繁、越深刻。

下面是具体比较不同群体在三类消极社会心态上的差异性。统计均对原始选项进行了重新编码赋值，将从未有过赋值为1；很少有赋值为2；有时有赋值为3；经常有赋值为4；说不清楚频次较少，定义为缺失。图10—2至图10—4依次展示了不同群体在自卑心理、焦虑沮丧和生活无望感上的均值得分，分值越高表明这种负面情绪体验越频繁。

数据显示，在与人交往时的自卑心理方面，城市"低保"户、农村"低保"户和农村"低保"边缘户的体验最为深刻，城市"低保"边缘户相对较弱，而城市流动人口的自卑心理最弱。这与总体性消极社会心态分析结果一致。

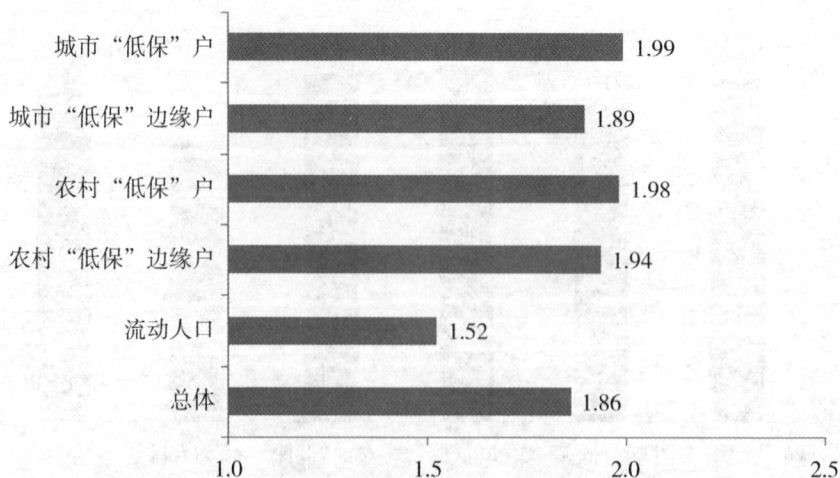

图 10—2　与人交往时的自卑心理（1—从未有过，4—经常有）

在平时生活情绪沮丧、心情焦虑上，数据与前文分析基本一致，城市"低保"户和农村"低保"户展示出更高的负面倾向，而城市流动人口的沮丧焦虑体验最弱。

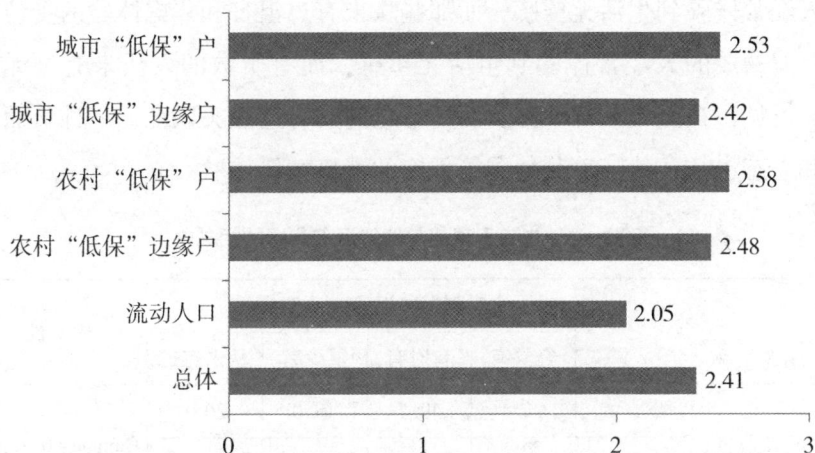

图10—3　不同群体情绪焦虑沮丧的程度（1—从未有过，4—经常有）

在未来生活无希望感这一指标上，农村"低保"户、城市"低保"户位居前列，城市"低保"边缘户和城市流动人口排在后面，相对于前两类人群，他们的生活态度更为积极乐观。

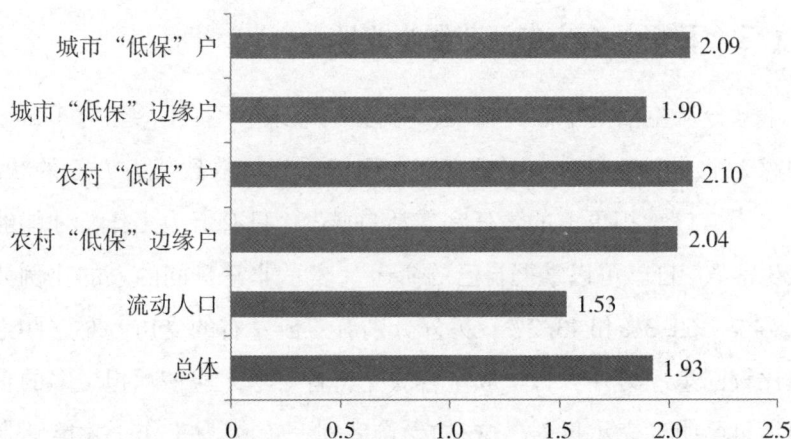

图10—4　不同群体未来生活无望感程度（1—从未有过，4—经常有）

我们对消极社会心态变量的关系进行一个考察。数据显示，生活无望感和沮丧焦虑情绪有高度的正相关关系，Gamma 系数和 Spearman 等级相关系数值均较高，那些经常有沮丧和焦虑感受的受访者中有近九成的人经常体验到生活无望感，而那些从未有过沮丧和焦虑体验的受访者中只有两成的人经常体验到生活无望感，而有半数的人从未有过无望感。可见，在困难人群中，负面情绪之间具有较强关联性，一种负面情绪和心态也往往伴随着其他同等程度的消极情绪体验。

表 10—4　未来无望感与情绪沮丧焦虑的相关性

| | | 感到情绪沮丧、心情焦虑 | | | | 相关性 |
		经常有	有时有	很少有	从未有过	
感到自己和家庭的未来没有希望(%)	经常有	91.4	49.7	40.0	20.1	Gamma = 0.723；Spearman 系数为 0.603
	有时有	4.4	36.8	15.9	7.6	
	很少有	2.7	9.8	36.3	21.3	
	从未有过	1.5	3.8	7.8	51.0	
合计		100.0	100.0	100.0	100.0	

（三）积极社会心态及其群体差异

本部分从生活的个体责任观、努力工作创造幸福生活和对于命运的控制感 3 个维度考察城乡困难家庭在积极乐观、自致努力方面的状况。对"个人应该承担更多的责任来养活自己""只有努力工作，才能够带来好生活""自己可以掌握自己的命运"表示非常赞同的人的比例分别为 52.4%、63.3% 和 43.2%，另外分别有三成左右的受访者对这些论点表示比较同意。另外，有一成左右的受访者对个人应该承担更多的责任来养活自己明确表示反对，6% 的受访者对只有努力工作，才能够带来好生活表示明确反对，近 1/4 的受访者不同意自己可以掌握自己的命运的说法。

总体来看，城乡困难家庭成员展示出一定的积极乐观和自致努力的心态倾向，但不明显，甚至有少部分受访者明确表示不同意。

表 10—5　对下列观念的赞同状况（N = 9042）（%）

	个体责任观	努力工作创造生活	命运控制感
很同意	52.4	63.3	43.2
比较同意	32.4	28.3	28.8
不太同意	5.5	3.0	10.5
不同意	5.9	2.8	12.1
说不清楚	3.8	2.6	5.3
合计	100.0	100.0	100.0

下面是具体比较不同群体在三类积极社会心态上的差异性。首先我们对 3 个原始问题的选项进行了重新编码赋值，将不同意赋值为 1；不太同意赋值为 2；比较同意赋值为 3；很同意赋值为 4；说不清楚频次较少，定义为缺失。图 10—5 至图 10—7 依次展示了不同群体在个体责任观、自致努力和命运控制感上的均值得分，分值越高表明这种积极情绪体验越明显。

在个人应该承担更多的责任来养活自己这一点上，流动人口的认可度最高，其次是城市"低保"户和城市"低保"边缘户，农村"低保"户和农村"低保"边缘户的认可度最低，尤其是农村"低保"户家庭成员的均值得分排名垫底。这表明，经济生活状况越差者尤其是农村困难人群更不认可个体责任论，即更不太可能将这种经济生活上的困境做内向归因。

对于只有努力工作，才能够带来好生活，各个群体的观点差异性不大，但细致比较仍能得出与前文相近的观点，流动人口和城市"低保"

边缘户均值得分更高，他们更认可自致努力的观点，而农村"低保"户在此项上的得分最低，相对而言他们更不认可后天自致努力的价值和意义。

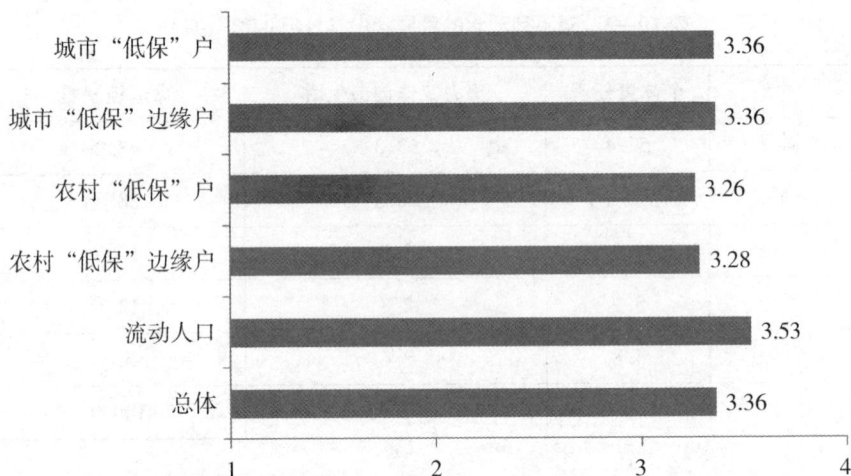

图 10—5　赞同个体责任的观念（1—不同意，4—很同意）

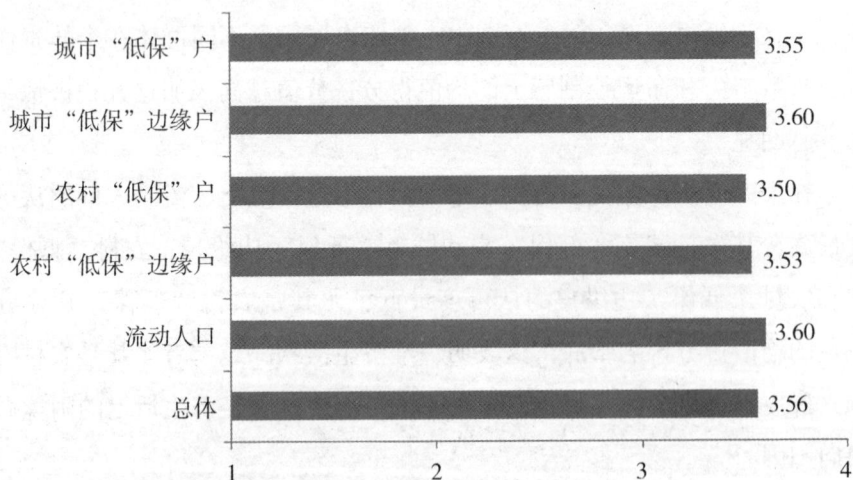

图 10—6　赞同努力工作才能带来美好生活的观念（1—不同意，4—很同意）

在自己可以掌握自己的命运这一点上，各类群体的看法差异明显，流动人口、城市"低保"边缘户仍然位居前列。他们的生活和命运控制感更强烈，且均值得分明显高于其他群体，城市"低保"户和农村"低保"户家庭成员的命运控制感相对较弱，且城市"低保"户家庭成员在这一指标上的得分最低，甚至低于农村"低保"户。

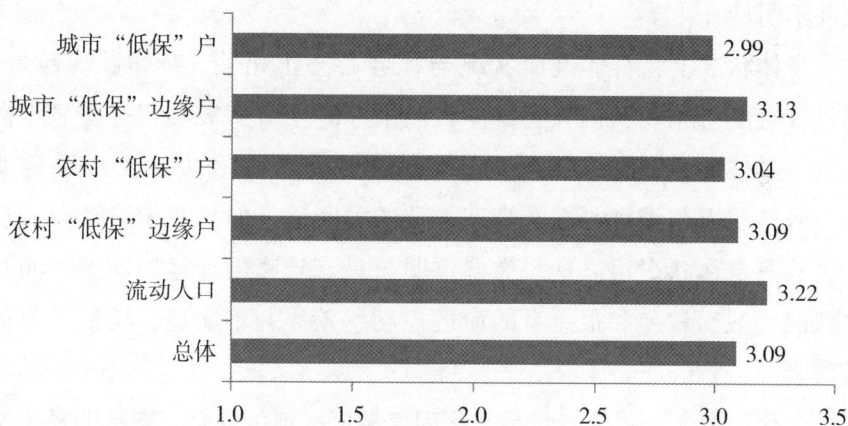

图10—7　赞同自己控制命运的观念（1—不同意，4—很同意）

（四）社会心态的影响因素分析

我们进一步构建统计分析模型，综合考察各类影响因素对于困难群体社会心态的影响。因变量有两类消极社会心态——情绪沮丧焦虑和生活无望感，积极社会心态使用的指标是命运控制感。鉴于因变量为序列层次变量，因此使用序 Logistic 回归模型进行分析。自变量上，既有性别、年龄分组、身体健康状况这样的人口学特征变量，也有文化程度、政治身份和就业状况这样的社会经济地位及状况变量，另外还添加了群体类型变量。

数据显示，就性别而言，男性的社会心态更为积极乐观。他们的命运控制感更强，而女性社会心态更偏消极，感受到沮丧焦虑和生活无望的可能性明显高于男性。

年龄上，总体呈现出年龄越大，消极的社会心态越突出的趋势。具体来看，与60岁以上困难人群相比，其他各个年龄段人群的沮丧焦虑情绪体验更明显，系数为正且具有统计明显性。18—30岁的困难人群体现出最高的沮丧和焦虑情绪，这一点值得警惕。另外，60岁以下年龄群的生活无望感明显，他们对于命运的控制感弱，但后两个模型中系数并不明显。

身体状况上，身体健康状况与社会心态正相关。身体状况越好，消极社会心态越弱，但只有身体状况很好时才对积极心态有明显正向影响。具体而言，身体状况越差，情绪沮丧焦虑和生活无望感越明显，身体状况与消极心态有高度一致的关联性。但是在积极社会心态上，只有身体状况很好这一类群体明显具有较高的命运控制感，而身体状况一般、较差和很差者的命运控制感差异并不明显，均低于身体健康者。

文化程度上，总体趋势是文化程度越低，消极社会心态越明显，文化程度与消极社会心态呈现出高度负相关，未上过学的困难成员消极社会心态最明显，以此类推。

政治身份上，与非党员相比，城乡困难人群中中共党员的社会心态更为积极，从回归系数上来看结果如此，但只有在生活无望感模型中，这一系数具有明显性，即非党员困难人群的生活无望感明显高于党员。

就业状况对社会心态的影响较为复杂。与年老退休或年老无业者相比，其他几类就业状态人群的消极社会心态更明显，无论在情绪沮丧焦虑还是在生活无望感上都有所体现。这可能和年龄有关，前文已述，与60岁以上者相比，其他人群的消极社会心态更明显；而在命运控制感上，有工作尤其是全职工作者有更强的生活控制感，而丧失劳动能力者的生活控制感明显弱。

经济状况与心态的关系上，家庭经济收入越高，消极心态会减弱而命运控制感会抬升；过去一年生活改善幅度越大，受访者的消极社会心态越低而积极社会心态越明显。

群体类型上，与前文统计描述基本一致，城市流动人口、城市"低保"边缘户的社会心态更趋积极，而农村"低保"户和城市"低保"户的社会心态更趋消极。

表 10—6　影响困难群体消极社会情绪的序列 Logistic 模型分析

	情绪沮丧焦虑（消极）		未来生活无望感（消极）		命运掌控感（积极）	
	估计	明显性	估计	明显性	估计	明显性
男性（女性为参照）	-.336	.000	-.230	.000	.105	.027
年龄组（60 岁及以上为参照）						
18—30 岁	.427	.001	.130	.366	-.152	.245
31—45 岁	.250	.001	.138	.081	-.156	.043
46—60 岁	.170	.006	.019	.777	.009	.888
身体状况（很差为参照）						
很好	-1.347	.000	-1.172	.000	.391	.000
较好	-1.223	.000	-.890	.000	-.008	.931
一般	-.777	.000	-.465	.000	.059	.372
较差	-.344	.000	-.158	.014	-.074	.258
文化程度（大专以上为参照）						
未上过学	.475	.000	.374	.008	-.004	.976
小学/初中	.305	.006	.278	.033	-.029	.801
高中/中专	.237	.042	.205	.132	-.064	.588
政治身份（非党员为参照）						
中共党员	-.092	.239	-.307	.001	.009	.913

（续表）

	情绪沮丧焦虑（消极）		未来生活无望感（消极）		命运掌控感（积极）	
	估计	明显性	估计	明显性	估计	明显性
就业状况(年老离退休/无业为参照)						
全职就业	.170	.022	.223	.005	.129	.098
零工或个体	.175	.013	.090	.239	.188	.012
失业或家庭照料（有劳动能力）	.123	.111	.129	.115	.034	.672
丧失劳动能力	.174	.065	.319	.001	-.194	.048
全年经济收入	-.029	.169	-.081	.000	.027	.225
过去一年生活改善幅度	-.340	.000	-.359	.000	.298	.000
群体类型(流动人口为参照)						
城市"低保"户	.274	.000	.484	.000	-.168	.019
城市"低保"边缘户	.209	.004	.235	.004	.098	.194
农村"低保"户	.397	.000	.477	.000	-.136	.118
农村"低保"边缘户	.272	.001	.370	.000	-.012	.889
Cut1	-2.284	.000	-1.619	.000	-.675	.014
Cut2	-1.522	.000	-.974	.001	.108	.692
Cut3	-.101	.700	.124	.665	1.480	.000
模型拟合	N=7889；-2LL=20117.5		N=7739；-2LL=17338.0		N=7561；-2LL=18013.6	

　　城乡困难人群的社会心态可以明显地区分出积极和消极两种取向。负面的社会心态在城乡困难人群中有较大范围的弥漫，城乡"低保"户尤其是农村的"低保"户的自卑、无望感、沮丧焦虑等方面的负面社会心态更为明显，家庭经济状况越差，其成员的消极情绪体验越频

繁、越深刻；相对而言，城市流动人口、城市"低保"边缘户的社会心态更趋积极，他们在个体责任观、自致努力观和命运控制感上的表现明显优于其他人群；就影响因素而言，社会人口学特征变量、身体状况、就业与经济状况均影响到困难人群的社会心态评价，女性、年轻者、身体状况较差者、低文化程度者、经济状况较差者、生活状况未改善者，这些人群的社会心态更趋消极。

二、生活改善与收入分配均等化认知

（一）描述统计

1. 生活改善感知

就总体而言，有近四成受访者表示自己的家庭与一年前相比生活水平有所改善（"好多了"和"好一些"），43.1%的受访者表示基本没有变化，另外也有近两成受访者表示生活水平变差了。分群体来看，城市流动人口、农村"低保"户表示生活水平变好的比例要高于其他群体，而农村"低保"边缘户和城市"低保"边缘户中表示生活水平变好的比例相对低一些，且这些人群表示生活水平变差的比例要高于其他群体。

表 10—7 与一年前相比生活水平改善状况 （%）

	城市"低保"户	城市"低保"边缘户	农村"低保"户	农村"低保"边缘户	流动人口	总体
好多了	11.9	12.7	14.0	11.0	12.3	12.3
好一些	26.3	23.2	27.9	25.1	33.0	27.2
基本没有变化	44.6	43.1	42.0	43.2	42.1	43.1

（续表）

	城市"低保"户	城市"低保"边缘户	农村"低保"户	农村"低保"边缘户	流动人口	总体
差一些	9.8	12.4	10.3	12.3	8.5	10.5
差多了	7.4	8.5	5.8	8.4	4.2	6.8
合计	100.0	100.0	100.0	100.0	100.0	100.0

2. 收入分配均等

对于当前收入分配状况的认知及评价，在很大程度上反映着民众对于利益分配机制和社会政策公平性的判断。对于收入分配均等化的认知上，总体中有近半数表示很赞同，另有 1/3 的表示比较赞同，明确表示不赞同（"不太同意"和"不同意"）的比例仅为 13.8%。可见，对于城乡困难群体而言，他们对当前日益拉大的贫富差距表示担忧，更希望收入分配均等一些，这也在一定程度上反映出"不患寡而患不均"的传统观念在底层民众中仍有较强适用性。

表 10—8　收入应该尽可能均等一些

	频率	百分比（%）
很同意	4234	46.9
比较同意	3003	33.2
不太同意	668	7.4
不同意	574	6.4
说不清	555	6.1
合计	9034	100.0

我们将不同意赋值为 1 分，很同意赋值为 4 分，图 10—8 展示的是各类群体赞同收入均等分配观念的均值得分。从中可以看出，城市

"低保"户和城市"低保"边缘户、流动人口的均等分配观念更强烈，而农村"低保"户和农村"低保"边缘户的均等分配观念相对弱一点。这可能和困难群体所处的周遭环境有关，城市民众体验到更为悬殊的贫富差距，因此更希望有均等化的利益分配制度和社会政策，而农村社会分化状况相对低一些，因此农民均等分配的意识相对更弱。

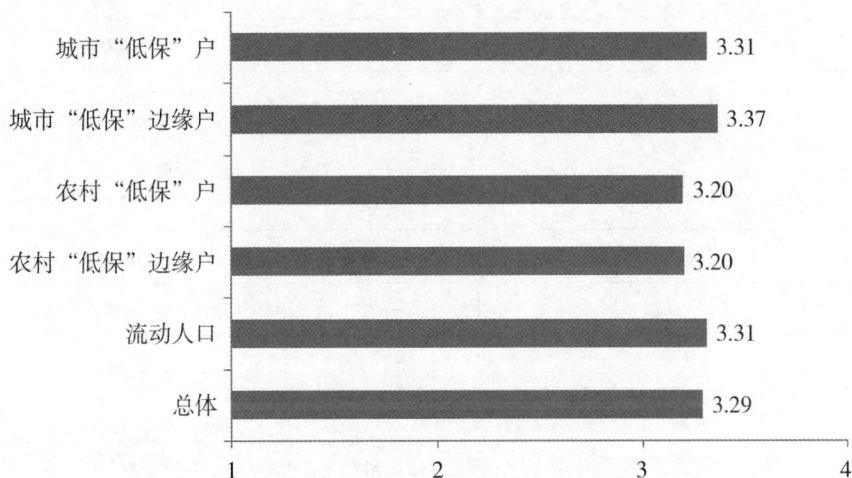

图10—8 赞同收入均等分配的观念（1—不同意，4—很同意）

（二）均等分配观的影响因素分析

我们通过构建序列 Logistic 回归模型，来分析影响城乡困难群体收入均等分配观念的因素及其具体影响效应。统计结果显示，男性和女性的均等分配观念没有明显差异，与 60 岁以上年老者相比，18—30 岁的青年群体更不认同均等分配的观念；身体状况越好，越不认可收入均等分配观念；文化程度、政治身份、就业状况上的认知差异性均不明显；过去一年家庭生活状况越是得到改善，成员越倾向于认同收入均等分配的观念；群体差异上，与前文基本统计描述一致，城市"低保"户、城市"低保"边缘户的均等分配观强，而农村"低保"户和农村"低保"边缘户的均等分配观稍弱。

表 10—9　同意"收入均等分配"观念的影响因素分析

	估计	明显性
男性(女性为参照)	.077	.112
年龄组(60 岁及以上为参照)		
18—30 岁	−.253	.056
31—45 岁	−.066	.399
46—60 岁	.039	.561
身体状况(很差为参照)		
很好	−.008	.939
较好	−.502	.000
一般	−.335	.000
较差	−.413	.000
文化程度(大专以上为参照)		
未上过学	.047	.713
小学/初中	.181	.118
高中/中专	.195	.106
政治身份(非党员为参照)		
中共党员	.092	.270
就业状况(年老离退休/无业为参照)		
全职就业	.041	.610
零工或个体	.015	.848
失业或家庭照料(有劳动能力)	.013	.876
丧失劳动能力	−.082	.420
全年经济收入	.039	.092
过去一年生活改善幅度	.104	.000

（续表）

	估计	明显性
群体类型(流动人口为参照)		
城市"低保"户	.068	.355
城市"低保"边缘户	.253	.001
农村"低保"户	-.174	.048
农村"低保"边缘户	-.197	.026
Cut1	-2.013	.000
Cut2	-1.159	.000
Cut3	.631	.025
模型拟合	N=7505； -2LL=16106.9	

三、社会交往

(一) 交往心理与意愿

1. 交往自卑心理

关于与人交往时感到自卑的状况，前文对消极的社会心态部分已进行基本描述，总体样本中有超过四成的表示有过（"经常""有时""很少有"加总）自卑心理感受，而明确表示从未有过自卑心理的受访者比例仅为53.6%。另外从群体差异上来看，城市流动人口的自卑心理体验最弱，其次是城市"低保"边缘户，而城市"低保"户、农村"低保"户的交往自卑心理最重。可见，经济状况越差者，交往自卑心理越重。这一方面可能缘于较为拮据的经济状况，也可能是成为政策保障的对象，被贴上"低保"户的标签加深了他们的身份识别度，从而让他们背负了较重的心理压力。

在此，我们以交往自卑心理为因变量，构建了序列 Logistic 回归模型，以分析相关因素的影响效应及程度。结果显示，女性的交往自卑心理明显高于男性；年龄上，与 60 岁以上年老者相比，年轻者的自卑心理更重，具体而言，31—45 岁年龄组的自卑心理最重，18—30 岁次之；身体状况越好，交往自卑心理越弱，随着身体状况恶化，交往自卑心理也会逐渐提高；文化程度上，与高学历者相比，低学历者的交往自卑心理更重；与非党员相比，中共党员的自卑心理较弱；就业状况上，因伤残丧失劳动力而无工作者的自卑心理较重；生活状况得到改善的话，其交往自卑心理会明显减弱；群体类型上，即使在控制其他变量的基础上，上文分析结果依然得到验证，"低保"户成员的交往自卑心理要明显重于"低保"边缘户。

表 10—10　困难群体自卑心理的影响因素

	估计	明显性
男性（女性为参照）	−.243	.000
年龄组（60 岁及以上为参照）		
18—30 岁	.379	.009
31—45 岁	.435	.000
46—60 岁	.316	.000
身体状况（很差为参照）		
很好	−1.282	.000
较好	−.871	.000
一般	−.602	.000
较差	−.238	.000

（续表）

	估计	明显性
文化程度（大专以上为参照）		
未上过学	.269	.054
小学/初中	.297	.022
高中/中专	.222	.100
政治身份（非党员为参照）		
中共党员	−.205	.021
就业状况（年老离退休/无业为参照）		
全职就业	.128	.117
零工或个体	.135	.081
失业或家庭照料（有劳动能力）	.015	.856
丧失劳动能力	.200	.043
全年经济收入	−.032	.168
过去一年生活改善幅度	−.255	.000
群体类型（流动人口为参照）		
城市"低保"户	.501	.000
城市"低保"边缘户	.429	.000
农村"低保"户	.596	.000
农村"低保"边缘户	.485	.000
[e01_3 = 1]	−.581	.043
[e01_3 = 2]	.092	.748
[e01_3 = 3]	1.269	.000
模型拟合	N = 7697； −2LL = 17113.1	

2. 社区歧视感受

在是否感受到社区歧视这一问题上，有七成受访者表示完全没有，近三成的受访者感受到程度不等的社区歧视。其中感受到严重社区歧视的比例在5%以下，感受到一般性和个别性歧视的比例在1/4左右。

表 10—11　是否受到社区歧视

	频率	百分比（%）
很严重	204	2.3
较为严重	186	2.1
一般	1073	11.9
有一些歧视	1153	12.8
完全没有	6381	70.9
合计	8997	100.0

分群体来看，我们将完全没有感受到社区歧视赋分为1，感觉很严重赋分为5。从各群体的均值得分来看，流动人口和城市"低保"边缘户感受到的社区歧视程度最低，而农村"低保"户、农村"低保"边

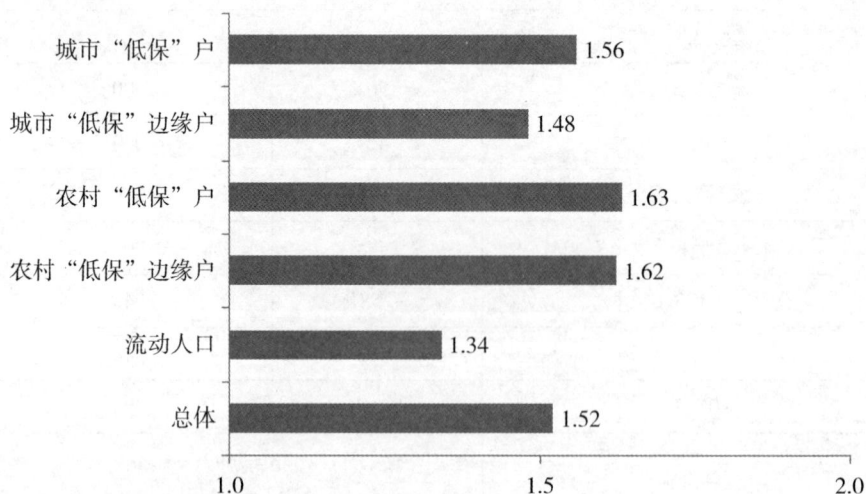

图 10—9　感觉受到社区歧视的程度（1—完全没有，5—很严重）

缘户感受到的社区歧视最高。与自卑心理的状况基本相近，"低保"户受到的歧视可能一方面源自其较差的家庭经济状况，另一方面则可能是其被赋予的政策照顾性标签。

3. 邻居交往意愿

交往意愿上，总体数据中有九成的受访者表示愿意（"很愿意"和"愿意"）与邻居交往，明确表示不愿意或很不愿意的比例非常之低，不足 3%。可见，城乡困难群体的邻里交往意愿较为强烈，并未出现明显的交际封闭和自我关系隔离的情况。

表 10—12　是否愿意与邻居交往

	频率	百分比（%）
很愿意	4833	53.5
愿意	3330	36.8
一般	648	7.2
不愿意	184	2.0
很不愿意	43	0.5
合计	9038	100.0

分群体来看，不同困难群体的邻里交往意愿并没有呈现出明显差异，如果细致比较的话，农村"低保"边缘户的交往意愿稍强于其他群体，而城市"低保"户的交往意愿稍弱于其他群体，总体差异并不大。

通过构建序列 Logistic 回归模型，分析影响邻里交往意愿的因素及其效应。结果显示，男性和女性在交往意愿上没有明显差异；与 60 岁以上年老者相比，年轻者的交往意愿明显低，且年龄越小，邻居交往意愿越弱；身体状况对交往意愿没有明显影响，不同身体状况的困难群体的交往意愿差异不大；不同文化程度群体以及党员/非党员之间的交往意愿差异性也不大；就业状况更好、家庭经济收入越高、家庭生活状况改善幅度越大，成员的邻居交往意愿越强烈。

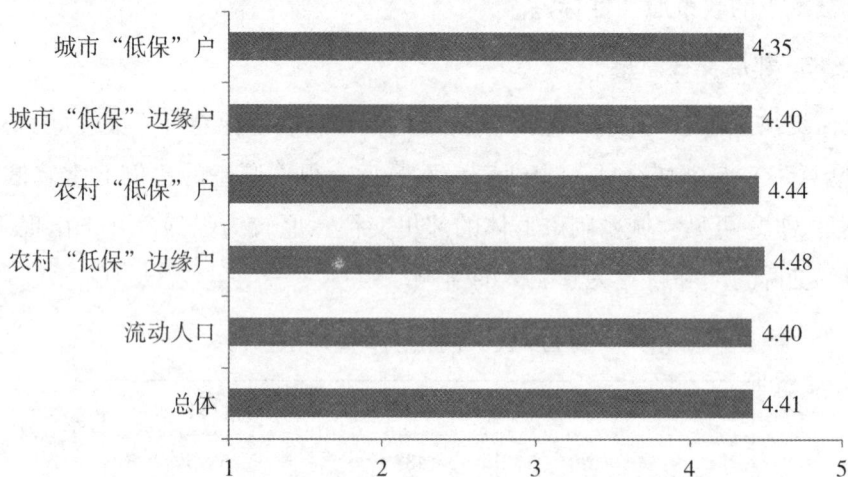

图 10—10　邻居交往意愿（1—很不愿意，5—很愿意）

主观心理上，自卑心理和社区歧视感受都明显地影响其交往意愿，成员的交往自卑心理越重，其交往意愿越低，而成员感受到来自社区的歧视越严重，其交往意愿也越低。群体差异上，在控制其他变量的基础上，各群体的交往意愿有所差异，流动人口的交往意愿较低，而农村"低保"户和农村"低保"边缘户的交往意愿较高。原因可能在于，城市和农村贫困人群生活在一定的社区共同体之内，与周围环境天然熟悉，所以交往意愿和交际范围较大，相比而言，流动人口面临更多城市适应和融入难题，其交往意愿和范围因此而受到局限。

表 10—13　邻居交往意愿的影响因素

	估计	明显性
男性（女性为参照）	−.016	.746
年龄组（60 岁及以上为参照）		
18—30 岁	−.589	.000

（续表）

	估计	明显性
31—45 岁	−.157	.052
46—60 岁	−.116	.088
身体状况（很差为参照）		
很好	.074	.464
较好	.107	.270
一般	.034	.629
较差	.032	.646
文化程度（大专以上为参照）		
未上过学	−.220	.093
小学/初中	−.162	.174
高中/中专	−.114	.358
政治身份（非党员为参照）		
中共党员	.060	.484
就业状况（年老离退休/无业为参照）		
全职就业	.277	.001
零工或个体	.224	.004
失业或家庭照料（有劳动能力）	.081	.337
丧失劳动能力	.065	.524
全年经济收入	.046	.047
过去一年生活改善幅度	.125	.000
社区歧视严重	−.275	.000
自卑心理严重	−.043	.052
城市"低保"户	.134	.073
城市"低保"边缘户	.162	.036

（续表）

	估计	明显性
群体类型(流动人口为参照)		
农村"低保"户	.407	.000
农村"低保"边缘户	.530	.000
Cut1	−4.982	.000
Cut2	−3.290	.000
Cut3	−1.862	.000
Cut4	.318	.274
模型拟合	N=7659；−2LL=14697	

（二）社会交往行为

1. 与基层居委会的交往

通过认识的居委会人员数量（个）来考察困难群体与基层政府部门的交往互动情况，数据显示，城乡困难群体成员认识的基层居委会人员数量平均为 5 个，群体之间差异性较大，城市"低保"户和城市"低保"边缘户认识的居委会人员数最多，而流动人口认识的人员数最少，仅为 4 个。可见，城市困难人群与基层政府部门打交道频次更高，农村困难人群次之，而流动人口因受户籍、制度身份影响与基层政府部门打交道频次较少，这在很大程度上也限制了其获得政策保障的机会以及利益诉求表达的通道。

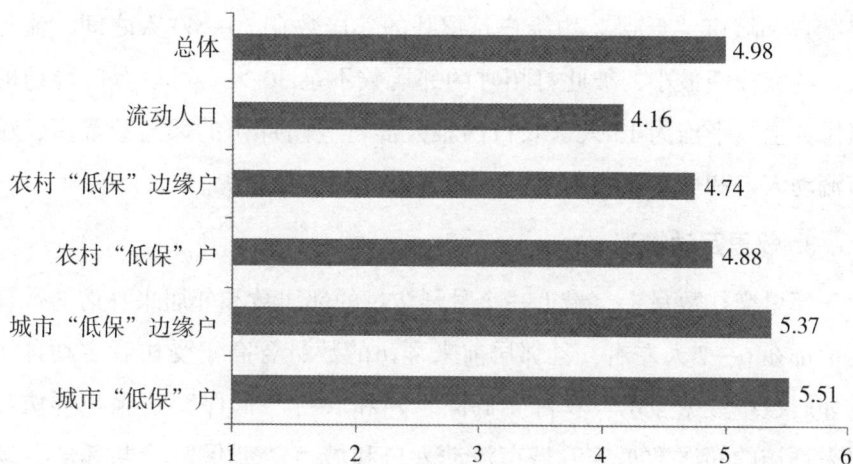

图 10—11　认识当地居委会人员数

2. 打招呼和登门邻居数

统计数据显示，就平均值而言，总体样本中小区里见面会彼此打招呼的邻居数量为 50 人，农村"低保"边缘户和农村"低保"户的交往圈最大，彼此会打招呼的邻居数分别达到了 94 人和 78 人，城市"低

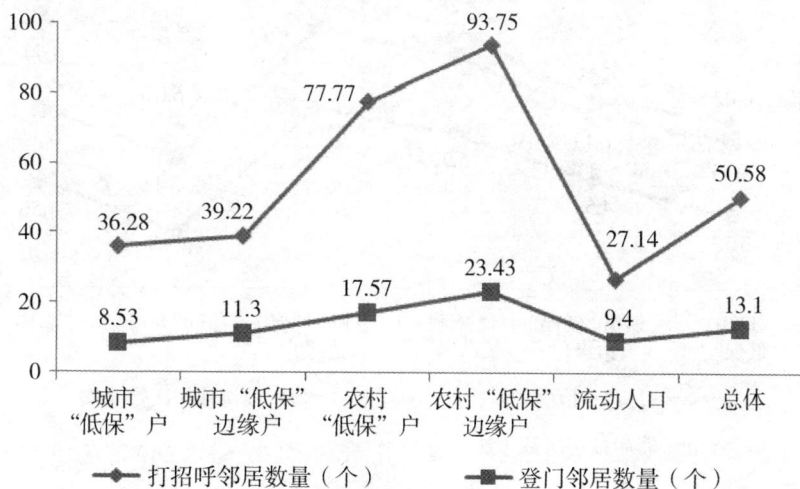

图 10—12　打招呼和登门邻居数

保"户和城市"低保"边缘户打招呼的邻居数在 30—40 人之间，流动人口的交往圈最小，彼此打招呼的邻居数不足 30 人。可以登门拜访的居民数上，平均为 13 人，农村困难人群可登门拜访的邻居数最多，城市流动人口和城市"低保"户可以拜访的邻居数最少。

3. 邻里互动情况

邻里交往数量上，最近一个月拜访过的邻居数和邻居来拜访的数量均值都在 6—7 人左右，且邻居前来拜访的数量要高于受访者主动拜访的邻居数。数据显示，农村"低保"户和农村"低保"边缘户拜访和前来拜访的邻居数最多，城市流动人口和城市"低保"户与邻居互动的频次稍低。从更为亲密的邻里互动形式来看，即遇到烦心事可以倾诉的邻居数量，交往互动范围进一步缩减，平均数为 4.5 人，农村"低保"户和农村"低保"边缘户的倾诉对象范围更大，而城市流动人口和城市"低保"户的亲密交际圈规模最小。

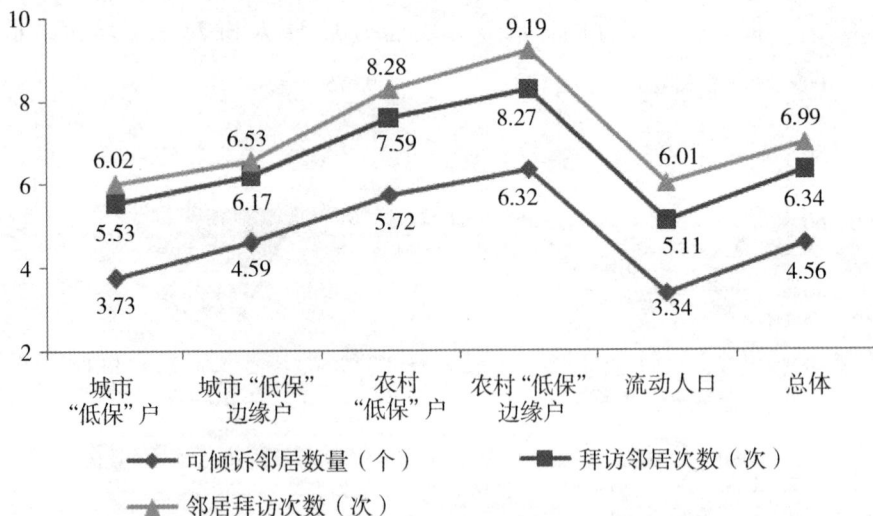

图 10—13　邻里交往数

总之，从前面两个图表中可以看出，无论一般性邻里交往（打招呼）还是登门拜访，以及亲密的情感倾诉，都体现出农村困难人群的交往互动圈最大，而城市"低保"户和城市流动人口的人际交往圈最小。农村的特定社区环境和天然熟悉的人际关系格局决定了其成员较广的交往范围，城市流动人口交往范围小则主要受限于其制度身份和城市融入难题；城市"低保"户的交往范围小则可能受制于整体居住和交往环境，也可能是因为其较差的生活状况限制了其正常社会交往。

4. 网络互动

网络互动作为新时期出现的一种新的交往平台，在很大程度上影响和形塑着人们的交际行为和交际范围。从数据结果来看，总体样本中参与过社区网络互动的比例非常低，只有 6.5%，而表示不关心和没有参加的比例达到了 3/4，另有近两成受访者表示当地没有这些网络互动平台。

表 10—14　有没有参加社区网络互动

	频率	百分比(%)
有	590	6.5
不关心	493	5.5
没有参加	6284	69.6
没有这些网络平台	1665	18.4
合计	9032	100.0

分群体来看，流动人口参与网络互动的比例最高，城市"低保"边缘户次之，而农村"低保"户和农村"低保"边缘户参与网络互动的比例最低。可见，困难人群参与网络互动的比例很低，这既受限于其家庭经济状况，也受限于当地社区网络互动平台的搭建程度。

表 10—15　不同类型群体参加社区网络互动情况（%）

	有没有参加社区网络互动				合计
	有	不关心	没有参加	没有这些网络平台	
城市"低保"户	4.9	4.7	73.7	16.7	100.0
城市"低保"边缘户	7.2	4.4	77.4	11.0	100.0
农村"低保"户	1.6	6.6	60.9	30.9	100.0
农村"低保"边缘户	3.8	6.1	62.3	27.8	100.0
流动人口	14.2	6.0	69.2	10.6	100.0
合计	6.5	5.5	69.6	18.4	100.0

四、社区公共事务参与

社区健康的发展有赖于居民的积极融入、热情参与。随着城市社区建设步伐的推进，如何实现社区自治、社区管理和社区发展，成为当前我国基层政权建设讨论的重要内容。这一问题，既离不开政府的规划、投入、指导和管理，也离不开广大居民对社区公共事务的广泛参与。因此，积极推动居民参与社区公共事务，有利于提高社区居民的认同感和归属感，从而增强社区凝聚力，维护社区稳定。有利于提高社区居民的生活质量，增强居民幸福指数，搞好社区精神文明建设，从而提升社区整体发展水平。

在本部分，我们通过社区换届选举、社区居务监督、社区公共事务维护 3 个方面考察城乡困难群体在社区公共事务参与上的状况。其中既展示参与意愿，也展示参与行动状况，另外也对不同群体之间参与状况的差异性进行描述分析。

（一）参与换届选举意愿与行为

从参加基层换届选举意愿来看，城市"低保"户和城市"低保"边缘户的意愿较高，比例均接近八成，而明确表示不愿意参与的比例均在一成左右，相比而言，城市流动人口的参与意愿明显较低，比例尚不足六成。原因可能在于，受制于户籍制度和体制身份，流动人口社区公共事务参与的制度化空间相对狭窄，这在很大程度上制约了其参与意愿与倾向。

表 10—16　参加换届选举意愿（城市）（%）

	城市"低保"户	城市"低保"边缘户	城市流动人口
愿意	78.1	76.1	57.2
不关心	8.6	10.3	16.9
不愿意	13.2	13.6	25.9
合计	100.0	100.0	100.0

农村的状况跟城市相近，农村"低保"户和农村"低保"边缘户中表示愿意（"积极参加"和"比较愿意"）参加换届选举的比例均在七成以上，明确表示不愿意［"（耽误时间）不太愿意""很不愿意"］的比例在两成左右。

可见，从参与意愿上来讲，城乡困难群体均表现出较高的倾向，流动人口则因受制于参与空间的狭小而意愿偏低。

从实际的参与基层换届选举的情况来看，总体中有近六成的表示参加了这一社区公共事务，四成的表示没有参加。比较而言，城市困难群众参加换届选举的比例要低于农村困难群众，流动人口参加换届选举的比例最低，仅为三成。

表 10—17　参加换届选举意愿（农村）（%）

	农村"低保"户	农村"低保"边缘户
积极参加	48.0	45.8
比较愿意	24.1	25.7
一般（让参加就参加）	17.4	18.6
（耽误时间）不太愿意	2.7	3.2
很不愿意	2.8	2.1
不关心	5.0	4.5
合计	100.0	100.0

另外，城乡困难群众参加换届选举的实际行为要明显低于其参与意愿，其中城市"低保"户和城市"低保"边缘户的参与意愿与参与行为相差 10 个百分点，农村困难人群的参与意愿与行为差距较小，在 5%以内，流动人口的意愿与行为差距较大，两者相差 26%，这在很大程度上反映了参与渠道和参与平台的缺失对于民众公共事务参与的限制。

表 10—18　参加换届选举情况（%）

	城市"低保"户	城市"低保"边缘户	农村"低保"户	农村"低保"边缘户	流动人口	总体
有	59.5	55.8	69.1	68.7	31.2	56.0
不关心	2.5	3.4	4.3	3.9	5.8	3.9
没有	38.0	40.8	26.6	27.4	63.0	40.1
合计	100.0	100.0	100.0	100.0	100.0	100.0

我们考察不同特征的困难群体参与换届选举的差异性，数据显示，男性和女性的参与行为没有明显差异；年龄与参与行为的关联比较密切，随着年龄的增长，参加换届选举的比例越高，年轻人对于社区公共

事务的参与热情明显低；身体健康状况良好者反而有更低的公共事务参与意愿；文化程度上的差异性不明显，并未出现文化程度越高者，越倾向于参与公共事务的趋向；党员参加换届选举的比例明显高于非党员群体，这是党员身份起的明显作用；就业状况上，全职就业者和年老离退休/无业者的参与更多，而零工或个体因更多为城市流动人口，其参与比例较低。

表 10—19 不同特征困难群体参与换届选举的差异性（%）

		有	不关心/没有
性别	男性	56.8	43.2
	女性	54.5	45.5
年龄分组	18—30 岁	30.8	69.2
	31—45 岁	44.2	55.8
	46—60 岁	57.7	42.3
	60 岁以上	64.5	35.5
身体健康状况	很好	42.2	57.8
	较好	47.2	52.8
	一般	56.5	43.5
	较差	63.6	36.4
	很差	57.0	43.0
文化程度	未上过学	55.4	44.6
	小学/初中	56.5	43.5
	高中/中专	55.2	44.8
	大专及以上	55.0	45.0
政治身份	中共党员	74.5	25.5
	非党员	54.1	45.9

（续表）

		有	不关心/没有
就业 状态	全职就业	62.9	37.1
	零工或个体	45.3	54.7
	失业或家庭照料(有劳动能力)	55.4	44.6
	丧失劳动能力	55.4	44.6
	年老离退休/无业	64.2	35.8

（二）参与社区居务监督意愿与行为

社区居务监督主要是对居民会议和居民代表会议决定事项执行情况及集体资金收支、资产处置、社区干部权力行使等进行监督，并收集、受理居民意见建议，及时向上级反映解决。这是新形势下城乡社区群众自我管理、自我服务、自我教育、自我监督的重要方式和途径，也是完善基层自治、强化民主监督、创新监督载体的关键举措。

从城乡困难群体反馈的信息来看，总体中有六成受访者表示愿意参与社区居务监督，其中城市困难人群的参与意愿更为强烈，比例均在2/3左右，流动人口次之，农村困难群体的参与意愿略低，仅在52%左右，低于城市困难人群15个百分点。

表10—20　参与社区居务监督的意愿（%）

	城市 "低保"户	城市"低保" 边缘户	农村 "低保"户	农村"低保" 边缘户	流动人口	总体
愿意	67.0	65.7	52.2	52.9	59.4	60.4
不关心	14.2	14.8	17.9	18.0	17.5	16.2
不愿意	18.8	19.6	29.9	29.1	23.1	23.3
合计	100.0	100.0	100.0	100.0	100.0	100.0

　　从实际参与行动来看，总体中仅有两成受访者表示参加过社区居务监督活动，城市"低保"户和城市"低保"边缘户的参与比例略高，而农村"低保"户和农村"低保"边缘户的参与比例略低，流动人口居于中间位置。另外也可以看出，困难人群的社区居务监督参与意愿和行为也有较大差距，各类群体中这一差距均在40%左右。

表 10—21　参加社区居务监督行动（%）

	城市"低保"户	城市"低保"边缘户	农村"低保"户	农村"低保"边缘户	流动人口	总体
有	24.4	22.0	17.6	16.0	18.1	20.2
不关心	5.0	5.2	8.4	8.8	6.4	6.5
没有	70.6	72.8	74.0	75.1	75.4	73.3
合计	100.0	100.0	100.0	100.0	100.0	100.0

　　从参与社区居务监督的意愿和行动来看，一方面反映了城乡居民公共事务参与意愿和行为的差异，背后原因可能在于城乡居民参与平台和空间的差异，城市社区居务监督制度更完备，而农村的这一项制度举措则相对滞后；另一方面，意愿和行动之间的差距反映了困难民众的参与需求与供给的差距，原因可能是社会成员普遍缺乏社区居务监督的平台和渠道，也可能是城乡困难群体缺乏机会，被排斥在制度化参与渠道之外。

　　从不同特征群体差异来看，女性参与社区居务监督比例略高于男性，年老者参与的比例高于年轻者，身体健康状况影响社区居务监督活动，身体状况越差，参与的可能性越低；文化程度越高，参与社区居务监督的比例越高；党员的参与比例明显高于非党员；就业状况上，全职就业者和年老离退休/无业者的参与比例略高。

表 10—22　不同特征困难群体参与社区居务监督的差异性（%）

		有	不关心/没有
性别	男性	19.6	80.4
	女性	21.2	78.8
年龄分组	18—30 岁	16.4	83.6
	31—45 岁	20.5	79.5
	46—60 岁	19.9	80.1
	60 岁以上	20.7	79.3
身体健康状况	很好	23.2	76.8
	较好	23.4	76.6
	一般	20.2	79.8
	较差	19.6	80.4
	很差	17.4	82.6
文化程度	未上过学	15.5	84.5
	小学/初中	19.0	81.0
	高中/中专	27.4	72.6
	大专及以上	33.1	66.9
政治身份	中共党员	41.5	58.5
	非党员	18.0	82.0
就业状态	全职就业	23.8	76.2
	零工或个体	18.9	81.1
	失业或家庭照料(有劳动能力)	19.5	80.5
	丧失劳动能力	15.0	85.0
	年老离退休/无业	21.8	78.2

（三）参加社区公共事务维护行为

社区公共事务维护上，总体中有 17.1% 的受访者表示有过参与经历，这一比例明显低。相对而言，城市困难人群的参与比例略高，农村困难人群的参与比例略低。原因可能有主观和客观两方面，一方面可能在于困难群体参与意愿和兴趣不足，另一方面可能是缺乏参与社区公共事务维护的渠道和路径。

表 10—23　参加社区公共事务维护（%）

	城市"低保"户	城市"低保"边缘户	农村"低保"户	农村"低保"边缘户	流动人口	总体
有	19.8	17.4	14.3	14.3	18.0	17.1
不关心	3.8	4.5	6.7	6.9	5.2	5.2
没有	76.5	78.2	79.1	78.8	76.7	77.7
合计	100.0	100.0	100.0	100.0	100.0	100.0

从群体特征来看，男性在社区公共事务维护上的参与比例略高于女性；18—30 岁年轻人参与的热情明显低；身体状况越差，参与公共事务维护的比例越低；文化程度越高者，参与比例越高；党员比非党员的参与比例要高；就业状态越好，参与比例越高，那些失业者、丧失劳动能力者的参与比例稍低。

表 10—24　不同特征困难群体参与社区公共事务维护的差异性（%）

		有	不关心/没有
性别	男性	18.0	82.0
	女性	15.5	84.5

（续表）

		有	不关心/没有
年龄分组	18—30 岁	13.2	86.8
	31—45 岁	16.6	83.4
	46—60 岁	18.3	81.7
	60 岁以上	16.8	83.2
身体健康状况	很好	22.3	77.7
	较好	18.6	81.4
	一般	18.1	81.9
	较差	14.6	85.4
	很差	15.4	84.6
文化程度	未上过学	11.9	88.1
	小学/初中	16.6	83.4
	高中/中专	23.2	76.8
	大专及以上	28.5	71.5
政治身份	中共党员	35.8	64.2
	非党员	15.3	84.7
就业状态	全职就业	22.5	77.5
	零工或个体	17.0	83.0
	失业或家庭照料(有劳动能力)	16.1	83.9
	丧失劳动能力	11.7	88.3
	年老离退休/无业	15.8	84.2

五、社区活动参与

本部分，我们从社区文娱活动、社区公益活动和社区创建活动三方面考察城乡困难群体社区活动参与状况。总体数据显示，近三年参与过三类社区活动的困难群众比例均在两成左右，明显低，超过七成的受访者表示没有参与过此类活动，另有5%的受访者表示并不关心社区活动。

表 10—25　近三年参与社区活动情况

	社区文娱活动	社区公益活动	社区创建活动
有	17.2	22.8	21.1
不关心	5.3	4.8	4.9
没有	77.5	72.4	74.0
合计	100.0	100.0	100.0

从群体差异比较来看，流动人口参与社区文娱活动和社区公益活动的比例明显高于其他几类困难群体，而农村困难群体在三类社区活动的参与上均处于最低水平，比例明显低于其他人群，这可能是农村缺乏活动赖以开展的公共空间、场所和设施所致。城市困难群体在社区创建活动上参与比例高于其他群体，流动人口参与社区创建活动的比例明显低于参与社区文娱活动和社区公益活动的比例，很大程度上是因为受自身户籍身份所限，无法参与城市基层社区创建，而社区文娱活动和社区公益活动则明显不受户籍身份影响。

进一步看影响社区活动参与的因素及其效应。数据显示，女性比男性更多地参与社区文娱活动和社区公益活动中，年龄越大者参与社区活动的积极性越高，18—30岁年轻人参与社区活动的比例明显低；

表 10—26　参加社区活动的群体差异单位（%）

		城市"低保"户	城市"低保"边缘户	农村"低保"户	农村"低保"边缘户	流动人口
社区文娱活动	有	17.2	18.4	13.2	13.2	22.4
	不关心	3.7	3.8	7.8	7.1	5.2
	没有	79.1	77.8	78.9	79.7	72.4
社区公益活动	有	24.7	25.4	13.2	14.8	31.7
	不关心	3.0	3.5	6.6	6.2	6.0
	没有	72.3	71.1	80.2	79.0	62.3
社区创建活动	有	26.8	21.4	15.7	15.9	21.7
	不关心	3.0	4.3	6.7	6.5	5.1
	没有	70.2	74.3	77.6	77.6	73.2

在文娱活动和公益活动参与上，身体健康状况是一个很大的制约性因素，身体状况越差，则参与比例越低；在社区创建活动上身体状况的差异性变得不再明显，即不同身体状况群体在社区创建活动参与上的差异并不明显；文化程度与社区活动参与关联密切，文化程度越高，参与社区文娱活动、社区公益活动和社区创建活动的可能性越大；党员比非党员更倾向于参与社区活动；年老离退休/无业者参加社区活动的比例更高，这可能是因为他们有更多的时间和精力；家庭经济状况越好、过去一年家庭状况改善幅度越大，其参与社区活动的可能性越大；交往自卑心理越重、感受到来自社区的歧视越严重，其社区活动参与可能性越低，但这一变量在统计上并不明显；群体类型上，与前文统计描述部分的结果一致，流动人口参加社区文娱活动、社区公益活动的倾向最明显，而城市"低保"户和城市"低保"边缘户参加社区创建活动的比例明显较高。

表 10—27　参加社区活动的影响因素分析

	社区文娱活动		社区公益活动		社区创建活动	
	估计	明显性	估计	明显性	估计	明显性
男性(女性为参照)	-.122	.048	-.131	.025	.074	.206
年龄组(60 岁及以上为参照)						
18—30 岁	-.494	.004	-.409	.010	-.613	.000
31—45 岁	-.051	.618	.151	.117	.062	.515
46—60 岁	.018	.834	.240	.003	.173	.029
身体状况(很差为参照)						
很好	.321	.012	.203	.086	-.001	.991
较好	.459	.000	.234	.038	.114	.302
一般	.272	.004	.161	.065	-.072	.393
较差	.378	.000	.164	.060	-.045	.585
文化程度(大专以上为参照)						
未上过学	-.732	.000	-.999	.000	-.654	.000
小学/初中	-.520	.000	-.730	.000	-.615	.000
高中/中专	-.133	.324	-.242	.060	-.236	.073
政治身份(非党员为参照)						
中共党员	.379	.000	.610	.000	.611	.000
就业状况(年老离退休/无业为参照)						
全职就业	-.104	.293	.059	.547	.232	.015
零工或个体	-.447	.000	-.310	.001	-.025	.780
失业或家庭照料(有劳动能力)	-.369	.001	-.153	.126	-.079	.433
丧失劳动能力	-.217	.099	-.372	.003	-.417	.001

（续表）

	社区文娱活动		社区公益活动		社区创建活动	
	估计	明显性	估计	明显性	估计	明显性
全年经济收入	.078	.009	.188	.000	.116	.000
过去一年生活改善幅度	.188	.000	.163	.000	.187	.000
交往自卑心理	−.037	.200	−.027	.309	.042	.114
社区歧视感	−.117	.001	−.016	.603	−.031	.313
群体类型（流动人口为参照）						
城市"低保"户	−.194	.034	−.061	.469	.525	.000
城市"低保"边缘户	−.191	.043	−.138	.114	.185	.043
农村"低保"户	−.143	.206	−.380	.001	.125	.255
农村"低保"边缘户	−.175	.123	−.360	.001	.062	.578
Cut1	1.785	.000	2.553	.000	2.639	.000
Cut2	2.106	.000	2.804	.000	2.895	.000
模型情况	N=7420；−2LL=9427.4		N=7662；−2LL=10116.2		N=7659；−2LL=10182.9	

六、小结与政策建议

（一）本章小结

1. 积极与消极社会心态

将自卑情绪、生活无望感和焦虑沮丧等消极社会心态统和进行考察，结果有73.5%的受访者表示，在平时生活中至少出现过一种以上的消极生活情绪。女性、年轻人、身体状况较差、低学历、无工作、"低保"对象，这些群体的交往自卑心理更为明显。近三成的受访者感受到了程度不等的社区歧视，"低保"户受到的歧视高于"低保"边缘户和流动人口，一方面可能源自其较差的家庭经济状况，另一方面则可能是其被赋予的政策照顾性标签。

2. 生活改善与收入分配均等化认知

有近四成受访者表示自己的家庭与一年前相比生活水平有所改善，43.1%的受访者表示基本没有变化，另外也有近两成受访者表示生活水平变差了。对于收入分配均等化的认知上，总体中有八成的受访者表示赞同，可见，对于城乡困难群体而言，他们对当前日益拉大的贫富差距表示担忧，更希望收入分配均等一些。

3. 社会交往意愿及其行为

城乡困难群体的邻里交往意愿较为强烈，并未出现明显的交际封闭和自我关系隔离的情况。年老者、就业状况更好、家庭经济收入越高、家庭生活状况改善幅度越大，成员的邻居交往意愿越强烈。主观心理上，自卑心理和社区歧视感都明显影响其交往意愿，成员的交往自卑心理越重，其交往意愿明显越低，而成员感受到的来自社区的歧视越严重，其交往意愿也明显越低。

城乡困难群体成员认识的基层居委会人员数量平均为 5 个，城市"低保"户和城市"低保"边缘户认识的居委会人员数最多，而流动人口认识的人员数最少。城市困难人群与基层政府部门打交道频次更高，农村困难人群次之，而流动人口因受户籍、制度身份影响与基层政府部门打交道频次较少，这在很大程度上也限制了其获得政策保障的机会以及利益诉求表达的通道。

无论是一般性邻里交往（打招呼）还是登门拜访，以及最为亲密的情感倾诉，都体现出一致的状况：农村困难人群的交往互动圈最大，而城市"低保"户和流动人口的人际交往圈最小。农村的特定社区环境和天然熟悉的人际关系格局决定了其成员较广的交往范围，流动人口交往范围小则主要受限于其制度身份和城市融入难题；城市"低保"户的交往范围小则可能受制于整体居住和交往环境，也可能是因为其较差的生活状况限制了其正常社会交往。城乡困难人群参与网络互动的比例很低，这既受限于其家庭经济状况，也受限于当地社区网络互动平台的搭建。

4. 社区公共事务参与

城乡困难群体参与基层选举的意愿较高，比例均接近八成，但实际参加选举行为的比例明显低于其参与意愿；另外，流动人口因受制于户籍制度和体制身份，其参加选举的制度化空间相对狭窄，这在很大程度上制约了其参与意愿与倾向。

社区居务监督上，总体中有六成受访者表示愿意参与，其中城市困难人群的参与意愿更为强烈，从实际参与行动来看，总体中仅有两成受访者表示参加过社区居务监督活动，城市困难人群的参与比例略高，而农村困难人群的参与比例略低。意愿和行动之间的差距反映了困难群众的参与需求与供给的差距，原因可能是社会成员普遍缺乏社区居务监督的平台和渠道，也可能是城乡困难群体缺乏机会，被排斥在制度化参与渠道之外。

社区公共事务维护上，总体中仅有17.1%的受访者表示有过参与经历，这一比例明显低。不同群体在社区公共事务的参与上呈现出一定的差异性，相对而言，男性、年老者、身体状况良好者、文化程度较高者、党员、就业状态较稳定者，在换届选举、居务监督和公共事务维护上表现得更为积极；青年人在公共事务的参与意愿和行动上的表现均较差，如何激发年轻人的参与热情，释放和发挥年轻人社区参与的活力，是一个值得深思的课题。

5. 社区活动参与

近三年，参与过三类社区活动的困难群众比例均在两成左右，明显低，从群体差异比较来看，流动人口参与社区文娱活动和社区公益活动的比例明显高于其他几类困难群体，而农村困难群体在三类社区活动的参与上均处于最低水平，比例明显低于其他人群，这可能是农村缺乏活动赖以开展的公共空间、场所和设施所致；城市两类困难群体在社区创建活动上参与比例高于其他群体。

从影响因素来看，女性、年长者、身体状况良好者、高文化程度者、党员、自卑感和社区歧视感较低者、流动人口和城市困难人群的社区活动参与比例较高，年轻人社区活动参与热情较低，农村困难人群可能因活动场地、空间和设施不足，社区活动参与略低。

（二）政策性启示

一是以促进困难家庭有劳动能力者积极就业作为扭转其消极社会心态的重要着力点。前文数据分析发现，那些没有工作的社会心态和交往意愿更为消极，"低保"户比"低保"边缘户的心态更为消极，经济与就业状况已成为城乡困难人群消极心态生成的结构基础。因此，一个重要举措在于通过增加就业进一步提升和改善困难家庭经济状况，要积极整合贫困人群周边的政策性、社会性和关系性资源，如充分发挥职业介绍机构、招聘会、用人单位、社区介绍、政府公益岗位、亲友介绍、灵活就业、自主创业等多个招聘就业渠道的作用，努力促进有劳动能力贫困人员的劳动就业。

二是基层部门应加强对于困难人群的情感关怀、人际联系和组织动员。城乡困难人群与基层政府部门的联系较少，与邻里之间的互动频率偏低，一些公共性事务的参与有限。这一方面是源于困难人群自身的自卑心理、畏难情绪，另一方面则是缺乏沟通交往和社会参与的平台渠道，基层政府部门在做好困难人群社会保障政策落地落实的同时，也应该加强对于困难人群的情感关怀和人际联系，通过政府力量、社会组织、民间团体等多方渠道将困难人群动员起来、整合起来，形成与基层政府部门、亲朋邻里、社区组织频繁而良性的互动。

三是加强社区社会工作，吸引更多社会力量参与贫困人群服务。社区工作即社区社会工作，是社会管理的一种方式，区别于政府管理部门的制度化和程序化特点，社区社会工作的特点是具体化和灵活性，所谓国家（政府）办大事，社区办小事，城乡困难人群不管在哪个行业、部门就业或居住在何处，总是在一个个社区里，社会工作者的介入不仅可以帮助他们落实各项福利和维权，更重要的是激活他们与周边居民之间的交往兴趣，形成互帮互助的人际关系网络。因此，社区工作对于重构困难人群心理具有至关重要的意义，将城乡困难群体纳入社区社会工作范围是基层政府管理者必做的功课。

四是要像对经济形势、生活状况的监测和预测那样，加强对城乡贫困民众社会心态、社会参与等主观维度指标的监测和研究。主观层面的社会情绪、社会心态反映了民众的真实心声，折射出客观的社会现实与发展形势，是一定时期内社会是否和谐稳定的方向标和政府治理绩效的晴雨表，因而构成了观察当代中国低层社会现实与检视社会保障政策的重要维度。

五是在利益分配和社会政策上做出调整，保障公平正义。通过"限高"与"提低"相结合的方式遏制社会分配的两极化趋势；社会政策也应适当向下倾斜，着力解决好民生问题，建构更加坚实的民生托底保障网。已有研究表明，中下层群体成员对收入分配和整个社会的公平性有较高的敏感度，如果在资源分配和机会获得上赋予他们更多的公平性与合理性，那么他们的社会冲突倾向将得到明显的减弱，而积极社会心态将明显提升。据此，应加快建立与完善保证权利公平、机会公平、规则公平和分配公平的一整套体制机制制度，努力消除社会公众因权力监督不力引发的不公正感、社会保障不足引发的不安全感、贫富差距过大引发的被剥夺感。

六是积极构筑社会安全阀机制。所谓"安全阀制度"，是指社会应设置这样一类制度或习俗，它作为解决社会冲突的手段，能为社会或群体的成员提供某些正当渠道，将平时蓄积的敌对、不满情绪及个人间的怨恨予以宣泄和消除，从而在维护社会和群体的生存、维持既定的社会关系中，发挥"安全阀"一样的功能。因此，化解社会情绪，应当疏通"出气口"，设置"减压阀"，切实防止个人情绪集聚成社会情绪，社会情绪蔓延成反社会情绪，反社会情绪演变成反社会行为。要构建民意反馈和社会预警机制，让民众利益诉求、利益协调、利益保障均有正常、可靠的途径，让不良情绪、行为在早期能够得到及时察觉，中后期能够得到有效疏解和化解。

参考文献

陈满琪：《可协商命运观与未来预期的关系——情绪体验的中介作用和集体主义社会现实感知的调节作用》，《福建师范大学学报》（哲学社会科学版）2016 年第 2 期。

陈小娟、陈家应：《新农合住院支付方式改革现状及问题分析》，《中国卫生政策研究》2012 年第 2 期。

代涛、毛阿燕、谢莉琴、周颖萍：《我国新农合重大疾病保障制度的政策分析》，《中国卫生政策研究》2013 年第 6 期。

代涛、朱坤、张小娟：《我国新型农村合作医疗制度运行效果分析》，《中国卫生政策研究》2013 年第 6 期。

邓大松、王增文：《我国农村低保制度存在的问题及其探讨——以现存农村"低保"制度存在的问题为视角》，《山东经济》2008 年第 1 期。

董云、费丽娜、张永升、董孝斌、金燕：《教育扶贫的国际经验及国内实践创新研究》，《世界农业》2013 年第 3 期。

都阳：《中国的城市贫困：趋势、政策与新的问题》，《中国发展研究基金会研究项目》2007 年。

杜毅、肖云：《扶贫开发政策与农村最低生活保障制度运行衔接研究》，《西北人口》2012 年第 5 期。

段婷、高广颖、沈文生、贾继荣、张斌：《新农合大病保险制度受益归属与实施效果分析——以吉林省为例》，《中国卫生政策研究》2014 年第 11 期。

段应碧：《中国农村扶贫开发：回顾与展望》，《农业经济问题》2009 年第 11 期。

傅佑全：《教育扶贫是实施精准扶贫国家战略的根本保障》，《内江师范学院学报》2016 年第 5 期。

高瑾、宋占美：《发达国家对弱势群体的教育支持及对我国的启示》，《中国成人教育》2015 年第 13 期。

葛天博、潘聪：《略论教育救助的政策供给、执行偏差与多元对策》，《山西高等学校社会科学学报》2013 年第 9 期。

郭涛：《论美国大学教育救助制度与镜鉴》，《郑州大学学报》（哲学社会科学版）2010 年第 4 期。

郭伟和、丰宝宾：《城市最低生活保障政策瞄准效果研究——基于"中国城乡困难家庭社会政策支持系统建设"项目数据分析》，《社会建设》2016 年第 5 期。

郭伟和、江治强：《城镇困难家庭生活状况和社会救助政策改革要点——基于"中国城乡困难家庭社会政策支持系统建设"项目调查数据分析》，《中国民政》2016 年第 2 期。

汪三贵、郭子豪：《论中国的精准扶贫》，《贵州社会科学》2015 年第 5 期。

何文炯：《大病保险辨析》，《中国医疗保险》2014 年第 7 期。

纪国和、王传明：《关于我国贫困生教育救助问题的思考》，《教育科学研究》2008 年第 6 期。

姜日进、于子淇：《青岛市城镇重特大疾病医疗保障的探索》，《中国医疗保险》2014 年第 7 期。

金维刚：《重特大疾病保障与大病保险的关系解析》，《中国医疗保险》2013年第8期。

雷晓康、王茜：《中国最低生活保障制度现状与回顾》，《社会保障研究》2009年第2期。

李路路、唐丽娜、秦广强：《"患不均，更患不公"——转型期的"公平感"与"冲突感"》，《中国人民大学学报》2012年第4期。

李薇：《论城乡最低生活保障制度结构体系的整合》，《探索》2013年第5期。

李文静：《结合国外教育救助制度论我国教育救助制度的发展》，《科学之友》2011年第3期。

李远行：《农民工贫困心理与城市融入的心理适应研究——以北京市为例》，《甘肃社会科学》2016年第4期。

梁长春、陈夕、袁强：《城镇居民重特大疾病与医疗负担分析——基于安阳市住院全病种集与重特大病种集的对比》，《中国医疗保险》2014年第1期。

林闽钢、梁誉：《社会服务国家：何以可能与何以可为》，《公共行政评论》2016年第5期。

林闽钢、梁誉、刘璐婵：《中国贫困家庭类型、需求和服务支持研究——基于"中国城乡困难家庭社会政策支持系统建设"项目的调查》，《天津行政学院学报》2014年第3期。

刘璐婵：《中国贫困家庭的困境差异性分析——基于"中国城乡困难家庭社会政策支持系统建设项目"的分析》，《甘肃理论学刊》2015年第2期。

刘喜堂：《当前我国城市低保存在的突出问题及政策建议》，《社会保障研究》2009年第4期。

刘养卉：《农村最低生活保障制度存在问题及对策——基于甘肃省的调查分析》，《西北农林科技大学学报》（社会科学版）2014年第2期。

刘允海：《重特大病患者的减负记录——青海省建立重特大疾病保障机制见闻》，《中国医疗保险》2015 年第 4 期。

卢丹、陆剑：《西方国家弱势青年教育救助模式及对我国的启示》，《中国青年研究》2016 年第 1 期。

路锦非、曹艳春：《支出型贫困家庭致贫因素的微观视角分析和救助机制研究》，《财贸研究》2011 年第 2 期。

王争亚、吕学静：《我国最低生活保障制度城乡一体化研究——以基本公共服务均等化为研究视角》，《中国劳动》2014 年第 8 期。

马千慧、高广颖、马骋宇、贾继荣、那春霞、俞金枝、段婷：《新型农村合作医疗大病保险受益公平性分析：基于北京市三个区县的数据分析》，《中国卫生经济》2015 年第 10 期。

民政部政策研究中心课题组：《关于社会服务发展演进与概念定义的探析》，《中国民政》2011 年第 6 期。

民政部政策研究中心课题组：《社会服务于民政》，《中国民政》2011 年第 5 期。

民政部政策研究中心课题组：《困难家庭医疗保障状况及政策建议——基于"中国城乡困难家庭社会政策支持系统建设"项目调查数据的专题分析》，《中国民政》2016 年第 19 期。

任洁琼、陈阳：《教育救助》（上），《社会福利》2002 年第 11 期。

时松和、陈益州、朱国重、谢磊、张贺伟、高洪涛、李名哲、郭朝阳、王鸟：《新型农村合作医疗大病保险在降低参合农村居民医疗费用中的应用》，《社区医学杂志》2014 年第 21 期。

孙静琴、徐言辉：《城市困难家庭社会救助网络的分析》，《社会科学辑刊》2011 年第 2 期。

汤晓莉、姚岚：《我国基本医疗保险可携带性现状分析》，《中国卫生经济》2011 年第 1 期。

王东进：《建立重特大疾病保障和救助机制是健全全民医保体系的

重大课题——学习党的十八大报告体会与思考之二》，《中国医疗保险》2013 年第 4 期。

王芳、李志荣：《谋事在人，成事在天——新生代农民工的适应策略及可协商命运观的影响》，《心理科学》2014 年第 5 期。

王刚、姜维：《比较视角下的中国社会服务模式重构》，《学术界》2014 年第 7 期。

谢勇才、王茂福：《〈社会救助暂行办法〉实施的局限性及其完善》，《中州学刊》2016 年第 3 期。

王绍光：《政策导向、汲取能力与卫生公平》，《中国社会科学》2005 年第 6 期。

王思斌主编：《社会政策》，中央广播电视大学出版社 2010 年版。

王伟进：《城乡困难家庭的求助网络及其政策启示》，《人口与经济》2016 年第 3 期。

王伟进：《流动人口困难家庭的求助网络与社会救助政策》，《社会发展研究》2016 年第 2 期。

文新华、鲁莉、张洪华、李锐利：《关于"教育券"的分析》，《教育发展研究》2003 年第 1 期。

乌日图：《关于大病保险的思考》，《中国医疗保险》2013 年第 1 期。

吴桦：《我国教育救助制度完善探讨》，《西南农业大学学报》（社会科学版）2012 年第 5 期。

吴玉霞：《公共服务链：一个政府购买服务的分析框架》，《经济社会体制比较》2014 年第 5 期。

项莉、罗会秋、潘瑶、李聪、张颖：《大病医疗保险补偿模式及补偿效果分析——以 L 市为例》，《中国卫生政策研究》2015 年第 3 期。

肖云、赵品强：《农村低保家庭子女高等教育阶段教育救助研究——基于农村反贫困视角》，《农村经济》2010 年第 5 期。

徐凌忠、李佳佳、许建强：《山东省新农合重大疾病保险制度评价与对策研究》，《卫生经济研究》2014 年第 10 期。

杨成波：《农村低保制度与农村扶贫开发政策衔接问题探析》，《农业现代化研究》2012 年第 1 期。

杨立雄、胡姝：《城镇居民最低生活保障标准调整机制研究》，《中国软科学》2010 年第 9 期。

杨立雄：《中国城镇居民最低生活保障制度的回顾、问题及政策选择》，《中国人口科学》2004 年第 3 期。

杨文圣、刘晓静：《农村贫困家庭学生教育救助探析》，《农村经济》2010 年第 4 期。

杨宜音：《个体与宏观社会的心理关系：社会心态概念的界定》，《社会学研究》2006 年第 4 期。

杨占国、于跃洋：《当代中国农村扶贫 30 年（1979~2009）述评》，《北京社会科学》2009 年第 5 期。

易春黎、陈丽、荣英男、冯博、姚岚：《基于成本效益分析的城市医疗救助模式比较》，《中国卫生经济》2010 年第 10 期。

袁曙宏：《如何正确看待和化解社会情绪》，《学习与研究》2013 年第 6 期。

张为民：《脱贫步伐加快 扶贫成效显著 我国贫困人口大幅减少》，中华人民共和国统计局网站，http://www.stats.gov.cn/tjsj/sjjd/201510/t20151016_1257098.html。

张小芳：《教育救助问题探究——基于对教育困境者的救助现状分析》，《现代教育论丛》2008 年第 11 期。

张忠朝：《我国城乡困难家庭医疗救助支持研究——基于"中国城乡困难家庭社会政策支持系统建设"的调查》，《社会保障研究》2015 年第 1 期。

赵文聘、冯光娣：《城市困难家庭就业社会政策研究》，《社会福利》2015 年第 8 期。

郑皓瑜：《论拉丁美洲国家教育扶贫政策在消除贫困代际传递中的作用》，《山东社会科学》2016 年第 4 期。

钟慧笑：《教育扶贫是最有效、最直接的精准扶贫——访中国教育学会会长钟秉林》，《聚焦·教育扶贫》2016 年第 5 期。

朱健刚：《城市街区的权力变迁：强国家与强社会模式——对一个街区权力结构的分析》，《战略与管理》1997 年第 4 期。

朱晓立：《城市居民社区公共事务参与模式问题研究》，中国政法大学硕士学位论文，2011 年。

Blundell R, Pistaferri L. Income Volatility and Household Consumption: The Impact of Food Assistance Programs, Journal of Human Resources, 2003, 38(4):1032−1050.

Clark J R, Lee D R. Government Transfers and Inequality: An Anatomy of Political Failure, Public Finance & Management, 2008, 8.

Ferrarini T. Families, states and labour markets : institutions, causes and consequences of family policy in post−war welfare states, International Sociology, 2006, 25(5):698−701.

Lal D, Sharma A. Private Household Transfers and Poverty Alleviation in Rural India: 1998−1999, Margin the Journal of Applied Economic Research, 2009, 3(2):97−112.

Martins J O, Joaquim C M, Bjørnerud S. Projecting OECD health and long−term care expenditures: What are the main drivers, Economics Department Working Papers No, 2006, 477.

Nelson K. Minimum income protection and European integration: trends and levels of minimum benefits in comparative perspective, 1990 − 2005,

International Journal of Health Services, 2008, 38(1) :103.Houtzager P.P.

Nelson K. Universalism Versus Targeting: The Vulnerability Of Social Insurance And Means-Tested Minimum Income Protection In 18 Countries, 1990-2002, International Social Security Review, 2010, 60(1) :33-58.

Richard Morris Titmuss, Essaysonthe Wetfare Station, Boston: Beach Press,1993,pp.34-35.

Sari Rissanen & Satu Ylinen (2014) Elderly poverty: risks and experiences - a literature review, Nordic Social Work Research, 4:2, 144-157, DOI: 10.1080/2156857X.2014.889031.

The Silent Revolution in Anti-Poverty Programmes: Minimum Income Guarantees in Brazil, IDS Bulletin, 2007, 38(6) :56-63.

Thomson S, Mossialos E. Private health insurance in the European Union [M]. European Commission, 2009.

World Health Organization. World Health Report 2013: research for universal health coverage. Geneva, Switzerland: WHO, 2013, 2014:13.

Xu K, Evans D B, Kawabata K, et al. Household catastrophic health expenditure: a multicountry analysis. The lancet, 2003, 362(9378): 111-117.

责任编辑:娜 拉 舒 月 史 伟
组 稿:王 锋
封面设计:林芝玉

图书在版编目(CIP)数据

中国城乡困难家庭社会政策支持研究. 2016/ 王杰秀
主编. —北京:人民出版社,2019
(中国民生民政系列丛书. 1—10卷)
ISBN 978 - 7 - 01 - 020631 - 8

Ⅰ.①中…　Ⅱ.①王…　Ⅲ.①贫困-家庭-社会政策-
政策支持-研究-中国-2016　Ⅳ.①D669.1

中国版本图书馆 CIP 数据核字(2019)第 060070 号

中国城乡困难家庭社会政策支持研究(2016)
ZHONGGUO CHENGXIANG KUNNAN JIATING
SHEHUI ZHENGCE ZHICHI YANJIU

王杰秀　主编

人民出版社 出版发行
(100706　北京市东城区隆福寺街 99 号)

北京盛通印刷股份有限公司印刷　新华书店经销

2019 年 4 月第 1 版　2019 年 4 月北京第 1 次印刷
开本:710 毫米×1000 毫米 1/16　印张:23.25
字数:310 千字

ISBN 978 - 7 - 01 - 020631 - 8　定价:63.00 元

邮购地址 100706　北京市东城区隆福寺街 99 号
人民东方图书销售中心　电话 (010)65250042　65289539